続 昭和街場のはやり歌

戦後日本の希みと躓きと祈りと災いと

前田和男［著］

彩流社

まえがき

本書のタイトル『続 昭和街場のはやり歌』から、おそらく多くの読者が抱かれるであろう「疑念」と「誤解」を、あらかじめ解いておきたい。

まずは、タイトルの冒頭にある「続」である。のっけから読者を戸惑わせて恐縮だが、もし「続編」が「正編」の足らざるところ、書き漏らしたものを補うという意味だとすると、本書は前作の「続編」でもなく、前作は本書の「正編」でもない。両者は、深層で一つながりになっているが、それぞれ独立した別個の物語である。

その答えは、本書のタイトルの「続」につづく「昭和 街場のはやり歌」にある。

前作では、「まえがき」で、その目論見を「昭和とはいかなる時代であったかを『街場のはやり歌』から読み解くことにある」と記したが、本書もそれを通奏低音として引き継いでいる。しかし、書き継いでみて、昭和という時代の深層には、実に多様な真相が奏でられていることに気づかされた。

したがって、読者諸兄姉には、本書から読みはじめられて一向にかまわない。それから前作を手に取っていただければ、「昭和の真相が奏でるメロディ」をより深く味わえるだろう。また、すでに前作を読まれた方は、本書によって、昭和の深層にひそむさらに多くの新しい真相に出会うことができるだろう。

そのうえで、もうひとつの疑念を解いておきたい。

前作をすでに読まれた読者は理解されていると思うが、本書が初見の読者は次の疑念を抱かれるのではないか。すなわち、本書で題材とされている歌たちの多くが、一般に「街場のはやり歌」と称されているものとは相当にかけ離れているのは、どうしたことか、と。

ちなみに、本書で取り上げている歌は、掲載順に掲げると以下のとおりである。

「軍艦マーチ」「交響曲第九番　歓喜の歌」「別れのブルース」「港町十三番地」「マドロス稼業はやめられぬ」「銀座カンカン娘」「揺れる、まなざし」「帰らんちゃよか」（「北国の春」「俺ら東京さ行ぐだ」）「飛んでイスタンブール」「民族独立行動隊の歌」「原爆を許すまじ」「練鑑ブルース」「上を向いて歩こう」「戦争を知らない子供たち」「坊や大きくならないで」「北海盆唄」「落陽」「知床旅情」「石狩挽歌」。

あわせて、前作で取り上げた歌を掲載順に記す。

「炭坑節」「テネシーワルツ」「東京のバスガール」「あゝ上野駅」「南国土佐を後にして」「スーダラ節」「アカシアの雨がやむとき」「圭子の夢は夜ひらく」「唐獅子牡丹」「世界の国からこんにちは」「遠くへ行きたい」「いい日旅立ち」「一本の鉛筆」「イムジン河」「沖縄を返せ」「何日君再来《フォーリン・チュン・ツァイライ》」「東京音頭」「東京五輪音頭」「船頭小唄」「昭和枯れすゝき」「カチューシャ」。

たしかに、一般に考えられている「街場のはやり歌」からすると、大きな「偏向」がある。

一つは、そもそも「はやり歌」を昔風にいうと「流行歌」、今風にいえば「ＪＰＯＰ」とすると、音楽ジャンルがまったく異なる「畑違い」が数多い。たとえば、本書の「軍艦マーチ」はもとは軍歌、「第九」はクラシック、「北海盆唄」と前作の「炭坑節」「東京音頭」は民謡、「民族独立行動隊の歌」「原爆を許すまじ」と前作の「沖縄を返せ」は左翼の運動歌である。

さらに一般に「はやり唄」とはヒットチャートの上位を長期間キープして記録と記憶に残った曲をさすが、戦後昭和のミリオンセラーの上位三曲（「およげ！たいやきくん」（子門まさと、昭和五〇年）、「銀座の恋の物語」（石原裕次郎・牧村旬子、昭和三六年）、「女のみち」（宮史郎とぴんからトリオ、昭和四七年）は入っていない。

年代も、先の戦争直後から昭和五〇年代までのせいぜい三〇年間余と偏っている。

いったい、これほど「偏向」していて、「昭和という時代の深層にある真相」を読み解くことなどできるのだろうか、と思われるかもしれない。

しかし、それは逆である。むしろ「偏向」ゆえに「昭和の解読度」は高まる。その根拠はこうである。

そもそも以上の数々の「偏向」は、筆者である私自身が戦争が終わって生まれたベビーブーマーによるものだ。わが同世代のやんちゃな幼少期も、甘酸っぱい青春期も、そして悩み多き壮年期も、つねに「昭和」と共にあった。「昭和という時代を読み解く」には、私たちベビーブーマーの愛唱歌ほど、うってつけなものはない。

「偏向」がむしろ「昭和の解読度」を高めるもう一つの根拠は、アプローチの手法にある。「大所高所」「全方位」「すべてを網羅」は、「昭和」にかぎらず、ある時代を読み解くときにしばしば（いや殆どの場合）用いられるアプローチだが、それでは、せいぜい「当たらずともいえども遠からず」になってしまう惧《おそ》れなしとはしない。

神と真相は「端っこ」と「細部」にこそ宿る。

政治や経済という「大所高所」からよりも、芸能エンターテイメントという「端っこ」から眺めたほうが「昭和の原風景」がはっきりと見えてくる。いや、その芸能のなかでも「街場のはやり歌」、さらにはその中でも戦争を知らない子どもたちである敗戦直後生まれの団塊世代と共にあった「青春の愛唱歌」という偏った「端っこ」から見上げると、高いところからはモノトーンでぼんやりしていた景色が、鮮やかな色どりをもって立ち上がってくる。

かくして、わが世代と共にあった「昭和」を読み解こうとすれば、このアプローチが有効だとひらめいて前作にチャレンジ。今回前作を引き継いで、さらにわが意を大いに強くした。

「論より証拠」を、本書の冒頭でとりあげる二つの「偏向したはやり歌」をもって示そう。詳細は当該の本文をご参照いただきたいが、その要点を記すと、こうだ、

第一話の「軍艦マーチ」は大日本帝国海軍のテーマソングであり、大本営発表の導入ＢＧＭにも使われた経緯からして、戦後は〝禁歌〟のはずだったが、占領期の支配者であったＧＨＱ（連合国軍最高司令官総司令部）のお目こぼしで「パチンコソング」に変身。ここに戦後の昭和の成り立ちを解き明かすカギがある。

第二話の「第九」もしかり。楽聖の代表作を「はやり歌」とすることには疑義があるかもしれない。しかし、今や日本の「第九」は、世界では稀れな「はやり歌」と化しており、それが「第九」を「昭和を読み解くためのまたとない手がかり」にしているからだ。

しかし、白状をすると、この「偏向」を逆手にとったアプローチがどのていど通用するか、実は内心不安だった。ところが、ありがたいことに、前作に対して望外の好評価をいただいた。

「二十数曲に及ぶ歌の背景、歌手の人生、歌の生命を豊富なエピソードで語り継ぐ、図らずも歌謡社会学というべきジャンル創出の感さえしてくる」（ノンフィクション作家の保阪正康氏、朝日新聞書評欄、二〇二三年一一月四日）

「名画や映画、歌謡などの舞台を訪ね、その裏話や秘話を書いた本はたくさんあります。ところが、こうしたうんちく、トリビア本とは一味も二味も違うのが『昭和 街場のはやり歌』です。はやり歌の作り手たちの思いとともに、それを支えた民衆、それも働く人々の情況を鋭くえぐっているからです。これは『日本歌謡の資本論』です」（ジャーナリストの高成田亨氏、ウェブサイトマガジン「情報屋台」二〇二三年八月八日）

さらには、昭和歌謡など懐メロどころか耳にしたこともないと思われる「孫の世代」の慶応大学一年の女子学生から、こんな想定外の評価をもらった。

「われわれは昨今、早すぎるSNSの濁流の中で『これが真理である』を止め処なく求め、即席のコミュニティを創出し、飽きたらすぐに別の『真理』に鞍替えする傾向にあると思う。（略）いままさに通り過ぎゆく刹那的な〝現代〟において、本書は重大なメッセージ性、もしくは重大な『使命』を有しているのではないだろうか」（白坂リサ、『情況』二〇二三年秋号」

こうした好評価にはげまされて、前作を引き継いで本書を書き継ぐ大いなるはげみになった。

そしてもうひとつ、本書への力強い援軍があらわれた。

二〇二三年晩秋、五木寛之氏が「文藝春秋」誌上で呼びかけた「昭和歌謡万葉集」編纂への呼びかけである。これに応えて、政治家から学者・文化人など多種多様な著名人にくわえ、多くの読者からも推挙が相次いだ。

一年後の二〇二五年には、「昭和百年」を迎える。これは、それへむけて、「昭和とはいかなる時代であったのか」の問いかけの先ぶれであろう。そして、それには政治や経済などの「大所高所」からよりも、昭和歌謡という「小さくて低い場所」からの談義が相応しいという示唆でもあろう。

半世紀ほど前に『さらばモスクワ愚連隊』の鮮烈なデビューによって、戦後カルチャーのサポーターを、旧態依然の大人から新感覚の若者へと転換させ、以来、時代の気分を先取りして発信してきた五木氏の嗅覚のなせるわざといえよう。

どうやら、昭和の街場のはやり歌たちから時代の風が吹き始めたようだ。私もこれを追い風に本書を書き上げることができた。この心地よい風に吹かれながら、ご味読をいただければ幸いである。

目次・続　昭和街場のはやり歌——戦後日本の希みと躓きと祈りと災いと

Ⅲ　異議申し立ての章　115

I 戦前と戦後は〝一つながり〟の章

日本人のほとんどは、昭和二〇年八月一五日をもって「古くて悪い昭和」は断絶、戦後を「新しくて良き昭和」だと信じて生きてきた。しかし、二つの昭和は、実は奥深いところで「一つながり」になっており、あわよくば再び一つになる機会を窺っている。この昭和史の深層に潜む危うくキナ臭い真相を、「街場のはやり歌」たちは密かに告げていたのだが、いまだに私たちはそれに気づいていない。

♪ 第一話
大本営発表のテーマソングはなぜ生き残れたのか
「軍艦マーチ」（正式名称「軍艦」）作詞・鳥山啓、作編曲・瀬戸口藤吉（一八九三年）

■ジャパンハンドラーの愛唱歌は「軍艦マーチ」？

「昭和」という時代について、これまで大方の日本人の間では、一九四五（昭和二〇）年八月一五日を分水嶺――すなわち「戦前・戦中」と「戦後」の間には決定的な「断絶」があると考えられてきた。つまり前者は暗く危険な「戦争」の時代であり、後者は明るく安心安全な「平和」な時代である、と。しかし、「歴史的現実」はそんな単純なものではない。それは先の戦争があまりにも悲惨だったために日本人の間に生み出された「願望としての共同幻想」であったことは否めない。

「戦後論」がいまだ決着をみておらず、繰り返し議論されているのはそのせいでもあろう。その多くは「右陣営」から提起されてきたが、白井聡の『永続敗戦論』（太田出版、二〇一三年）のように「左」あるいは「リベラル」の陣営の若い世代からもなされて議論を呼んでいる。いわく、「戦前・戦中」と「戦後」は「非連続の断絶」ではなく、奥深いところで「一つながり」になっており、それを等閑視してきたがゆえに「戦後日本のありよう」を不透明にし、読みにくくしているという指摘である。

この論争的指摘は、「昭和」という時代はいったい何であったのかを読み解きほぐし、不透明な未来をさぐりあてるためには不可欠かつ有用な手法の一つだろう。

私は、戦争が終わって生まれた「団塊の世代」であり、「戦後民主主義の申し子」である。おそらく多くの同世代は、戦前と戦後は断絶していると教えられ、そのシンボルである戦後民主主義を享受・信奉して今後もそれを守らなければならないと信じこまされてきた。

しかし、ある時期から、どうもそうではないらしいとぼんやりと思うようになったものの、しばらくはそれは疑念でしかなかった。その疑念が、裏にアメリカというスーパーパワーの存在があるという状況証拠と共に「確信」にまで至ったのは、つい最近のことだ。

かつてＧＨＱの本部があった第一生命保険本社ビル

その手がかりは二つある。一つは、

♪守るも攻むるも　黒金《くろがね》の～

の「軍艦マーチ」（正式名称は「軍艦」だが本稿では俗称で表記する）。

もう一つは、かつてペンタゴン（米国防省）の要路にあって、今は「ジャパンハンドラー」の一人と目されるジェームス・E・アワーである。アワーは、二〇一六年、外国人として初めて産経新聞主催の「正論大賞」を受賞、当時の安倍政権を「もっと中国・韓国に対して毅然とせよ」と叱咤激励していた。私の関心を引いたのは、そのことよりも、アワーの「愛唱歌」が「軍艦マーチ」ということだった。それを知ったのは数年前、一時期ワシントンの最大手シンクタンクに派遣されていた私の知人から、退役してテネシー州ナッシュビルのバンダービルト大学の教授となったアワーを訪ねたところ、アワーが開いたパソコンから「軍艦マーチ」が流れてきてびっくりしたと聞かされたからだ。

「昭和とはいかなる時代であったか」は、先に刊行した「正編」にひきつづき本「続編」でも通奏低音である。日米関係を工作する影の大物とかつて「鬼畜米英撃つべし」と鼓舞した軍歌とが関係しているとなれば、本書の筆頭でとりあげるにはうってつけの素材ではないか。

「正編」の第一話では、「炭坑節」をとりあげ、「現在の日本は戦後ＧＨＱが炭坑節を使って創り上げた」という戦後史ミステリーの謎解きを行なったが、今回は、戦争をまたいで戦前と戦後のつながりの謎解きとなるので、ミステリー度ではより高いかもしれない。

それでは松本清張の名作『点と線』の向こうを張って、戦中と戦後の一見無関係に見える点を線につなげるミステリー捜査にとりかかるとしよう。

■軍人の激励歌から国民的戦時歌謡へ

まずは、時計の針を「軍艦マーチ」誕生時に戻す。

そもそも「軍艦マーチ」は、一八九三（明治二六）年発行の「小学唱歌」（巻之六下篇）に、作詞・山田源一郎、作詞・鳥山啓の「軍艦」として掲載された。折しも、日清戦争開戦の前年、日本が欧米列強の仲間入りの野望を抱きはじめた頃にあたっており、その出自によってこの歌のその後の育ち方は運命づけられていた。

以下に一番の歌詞を掲げる。

♪守るも攻むるも　黒金《くろがね》の
浮かべる城ぞ　頼みなる
浮かべるその城日の本の
皇国《みくに》の四方《よも》を守るべし
真鉄《まがね》の　その艦《ふね》日の本に
仇《あだ》なす国を　せめよかし

その後、歌詞はそのままに、横須賀海兵団軍楽隊兵曹長・瀬戸口藤吉によって、一九〇〇（明治三三）年と一九一〇（明治四三）年の二度にわたって行進曲風に改作・編曲され、以来、海軍の観艦式や観兵式で演奏されるようになる。ここまでは日本国民の一部の軍人たちのそのまた一部である海軍兵士への「激励歌」でしかなかった。しかし、「軍艦マーチ」は日本が盧溝橋事件を起こして戦時モードに入る一九三七（昭和一二）年に当時絶大な人気を誇っていた東海林太郎の歌でレコード・リリースされるとたちまち「国民的愛唱歌」となり、そして一九四一（昭和一六）年の開戦をもって「国民的戦時歌謡」へと大きく飛躍する。

同年一二月八日、午前七時。ラジオから、突然、日本放送協会（現在のＮＨＫ）の男性アナウンサーの「臨時ニュースを申し上げます。臨時ニュースを申し上げます」

の緊張した声が流れると、

「大本営陸海軍部午前六時発表。帝国陸海軍部隊は本八日未明、西太平洋において、アメリカ、イギリス軍と戦闘状態に入れり」

と告げられた。そしてこれが繰り返された後、

「本日は重大ニュースがあるかもしれませんから、ラジオのスイッチは切らないでください」

と念が押された。そして、それから四時間半後の午前一一時三〇分、ラジオからは、「軍艦マーチ」が鳴り響くと、大本営海軍部より、「ハワイ、シンガポール、上海などでの戦闘開始」が誇らしげに発表されたのである。

これより以後、海軍関連の発表には「軍艦マーチ」、陸軍関連の発表には「♪玉散る剣抜き連れて死ぬる覚悟で進むべし」の「陸軍分列行進曲（抜刀隊の歌）」（作詞・山田美妙、作曲・小山作之助）、陸海軍合同発表には「♪敵は幾万ありとてもすべて烏合の衆なるぞ」の「敵は幾万」（作詞・外山正一、作曲・シャルル・ルルー）が導入曲として流れ、国民を大いに鼓舞した。それは一九四五（昭和二〇）年八月一五日、日本がポツダム宣言を受諾して降伏する前日まで、三年九か月にわたった。

「軍艦マーチ」を導入歌にした大本営発表は、きまって「敵に甚大な被害をあたえ、わが方の損害は軽微」で、さすがに昭和天皇もこれに気づいて、「これで（米海軍航空母艦）サラトガの撃沈は四度目」と軍部を皮肉ったと伝えられているが、ほとんどの国民は最後の最後まで一片の疑いも抱かず「聖戦の勝利」を信じ続けた。それには、勇壮な「軍艦マーチ」の演出効果が大いに与っていたことは間違いなかろう。

さらに、「軍艦マーチ」を東海林太郎の唄でレコード化したポリドールは、翌年の一九三八（昭和一三）年五月、「これだけの名曲を一企業が独占していては申し訳ない」と、当時の同社社長の発案で海軍省に「献上」され、その経緯か

ら今も国有財産のリストに残っているという(長田暁二『歌が明かす戦争の背景――戦争が遺した歌』全音楽譜出版社、二〇一五年)。そのおかげで「軍艦マーチ」は文字通り帝国海軍のシンボルとなり、太平洋戦争中、海軍が英米を相手に戦果をあげるたびに、ラジオの大本営発表で、繰り返し演奏をされたため、ますます国民に浸透していったのだろう。

「軍艦マーチ」について、NHK・BS1の「戦艦やまと」をめぐる番組(二〇一九年一二月三一日)で、興味深いエピソードが紹介されていた。「戦艦やまと」が沈む時、兵士たちが「軍艦マーチ」を合唱し始めたところ、途中で童謡に切り替えられたというのだ。「軍艦マーチ」は最後の最後まで「戦いに勝つ歌」であり、断じて「敗北の歌」であってはならなかったのである。

■団塊世代にとって「軍艦マーチ」は猥歌だった

しかし、一九四五(昭和二〇)年八月一五日の敗戦をもって、大本営発表のテーマソングは「禁歌」とされたが、死んだわけではなかった。その目撃者こそ、戦後民主主義の洗礼をうけた私たちベビーブーマーであった。

「軍艦マーチ」とのわが馴れ初めは、たしか小学校の高学年だった。本書ののっけから、引用がはばかられる歌詞で読者の目を汚して恐縮だが、悪ガキ仲間の一人が先輩から聞き覚えてきたとのふれこみの、男性器をテーマにした、こんな歌であった。

♪男の股には何がある　直径三センチの金の玉

♪ゴムでもないのに伸び縮み……

しかし、当時の私たちは、これが「本歌」だと思い、「替え歌」だとは知らなかった。

私の父親は、当時昭南島とよばれたシンガポールで「マレーの虎」の異名をとる山下奉文配下の職業軍人で、復員して私と二歳下の妹が生まれた。戦後は軍隊時代の部下が経営する会社に拾われて、平日はもちろん土日も顧客の接待で不在続きのモーレツサラリーマンだったので、およそ子供との交流はなかった。おかげで、幸いにも、悪ガキ同士で「♪男の股には何がある〜」とはやし立てている現場を目撃されることもなく、「軍人の子が軍歌の中の軍歌をコケにするとは何事か!」とお仕置きをくらうこともなかった。

やがて、街中のパチンコ屋から、客が出入りするたびに、チンジャラチンジャラの出玉の音とともに流れてくる「軍艦マーチ」に「ああ、これがあのオチンチンの歌の正しいメロディなんだ」と耳に馴染んでいく。そして、大学に入ると、友人からパチンコ屋にさそわれて百円玉をにぎりしめて開店から並び、ときには床に落ちている玉を拾って閉店までねばったあげくやっと当時ゴールデンバットに次ぐ安タバコだった新生をひと箱を手に入れるという「大人の遊び」にはまり、「いらっしゃいませ、いらっしゃいませ、本日も出血大サービス！」の店内のあおりアナウンスとともに流される「軍艦マーチ」は「大人への通過儀礼」の歌となった。さらに、ベトナム反戦のデモにも誘われ、そこへ旭日旗をはためかせ押しかけてくる右翼の街宣車からもあびせかけられ、「軍艦マーチ」はますますわれらが青春のBGMとなった。

というわけで、おそらく当の団塊世代は自覚していないだろうが、実は、「軍艦マーチ」は、ビートルズのラブソングよりも岡林信康の反戦フォークよりも、身近な「街場のはやり歌」だったのである。

■「A級戦犯軍歌」が戦後はパチンコ・ソングへ

では、なぜ「軍歌中の軍歌」がパチンコ・ソングとなったのか、これまで疑問に思ったことはなかったが、今回改めて背景を調べてみて、戦後の昭和とは何かを知る上で、実に興味深いことがわかった。

「軍艦マーチ」は、日本の占領統治者となったGHQ（連合国軍最高司令官総司令部）にとっては「A級戦犯歌」であり、戦後は「禁歌」とされても当然であった。

実際GHQは、教育・文化・思想の統制のために検閲局を設置、新聞・ラジオなどの報道機関や出版は「事前検閲」をうけ、歌舞音曲も戦前・戦中の「忠君愛国」イデオロギーを助長するとみなされたものは検閲・禁止の憂き目にあった。なかでも「軍艦マーチ」は帝国海軍のテーマソングであり、大本営発表の導入BGMにも使われた経緯からして、〝禁歌〟のはずだった。

ちなみに戦時下の一九四三（昭和一八）年五月二九日、「軍艦マーチ」の歌碑（正式には「軍艦行進曲記念碑」）が日比谷公園旧音楽堂前に建立され、その除幕式は、記念演奏会とともにラジオ第一放送で全国にむけ実況中継された。その碑文には「軍艦行進曲は海国日本の表象である　この曲を聴く時われら一億日本人の胸には深き畏敬の念が湧き勇武の気か

かつて「軍艦マーチ」の歌碑は日比谷公園にあった

盛り上がつて来る（略）茲にその意義と功績とを明らかにし大東亜戦争完遂への国民的感激を発揚せんか　ため此の地を選みて軍艦行進曲の碑を建てる」と刻まれていた。

それゆえ、敗戦後の一九四七（昭和二二）年、公園の管理者である東京都は、「楽曲の碑であるが、その精神は日本海軍を礼賛し、国民の戦意発揚を目的としたものである」との理由から筆頭の「撤去物」とした。明らかにGHQの威光を恐れてのことだった。

それから四年後、終戦から六年が経過した一九五一（昭和二六）年春。ということは私が四歳になったばかりで、マッカーサー元帥を司令長官に戴くGHQがいまだ日本を占領統治していたときのことである。

そのGHQ本部からほど近い有楽町駅前のパチンコ店「メトロ」から、突然、「軍艦マーチ」が大音響で流れ出した。それを聴きとがめた丸の内署の警察官は、さっそく店主をGHQのMP（憲兵）本部へ連行、御注進に及んだ。

GHQの占領下にその本部からほど近いパチンコ店で「軍艦マーチ」を大音響で流すのは「無法の極み」であることは明らかである。にもかかわらず、なぜ事におよんだのか。

店主は田中友治。一九三八（昭和一三）年に横須賀海兵団に入団、開戦時にはイギリス東洋艦隊とのマレー沖海戦に参戦、その後もいくたの戦闘で凱歌をあげた歴戦の「空の勇士」であった。復員して元都庁、現在の国際フォーラムの前あたりでパチンコ店を経営していたが、往時の有楽町界隈では、「パンパン」と呼ばれる街娼が米兵の腕にぶら下がって嬌声をあげる光景が「日常」であった。本人と元上司の証言が残されているが、元海軍の飛行機乗りには、それが日頃から屈辱でならず、それと敗戦の悔しさがないまぜになって、我慢の限界を超えて「禁制の軍歌による決起」に及んだというのである。つまり「厳罰」は覚悟の上の

GHQへの意趣返しで、〝確信犯〟であった。

ところが、当人も拍子抜けしたことに、なんと「お咎めなし」の無罪放免。以後、パチンコ「メトロ」からは毎日朝から閉店まで「軍艦マーチ」が鳴り響き、近くの都庁職員をはじめサラリーマンを大いに元気づけ、店も大繁盛。やがて全国各地のパチンコ店がこれを真似て「軍艦マーチ」をこぞって流し、戦後の高度成長期まではパチンコ店のテーマソングになるのである

■米軍楽隊がサミットで中曽根首相を「軍艦マーチ」で歓迎

GHQには「軍歌のA級戦犯」のはずなのに、なぜ「お咎めなし」だったのか。その答えは三〇年後に明らかになる。
一九八七（昭和六二）年五月二八日〜三〇日、アメリカのヴァージニア州はウィリアムズバーグで第九回先進国首脳会議（サミット）が開催されたが、それに出席した中曽根康弘首相を歓迎する式典で、アメリカ陸軍軍楽隊によって「軍艦マーチ」が演奏されたのである。
パチンコ店は「お咎めなし」だったが、これはどうだったか？
日本のマスコミから、「アメリカは日本の軍国主義の復活に加担するのか」と猛反発を食らう。
各紙の見出しを掲げると、以下のとおりである。
「歓迎式典　なぜか『軍艦マーチ』」（朝日新聞）
「『軍艦マーチ』で『ヤス』歓迎」（毎日新聞）
「中曽根首相へ『軍艦マーチ』　ご本人『びっくりしたナ』」（読売新聞）
「さすが〝ミスター不沈空母〟『軍艦マーチ』が歓迎」（日本経済新聞）
さらにマスコミは文化人にコメントをもとめて世論を喚起した。
ちなみに毎日新聞には、評論家の秋山ちえ子（一九一七〜二〇一六年）の「けったいなことをしてくれた、というか、とてもいやーな感じ。名曲とか、パチンコ屋でよく流されるといっても、戦争を知る私たちの世代には割り切れない（以下略）」、作曲家のいずみたく（一九三〇〜一九九二年）の「非常にびっくりしています。ぼくは陸軍幼年学校出身で、〝海

ゆかば〟や〝軍艦行進曲（「軍艦マーチ」）〟を聞くとぞくっと『死』を感じる。サミットで演奏されたとすれば、日本に侵略された国々からは大きな反発が起きるでしょう」のコメントが掲載されている。

実は、サミットで日本の首相が「軍艦マーチ」で歓迎されたのは、カナダのオタワ（一九八一年）とフランスのベルサイユ（一九八二年）に続いて三年連続の三度目だったが、過去二回の時はマスコミもさほど大きくは取り上げなかった。その後のトランプと安倍晋三首相との関係をほうふつとさせるが、当時、中曽根首相は、「日米は太平洋を挟む運命共同体」「日本列島を不沈空母にする」とぶちあげ、タカ派同士のロナルド・レーガン大統領と「ロン」「ヤス」と呼び合う親密な関係にあったことが背景にあって、大きく取り上げられたものと思われる。

■ワシントンポストに「軍艦マーチ」擁護の投稿

日本の反発をうけて、アメリカ当局は「陸軍軍楽隊が自主的に選曲したもので政治的意図はない」と回答して収拾をはかろうとしたが、自国の有力紙「ワシントンポスト」に「『軍艦マーチ』は第二次世界大戦時に歌われたもので、日本の海軍軍人はこの曲に送られて戦場に赴いた」との記事が掲載され、かえって火がついてしまった。

このとき火消役を買って出たのが、冒頭で紹介した、当時アメリカ国防総省国際安全保障局日本課長だったジェームス・E・アワー海軍中佐である。アワーは同紙に投稿。日本の海上自衛隊幹部学校の指揮幕僚課程に留学していた体験をふまえた、こんな概要であった。

「『軍艦マーチ』は日本の海上自衛隊の式典では常に演奏されている。またパチンコ屋ではひっきりなしに流れされ『パチンコ・ソング』と呼ばれていることからも、『軍国主義の象徴』とは言えない。わがアメリカ海軍の（事実上の公式歌である）『錨を上げて』と同格で、これを演奏したからといって、かつて日本の海軍に（海軍経理将校として）勤務した中曽根首相に対して礼を失したことになるはずがない、むしろ逆であろう」

このアワーの反論投稿は日本のマスコミでも報じられたが、これで日本の世論の「疑念」は払拭されはしなかったものの、それ以上炎上することもなく、その年の重大ニュースにもランクインせず、二年後には「軍艦マーチ」と共にあった昭和は終わる。そして、かつての敵国のトップを敵国の軍歌をもって歓迎するという事件の歴史的意味は、それ以上追及されることもなく、私もこの「事件」を今の今まで忘れていた。

当時を振り返ると、これに強く反発をしたのは、秋山ちえ子やいずみ・たく等マスコミに起用された論客も、それに激しく共感した人々も「戦前・戦中派」だった。

かたや私は四十代の働き盛り、学生時代ほどではなかったがパチンコにもしばしば出かけ、安タバコでなく、小学生の娘の歓心を買うためにチョコレートをゲット。相変わらず店内に流れる「軍艦マーチ」を違和感なく聞いていた。当時すでに国民の半数以上が戦争を知らない世代となり、「軍艦マーチ」を「今再びの戦争への道」と結びつける世代は少数派になりつつあった。

■「アメリカにまつろわぬ日本人」は消えゆくのみ？

それからさらに三十数年がたち、あと一年で戦後八〇年を迎える。

今や「軍艦マーチ」で大本営発表を連想して忌避感をおぼえる日本人は、生きていれば九〇歳を越え、近いうちに消えゆく命運にある。それとともに「アメリカにまつろわぬ日本人」も数をへらし、マスコミの論調もかつてに比べれば穏やかになった。この傾向は強まりこそすれ弱まることはなさそうである。

また、小洒落た遊戯パーラーと化したパチンコ店では「軍艦マーチ」が流れなくなって久しい。今や「軍艦マーチ」がもっとも高らかに流れているのは、かつての敵国・占領国のアメリカの元海軍中佐のパソコンからで、「戦前の気概を示せ」と日本人を鼓舞している。

そのアワーは、コロナ禍中の二〇二一年七月に、櫻井よしこを理事長にいただく国際基本問題研究所のメンバーとして、「日本は共に戦う同盟国であれ」と題する論文を同研究所のサイトに寄稿。ますます筆鋒を鋭くしている。

「日米が第二次世界大戦で互いに戦い、後に強力な同盟国になった歳月をよく振り返る。日米が中国の覇権を阻止し、インド太平洋地域の抑止力を維持するために、必要なら共に戦う緊密な同盟国であり続けるなら、そしてそのような同盟国であり続ける場合に限って、日米は平和裏に勝利を収め、二一世紀がだいぶ進んでも抑止力を維持できると私は確信している」

■「アメリカにまつろわぬ日本人」は消えゆくのみ？

さて、ここまで検証してきた「軍艦マーチ」をめぐる、一見無関係な複数の「点」――戦前軍歌として誕生、戦後パチンコソングへ、旧敵同士のエール交換歌へ、そして再び強い日本を鼓舞する歌へ――をつないで「線」にすると、いったい何が見えてくるだろうか？

パチンコ店の「軍艦マーチ」は、圧倒的上位にある戦勝・占領者のアメリカに対する、敗戦・被占領者の側からのささやかな抵抗の武器としてつかわれた。言い換えれば「戦前の昭和」と「戦後の昭和」の断絶への異議申し立てである。それが「お咎めなし」とされたのは、GHQにとって「軍艦マーチ」は本来なら「A級戦犯もの」だが、日本人の中に「戦前と戦後の昭和は一つながり」との思いがあることを容認、特別に「恩赦」を与える代わりに「今後はアメリカの庇護の下でおとなしくしていろ」というメッセージではなかったろうか。

その背景には、ソ連との東西冷戦が熾烈化する中で朝鮮戦争が勃発、またあと一年で日本の占領統治がおわるという微妙な時期にあって、日本を「良き番犬」として自分の手の内に留めておきたかったとの思惑があったことは間違いなかろう。

それから三〇年、国際情勢の激変をうけ、日米間の軍事同盟の強化が課題となる。アメリカの同盟国という前提ならば「強い日本」の復活は望ましいというメッセージを、今度はアメリカが「軍艦マーチ」を奏でることで、日本と日本人はちゃんと理解しているかどうかを試してみたところ、首相は「日本を不沈空母にする」と約束するなど十分に理解しているのに、いまだアメリカにまつろわぬ一般の日本人とそれを煽るマスコミがいることに、アメリカは大いにイラついた。

さらに三〇年、「再び強い日本」を求める世論がいつまでたっても盛り上がらないことに業を煮やしたアメリカは、アワーをジャパンハンドラーのスポークスマンとして、「軍艦マーチ」が流れるパソコンを叩かせ、「再び強い日本」を鼓舞させたところ、ついに安倍政権が防衛予算の大幅増額に応じてくれたのだった。

こうして四つの「点」はひとつになり、長らく断絶状態にあった「戦前の昭和」と「戦後の昭和」が「軍艦マーチ」によって一つながりになった。そして、ここで注目すべきは、アメリカと日本との主従関係がより強まったことで、「点」が「線」につながったことである。

すなわち、戦前に軍歌として生まれた「軍艦マーチ」は戦後の日米関係の深層を照射する貴重なリトマス試験紙だったのである。

■着目すべきは「軍艦マーチ」の二番の謎

しかし、これで、「軍艦マーチ」と昭和史めぐるミステリーの謎解きが完了したわけではない。最後に大いなる謎が残された。その謎とは、「軍艦マーチ」の二番であり、アワーたちジャパンハンドラーたちはそれを知っているのか、である。

以下に歌詞を掲げる。

♪石炭《いわき》の煙は　大洋《わだつみ》の
龍《たつ》かとばかり　靡《なび》くなり
弾丸《たま》撃つ響きは　雷《いかずち》の
声かとばかり　どよむなり
万里の波涛を　乗り越えて
皇国《みくに》の光　輝かせ

着目してほしいのは、冒頭の「石炭《いわき》の煙」である。なお、「石炭」を「いわき」と読ませているのは、それが（漢字としては「岩木」あるいは「石木」があてられる）古語で石炭の一種である「亜炭」をさすからと思われる。

戦後生まれの「戦争を知らない子どもたち」の私にとって、パチンコ屋と右翼の街宣車から流される「軍艦マーチ」のメロディだけは刷り込まれているが、歌詞をそらんじることはできず、まさか二番の冒頭に「石炭」がでてくるとは、考えてもみなかった。

そもそも英米決戦を控えた戦時下にあっては、「軍艦マーチ」に「石炭」の歌詞を掲げることは矛盾と錯誤に満ちている。「軍艦マーチ」が誕生したのは、日清戦争~日露戦争の時期であり、たしかにロシアのバルチック艦隊を打ち破った東郷平八郎率いる連合艦隊の旗艦「三笠」は、石炭を罐《かま》にくべてもくもくと煙を吐いていた。しかし、それから二十余年後、日本は英米決戦を目前にして、「軍艦マーチ」が国民的歌手・東海林太郎の歌によってレコード化されたときは、すでに山本五十六を司令長官にいただく連合艦隊の主力の汽罐燃料は、あらゆる点で石炭にまさる重油に切り替えられていた。いまだ石炭を動力にしていたのは、敷設艦などごくごく一部の後衛艦船だけであった。

さらに細かいが重要な指摘をしておくと、先に「『石炭』を『いわき』と読ませているのは、古語で石炭の一種である『亜炭』をさす」と記したが、亜炭ではエネルギーが低すぎて、日清・日露戦争時代であっても軍艦を疾駆させることはできない。あるいは、日本の石炭の主産地である常磐炭田の旧国名である「いわき」をそこに重ねた「詩的修辞」なのかもしれないが、その場合も、常磐炭は品位が低くて、これまた軍艦を動かす任には耐えられない。おそらく「軍艦マーチ」の作詞家・鳥山啓は江戸時代の漢籍の素養はあっても、近代軍事には疎かったと思われる。

いっぽうで、英米決戦を控えた往時の為政者は、もちろんその「矛盾と誤り」については、とっくに熟知していたはずである。したがって、「軍艦マーチ」を広く国民に浸透させるにあたっては、正確を期して、二番の冒頭は「石炭の煙は」ではなく「石油の煙は」と「修正改作」すべきであったが、そうはしなかった。

国としては、「戦争に勝つには国力が必要であり」、「その国力の涵養には産業のコメである石炭が欠かせない」、「石油とちがって石炭はわが日本の地下に無限に眠っていると」などと、くだくだ説明しても国民一般にはとどかない。それよりも、いささか事実とは反するが、「浮かべる城」として国を守り敵を攻める軍艦は「石炭」がないと活躍できないと訴えたほうが、国民の理解を得やすいと判断したのかもしれない。

ここがプロパガンダの本質でもあるのだが、目的を果たすためには、時には「嘘」を「真実《まこと》」に変えなければならない。

戦時下には、こんなスローガンを掲げたポスターが貼られた。

「たのむぞ石炭。飛行機も軍艦も弾丸も石炭からだ！」（軍需省、石炭統制会）

飛行機が石炭で飛ぶはずもないが、これも同工異曲のプロパガンダであった。

かくして「軍艦マーチ」は、大和魂さえあれば、石油がなくても石炭でゼロ戦を飛ばし、竹やりでも「鬼畜の英米」に勝てるという錯誤に満ちた国民統合の歌となっていくのである。

しかし、それは、時代錯誤を「敵」に向かってさらしたも同然の行為であり、アメリカは、「これで日本には勝てる」と確信を深めたはずである。

「石炭増産ポスター」（軍需省、石炭統制会作成）

その意味では、「軍歌マーチ」は日本の敗北を予告していた歌であった。

そのアナクロな軍歌を、アワーたちジャパンハンドラーは、まだ使えると思っているのだろうか。だとしたら、それはなぜか？

これが「軍艦マーチ」とアメリカをめぐる昭和史ミステリーの、未だ解読されないまま残された謎である。

もしアワーが「大国日本復活」のシンボルソングとして「軍艦マーチ」を再登板させようとしているとしたら、時代錯誤もはなはだしい。この歌は、かつて日本が大局を見誤った歴史的証拠物件でもあるからだ。

いや、ひょっとすると、ジャパンハンドラーたちは日本の自滅を予測しているのかもしれない。新冷戦の仮想敵である中国とロシアに対して、有事には日本を盾にしてアメリカが守られればいいと。

しかし、真意を彼らに確かめても答えは得られないだろう。それを判定できるとすれば、アワーのパソコンから引き続き「軍艦マーチ」が流れつづけるか、であろう。

かつて上古の日本では、やがておきる「社会的事件」を予知する「わざ歌」（「童歌」とも「謡歌」とも表記される）が歌われたという。

だとすると、「軍艦マーチ」は過去の軍歌ではなく未来を予知する「わざ歌」なのかもしれない。

♪第二話

「第九」は「はやり歌」の「おしん」である!?

交響曲第九番「歓喜の歌」（作曲・ベートーヴェン、原詞・シラー、一八二四年）

第一話では元軍歌をとりあげ、「戦前の昭和」と「戦後の昭和」は実は一つながりであることを明らかにした。さらに別の視角からこの検証を深めるべく、まったく異なるタイプの「はやり歌」を取り上げてみたい。

その「はやり歌」とは、ベートーヴェンの交響曲第九番「歌唱付き」――俗称「第九」である。

クラシック音楽史上に燦然と輝く楽聖の代表作を「はやり歌」とは、「なにをねぼけたことを」といわれるかもしれない。しかし、日本で「第九」は、今や世界では類例をみない「はやり歌」と化しており、そのことが「第九」を「昭和を読み解く格好の素材」にしているといえそうだからだ。

「第九」のどこがどう世界で類例をみないのか。一言でいえば、「過剰なまでの大衆化・通俗化」である。

現在日本では二〇を超えるプロのオーケストラが活動しているが、年末となると、こぞって「第九」を奏で、またテレビやラジオを通じて全国のお茶の間にも流され、多くの日本人は「第九」なくしては年を越した気分になれないかのようだ。いってみれば、日本では、紅白歌合戦よりは若干ハイソな趣きを味わえる年越行事となっているのかもしれない。

ちなみに昨年（二〇二三年）一二月の公演曲をそれぞれのホームページでチェックしたところ、NHK交響楽団は一二回中五回、新日本フィルは七回中五回、日本フィルは一三回のうち九回が「第九」であった。

かたや「第九」の生みの親であるベートーヴェンを生んだドイツではどうか。ベルリンフィルはゼロ。ミュンヘンフィルは二〇一六年の年末に二回して以来、一二月に「第九」の演奏は行なっていない。

　さらなる大衆化・通俗化のきわみは、「サントリー1万人の第九」や東京の「国技館5000人の第九」をはじめ、鑑賞するだけでは飽き足らない万余の男女の素人がハレ舞台に上がり、世界的指揮者がふるうタクトにあわせて、各々のテノール、バリトン、アルト、ソプラノを競って第四楽章の「歓喜（Freude フロイデ）」と「同胞（Brüde ブリューデ）愛」をうたい上げることだ。数か月のレッスンを受けているとはいえ、プロとアマチュアを厳しく峻別する欧米の音楽愛好家には、信じられないことだろう。

第17回ベートーヴェン「第九」交響曲演奏会
高らかに響け　平和を願う歓びの歌声
１９１８年６月１日、捕虜となったドイツ兵たちが板東俘虜収容所内でオーケストラを結成し、日本で初めてベートーヴェンの「第九」交響曲を合唱付きで全曲演奏しました。
その後、１９８２年の市制施行３５周年・鳴門市文化会館落成の「こけら落とし」と日本初演の地を記念し、市民の合唱団の参加による「第九」交響曲演奏会を開催しました。以来、鳴門市では６月１日を「第九」の日と定め、毎年この日に一番近い日曜日に演奏会を開いています。１９８９年には全日本「第九を歌う会」連合会が発足し、「第九」の輪は全国に広がり、世界平和を願う人々の心が一つになって「歓びの歌」を高らかに響かせています。
１９９８年６月３０日
第 17 回「第九演奏会」のレリーフ（鳴門市ドイツ館）

　日本以外の欧米各国に似たような年末の音楽イベントラッシュ現象をもとめると、キリストの生誕を寿《ことほ》ぐヘンデルの「メサイア」になるだろうが、それとても日本の「第九」ほどではない。

　欧米では「第九」はここぞというハレの舞台でプロ中のプロによって演奏される別格の演目である。世界中に映像が流されたので今も私の記憶に鮮やかに残っているのが、一九八九年ベルリンの壁が崩壊したとき、ブランデンブルク門のそばで、戦後ベルリンを占領してきた米英仏と旧ソ連の四か国から集められた音楽家たちによって「その時限りのオーケストラ」が結成され、バーンスタインがタクトを揮った「第九」であった。それ以前になると、（これは文献による知識だが）、一九五一年、第二次世界大戦で中断を余儀なくされていたバイロイト音楽祭の再開を祝って、フルトベングラーが指揮をした伝説の「第九」にまでさかのぼる。

　それにしても、「第九」は、欧米ではこれほどまでに別格扱いされているのに、なぜ日本ではかくも大衆化・通俗化しているのか。改めてあれこれ資料にあたりながら思案を巡らせていたところ、われながら思いもかけない仮説にたどりついた。

先に手の内を明かすと読者の興を殺ぐおそれがあるので、そのヒントを「パンデミック」と「ＧＨＱ」と「朝ドラ」とだけ記して、日本で「第九」がここまで大衆化・通俗化されるまでの受容の歴史を、わが「第九」体験をまじえながら、ひもといてみよう。

■「第九」の日本初演は徳島のドイツ人捕虜収容所

最初に指摘しておくが、日本で「第九」はいきなり大衆化・通俗化されたわけではない。半世紀近くの伏流の時間があり、事と次第によっては、大衆化どころか、一般の日本人には知られず、一部クラシックファンの間だけの「知る人ぞ知る交響曲」のままだったかもしれない。

そもそも「第九」が日本で知られるようになった経緯は以下のとおりである。

一九一四（大正三）年、ドイツ、オーストリア＝ハンガリー、イタリアの「三国同盟」と、フランス、ロシア、イギリスの「三国通商」の両陣営が激突した第一次世界大戦が勃発すると、イギリスと同盟を結んでいた日本はドイツに宣戦布告、ヨーロッパが主戦場で〝空き家〟状態にあったドイツ軍の極東の拠点、中国の青島を占領、わずか三か月でドイツ軍を降伏させた。〝漁夫の利〟ともいうべき戦勝であったが、その結果、四六〇〇人を超えるドイツ人捕虜を引き受けることになった。

これは敵の虜囚となるよりも死を選ぶのが暗黙の軍律であった日本からすると想定外の数であり、日本各地の公民館や寺などが仮の収容所とされたが、国際法に抵触しかねない不当な扱いだとの訴えがドイツ人捕虜から相次ぎ、急遽、ドイツ人捕虜収容所が全国一二か所につくられた。その一つが徳島県は板東町（現・鳴門市）の「板東俘虜収容所」であった。一九一七（大正六）年春のことである。

ここが「第九」の日本初演の地となるのだが、それは、地元の鳴門市や鳴門市ドイツ館のホームページによると、所長であった陸軍歩兵中佐の松江《まつえ》豊壽《とよひさ》の武士道的なはからいによって、「奇跡の収容所」と呼ばれるようになったからだとされる。

板東俘虜収容所は、他の日本の一一か所の収容所と比べると、異色にして異例であった。戊辰戦争で朝敵にされた会津藩出身の所長の松江は「彼らも国のために戦ったのだから尊厳をもって遇すべき」の武士道精神から、収容所を近隣住民に開き、交流の中から、ドイツ人捕虜たちの特技――たとえばドイツ式といわれる石積み、製パン、酪農とそこから生み出される乳製品やケーキやハムソーセージの技術を地元に伝授。そのいっぽうで捕虜たちに対しては、ボウリング場、サッカー場、テニスコートをつくり、犬を飼わせ、自由に海水浴に行かせ、さらには楽器や印刷器材などを支給して演劇や音楽や美術などの文化エンタメ活動をバックアップするなど、今からみても画期的な福利厚生施策を行なった。

「板東俘虜収容所」を偲んで建てられた鳴門市ドイツ館

こうした音楽を存分に楽しめる環境が捕虜たちに与えられた背景があって、一部の楽器の不足は他の楽器で代替、男しかいないため女性のパートは男声合唱に書き換えられ、第一楽章から第四楽章まで優に一時間を超える楽聖の代表作の本邦初の全曲演奏が、鳴門海峡をこえて日本になりひびいたのだった。収容所開設から一年後の一九一八（大正七）年六月一日のことである。

当時これは外部の日本人にも知られた「事件」であったらしい。翌一九一九（大正八）年一二月七日の「読売新聞」朝刊の「一九一九年に於ける我国楽界の回顧」で音楽評論家の兼常清佐にこう嘆かせている。

「捕虜の独逸人さへも演奏するベートーヴェンの『第九ジムフオニー』が少くも三十年の修養を積んだ日本の楽壇では未だ會て演奏されないのみならず、此の名曲を演奏しようとする努力さへも払はれていないのは、確に日本の楽壇不名誉です。誠に不甲斐なさの極です」

ちなみに、日本人による「第九」の初演が実現するのは、六年後の一九二四（大正一三）年一一月二九、三〇日、ドイツ人教授のグスタフ・クローンの指揮による、東京音楽学校（現・東京藝術大学音楽学部）の学生たちの演奏であった。さらにプロのオーケストラによる日本初演はというと、それからさらに三年後の一九二七（昭和二）年五月三日に行なわれた新交響楽団（現ＮＨＫ交響楽団）による演奏まで待たなければならない。

昭和音楽史にとって、ドイツ人捕虜による第九の日本初演はまさに歴史的事件だったのである。

このエピソードは、敵国の捕虜との音楽を通じた人間的交流の「美談」として語り継がれ、映画化もされた（出目昌伸監督『バルトの楽園』二〇〇六年）。

私も、この映画を見て興味をそそられ、一〇年ほど前にこの「第九」の日本初演の地を訪ね、メガネ橋をはじめドイツ人捕虜と地元市民との交流の成果を見て回った。そして、鳴門ドイツ館では、彼らが帰還後に自分たちを収容所名に因んで「バンドー人」と呼びかわして交流をつづけ、「世界のどこにバンドーのような収容所があったろうか」「（所長の）マツエこそサムライだった」との回想を残している資料に接して、以来、「『第九』の本邦初演は松江所長の武士道精神によってもたらされたもの」と確信をいだいて疑うことはなかった。

ところが私の確信は揺らぎ、修正を迫られることになった。きっかけは二〇二〇年、新型コロナの猛威によって、ちょうど一〇〇年前、同様のパンデミックが世界を襲ったことが思い起こされたからだった。

「スペイン風邪」と呼ばれたこの災厄は、発生した一九一八（大正七）年から終息をみせる一九二一（大正一〇）年までの三年間に、当時の世界の人口一八億人の三分の一を感染させ、五〇〇〇万人の命を奪ったとされる。それは、板東俘虜収容所をはじめドイツ人捕虜が日本各地で収容されていた時期と重なり、彼らも世紀の疫病に苦しめられた。鳴門ドイツ館では、一〇〇年前に当地のドイツ人俘虜収容所を襲ったスペイン風邪をテーマにした特別展示が企画され、他の収容所でも、これまで眠っていた関連資料の発掘があった。

■明暗をわけた東西のドイツ人俘虜収容所

それらの関連資料によると、徳島県鳴門の「板東俘虜収容所」では、第一波に襲われた一九一八年末のわずか二五日間で、ドイツ人捕虜の三分の二にあたる六七八人が感染、そのうち三人が死亡。

最大時で一〇〇〇人の捕虜がいた東の千葉県の習志野俘虜収容所では、状況はより深刻だった。一九一五（大正四）年から四年間同所に収容されていた海軍兵士のエーリッヒ・カウルの日記がコロナ禍をきっかけに千葉県日独協会によって発掘・翻訳されたが、一九一九（大正八）年一月二八日には、次の記述がある。

「今日のような日曜日は二度と経験することはないであろう。およそ六日前から収容所でインフルエンザが大流行している。今日の状況をみるとこの病気は頂点に達した。およそ六五〇名の兵士が床についている。（略）一名の兵士が今日衛戍病院で死んだ」

そして、その日から二週間にわたって死者数がほぼ毎日のように記されてその総数は二七名におよび、二月二二日にはこう記されている。

「今日はインフルエンザで死んだ者のために葬儀が執り行われた。プロテスタントの信者のためにはシュレーダー牧師が説教した。カトリックの信者には彼らの司祭によって読唱ミサが行われた」

鳴門市ドイツ館のベートーヴェン像

「第九」の日本初演の地とされる徳島県鳴門の板東俘虜収容所と、千葉県の習志野俘虜収容所とは、収容者数は一〇〇〇人程度、罹患率は六〜七割とほぼ同じだが、死者数では対照的である。往時の日本人の死亡率と比べると両者の違いは一層きわだつ。「内務省（現・総務省）報告書」によると、当時の日本の人口五七二〇万人の四一・六パーセントにあたる二三八〇万人が感染、〇・七パーセントにあたる約三九万人が死亡したとされる。

徳島の板東収容所は、罹患率は千葉の習志野収容所と同じく七割ていどにもかかわらず死者はわずか三名で死亡率は〇・三パーセントと日本人の半数以下。これに対して、習志野はというと、感染者は板東収容所とほぼ同じく七割弱だが、死者は、収容者のおよそ三パーセントにあたる二七名で、死亡率は日本人の四倍も高い。(カウルの日記にある数字は途中経過なので実際はもっと多いと思われる)

この数字をどうみるか。

西の徳島・鳴門も東の千葉・習志野もドイツ人捕虜の罹患率は六～七割と、日本人の四割よりはるかに高い。これは、捕虜収容所という狭い空間の「密構造」からして、いったん感染がおきると爆発的蔓延は必至であることを物語っている。

しかし、感染後で西の板東収容所と東の習志野収容所は明暗を大きくわける。板東では「第九」を演奏、習志野は前掲のカウルの日記にあるように、生き地獄で、戦場よりも死を身近に感じることになる。

おそらく、板東収容所では感染しても軽微で済んだ可能性が高い。「第九」はオーケストラだけでなく、合唱を入れると少なくとも一〇〇名を超える人員が必要である。死なないまでも重症の場合は楽器の演奏も合唱に加わることもできない。(ドイツ館によると、ソロパートをふくむ合唱員は約八〇名、楽器演奏者は四〇名ていどだったという)わずか二五日間で捕虜の三分の二にあたる六七八人が感染したにもかかわらず、「第九」の初演をやってのけることができたのは、多くの感染者が軽症ですみ練習に復帰できたことを意味していないだろうか。

だとすると、具体的にどのような対策をうったかは不明だが、松江所長が捕虜たちのために手厚い治療と看護を講じたことは間違いなかろう。

もし徳島の板東収容所のスペイン風邪対応が東の習志野並みであったら、感染者は簡単には回復できず、楽団員がそろわずに、せいぜい室内管弦楽団程度の演奏会しか開けなかったはずである。そうなっていたら、徳島の板東ドイツ人捕虜収容所は、ハイドンの「ひばり」の日本初演の地として記憶されるという、「第九」のそれにくらべると、いささか格落ちの感は免れなかったのではないか。

以上のことから、「第九」の日本初演をもたらしたのは、松江所長の武士道的計らいもさることながら、決定打は松江所長によるスペイン風邪への対処にあったのではなかったろうか。

■「第九」がもつ両義性

さて、これで「第九」の本邦初演の経緯は検証できた。しかし、徳島のドイツ人捕虜たちによって「第九」が日本で初演されたからといって、これで一〇〇年後の「第九」の大衆化・通俗化が約束されたわけではない。実際、その後しばらく「第九」の歌声は途切れる。それが再び大きくなったのは、皮肉なことに、ベートーヴェンがシラーの詩に共感して「第九」にこめた「歓喜（Freude フロイデ）」と「同胞（Brüde ブリューデ）愛」がまさに失われんとする時期にあたっていた。

日本が英米と戦端を開いた二年後の一九四三（昭和一八）年、戦況の悪化により、それまで兵役をまぬがれていた法文系の大学生にも徴兵令が適用されることになった。そのため、卒業式が年末に繰り上げられ、出陣する学徒を「壮行」するために、東京音楽学校（現・東京芸術大学音楽部）奏楽堂で「第九」の第四楽章――すなわち「歓喜の歌」が演奏される。

そして、太平洋戦争が終わって二年後の一九四七（昭和二二）年の年末、生き残った学徒たちが、遂に戦場から還ることがかなわなかった多くの仲間を悼んで、同じ東京音楽学校奏楽堂で再び「第九」の第四楽章を演奏、それが恒例化されることになったという。

日本で「第九」が年末恒例のイベントとなったのには諸説あるが、上記が有力とされている。しかし、問題にしたいのは、その真偽よりも、これに関する資料について、私が調べた限りでは、戦争直前と敗戦直後の二つの出来事が、何の矛盾も提示されずに紹介されていることである。

私にいわせれば、戦前の学徒出陣壮行会の前段と、戦後の戦没学徒への追悼の後段はそもそも相反の関係にある。

そこで大きな役割を果たすのが、冒頭でヒントとして提示したＧＨＱ（連合国軍最高司令官総司令部）である。

「正編」の第一六話「東京音頭」でもふれたが、一九四五（昭和二〇）年八月一五日～一九五二（昭和二七）年四月二八日の被占領期に、ＧＨＱは教育・文化・思想を統制するために検閲部局を設置、新聞・ラジオなどの報道機関や出版をはじめ「歌舞音曲」も、戦前・戦中に「忠君愛国」の軍国主義イデオロギーを鼓吹する役割を果たしたと判定されると、検閲・禁止の憂き目にあった。

したがって、普通に考えれば、戦時下に学徒兵を送った同じ歌を、戦後に学徒兵の追悼に使うことは、ＧＨＱの検閲に間違いなく引っかかる。にもかかわらず、主催者はＧＨＱに忖度して楽曲を変えることなく開催にこぎつけたのである。

ここには本書の第一話の「軍艦マーチ」で紹介した、GHQによる「お目こぼし」よりも奥深く興味深い謎がある。この難所を越えられたのは奇跡といってもいいかもしれない。いったいなにが起きたのか？　私の解釈はこうである。

戦前軍部から「了」とされていた「第九」が戦後もGHQからも「お咎めなし」とされたのは、「第九」の両義性によるものではないか。

実は日本も同盟の一員であった枢軸国でも、それに対抗する英米の連合国でも「第九」は別格の処遇をうけて許容されていた。

ちなみに一九四二年四月一九日のヒトラー総統生誕祝賀前夜祭で演奏されたのは、フルトベングラー指揮による「第九」。そして、その三年後の一九四五年九月、ニューヨークのカーネギーホールでトスカニーニの指揮のもとに第二次世界大戦勝利を「歓喜」する歌として演奏されたのもまた「第九」であった。

この「第九」がもつ両義性が、日本でも証明されたのである。

要するに、「第九」のテーマである「歓喜（Freude フロイデ）」と「同胞（Brüde ブリューデ）愛」は、ファシズム国家であれ、自由主義を標榜する国家あれ、掲げる大義名分として、同じように利用価値が大いにあるということなのだろう。

■「サントリー1万人の第九」が大衆化のきっかけに

さて、こうしてわが「第九」は、スペイン風邪というパンデミックとGHQによる検閲という二つのハードルを巧まずに乗り越えて、生き延びることができた。だが、それがそのまま現在の日本における「第九」の大衆化・通俗化につながったかというと、私の記憶ではまだまだその域には達していなかった。そのためには越えなければならない山、それもかなり高い山がその先に待ち受けていた。

わが家に白黒テレビが入るのは小学生四年ごろだったろうか、日本が高度成長の入り口さしかかる昭和三〇年代初めで、おそらく「N響アワー」も放映されていた。また、叔母が東京芸大の声楽科を出て東京混声合唱団員として活躍していたが、それでもわが家で「第九」が年末の恒例行事にはなることはなかった。進学した私立の中高一貫校では、母校の出身で当時東京芸大の学生か院生だった丹羽勝海（一九三八〜二〇一九年）が音楽の非常勤教師だったが、後に「第九」のテノールソロを二〇〇回以上もつとめる「超大物」とは知る由もなく、私もその一人だったが同級生のほとんどは大学受験の役には立たないと、授業は上の空。丹羽先生の影響をうけて年末に「第九」を聞きに行った友人は一人もいなかった。

では、「第九」の大衆化・通俗化はいつどのようにして始まったのか？

どうやらその兆候は昭和四〇年代からのようだ。「読売新聞」一九六五（昭和四〇）年一二月二五日夕刊は、「『第九』ばやりの年の瀬」の見出しを掲げ、写真入り四段の特集を組んで、冒頭でこう記している。

「この習慣は、どうやら日本だけのことで、『第九』が特に年の暮れと関係のある音楽というわけではない。オーケストラ側にとっては、『第九』はこれさえやれば必ず客が入るという『忠臣蔵』みたいなだしものなので、年の瀬を控えて起死回生の妙薬としてこれを活用している節がみられないでもない」

その二年後の同じく「読売新聞」一九六七（昭和四二）年夕刊は、「12月クラシック音楽界はベートーベンの〝第九〟に集中」「四大楽団も演奏〝これなら必ず黒字〟」の見出しを掲げて、「年末恒例」の理由をまたぞろ「忠臣蔵と同様、確実に客がよべる」「（団員に）ボーナスとモチ代がだせる」からと報じている。

いっぽう私の記憶を手繰り寄せると、周囲で「第九」が年末恒例のイベント化するきっかけは、昭和が終わる四年前の一九八四（昭和五九）年にサントリーの肝いりでスタートとした「1万人の第九」ではなかったか。

七〇年万博の後、関西を文化で盛り上げるべく大阪城築城四〇〇年を記念して大阪城ホールが竣工、そのこけら落としとして「一万人で第九を歌う」という企画が、ご当地企業であるサントリーに持ち込まれたところ、社長の佐治敬三の「おもろい、やりなはれ」の一言で始まったとされている。私自身はその経緯についてはすっかり忘れていたが、この新手の音楽イベント企画にある種の危うさを感じたことだけは、はっきりと覚えている。

当時私は三十台半ば、ベトナム反戦に参加して以来の「左翼活動家人生」からは足を洗い、雑文書きと校正をしながら家族三人なんとか飯を食っていたが、危うさを感じたのはわが経歴のなせるわざだったのかもしれない。「危うい気配」の出どころは、「サントリー1万人の第九」の企画者兼指揮者が山本直純（一九三七～二〇〇二年）だったことだ。より正確にいうと、山本直純が笹川良一（一八九九～一九九五年）と入魂だったことである。

もはや二人とも鬼籍に入って久しいので、山本直純と笹川良一を重ねてイメージできるのは六〇歳以上だろうから簡単に補足説明をしておくと——山本直純は東京芸大卒、小澤征爾や尾高忠明と同期でクラシック界の逸材として将来を嘱望されていたが、テレビの音楽番組の企画だけでなく司会もこなし、流行歌の作曲も手掛け（寅さんシリーズの主題歌や、さだまさしの「親父の一番長い日」など）、それに加えておよそクラシック出身らしくない気さくなキャラもあいまって、マルチタレントとして八面六臂の大活躍をしていた。かたや笹川良一は戦前は国粋大衆党党首をつとめた右翼政治家で、戦後は戦犯として巣鴨プリズンに収監、出所後はモーターボート競走業界を仕切り、その潤沢な資金で政界の黒幕として暗躍、統一教会の久保木修己初代会長や山口組三代目・田岡一雄組長とも親しく、裏の世界にも強力なパイプをもっていた。

住んでいる世界がまったく違うようにみえる山本と笹川だが、二人の間の深い「親交」が私たち〝業界外〟の一般人に明らかになるのは、一九七四（昭和四九）年からはじまった、笹川が理事長をつとめる日本船舶振興会提供のテレビＣＭであろう。山本は作曲を担当しただけでなく、本人も高見山と共に火消まといを振り回して出演して「戸締り用心火の用心」を連呼、最後は笹川が登場、「一日一善」と叫んだ後に、「人類みな兄弟」のロゴが流れる。

山本と笹川の二人にはこうしたつながりがあることから、当時の私は、笹川が標榜する「人類みな兄弟」と山本が指揮する「第九」にベートーヴェンが託したテーマの「同胞愛」とがどんぴしゃり重なることに「危うい気配」を感じたのだった。それは、先に挙げたヒトラー総統生誕祝賀前夜祭で「第九」が演奏されたことにもつながるものだ。

ところで、これに関連して蛇足を加えると、昨年末、まさか翌日の元旦に能登半島で大地震が起きるとは思いもせず、紅白のチャンネルを切り替えて、年末恒例のＮ響の「第九」を聴いた。切れのいいわかりやすい演奏で堪能できたが、昨年末からＮ響の正指揮者となった下野竜也が演奏前のインタビューで、「第九」のテーマはこれにつきるとして「人類みな兄弟」を連発していた。下野のコメントに間違いはないが、山本と笹川のコンビが絶頂期の四〇年前だったら、ＮＨＫに左翼リベラル派の視聴者から抗議が舞い込んだろうにと、歳月の流れを感じたものだった。

さて、本題にもどろう。

しかし、いっぽうで当時の私は、山本直純と笹川良一の怪しい関係から危うい臭いがすることと、どうせ洋酒飲料会社の社長がお遊びではじめたことだろうから、いずれ景気がかげって商売が落ち込めば、ぽしゃるだろうと高をくっていた。ところが、バブルがはじけても、ぽしゃるどころか、この「サントリー1万人の第九」が契機となって、同年には札幌で「999人の第九」が、翌一九八五（昭和六〇）年には東京で「国技館5000人の第九」、同年には広島で「8000人の第九大合唱」と、次から次へと大衆化と通俗化が進んでいったのにはびっくりさせられた。

その勢いにのって、山本直純は一九九八年まで一六年間も「第九」大衆化の草分けである「サントリー1万人の第九」の指揮者をつとめることになる。

私はまったくの読み間違えをしていたわけだが、それはいったいなぜだったのか。あれから四〇年たって改めて考えてみた。

■驚異の「おしんドローム」

一九八四年の事件をあれこれ思い出してみて、ふとひらめいた。

本稿の冒頭で、日本で「第九」がここまで大衆化・通俗化された経緯をひも解くための手がかりを「パンデミック」と「GHQ」と「朝ドラ」と記したが、「サントリー1万人の第九」と時を前後して、NHK「朝の連続ドラマ」で史上空前にして絶後のお化け番組が始まっていたのである。そう、「おしん」である。これまた、山本直純と笹川良一の関係と同じく、同時代で体験しているのは六〇歳以上だろうから簡単に補足説明をしておく。

「おしん」は、明治生まれの一女性が貧しい生活の中、子守奉公に出されるなど、一九八〇年代の世の中では想像もつかない苦難を経てスーパーマーケットを興すまでの艱難辛苦の物語で、脚本家の橋田壽賀子が受け取った匿名の手紙に綴られた実体験に基づいているという。この手紙に感動した橋田がテレビ局に企画を持ち込んだのだが、どの局からも「地味で暗い」と断られつづけ、最後にNHKトップの一声でようやくドラマ化が決まった「期待されざる作品」だった。しかし恐る恐る放映してみると、一九八三（昭和五八）年四月四日から翌八四（昭和五九）年三月三〇日まで全二九七話の平均視聴率五二・六パーセント、最高視聴率六二・九パーセントの「超お化け番組」となった。ヒットは日本だけにとどまらない。熱烈な「おしんファン」だった駐日シンガポール大使（後に大統領となったウィー・キムウィー）が、離日にあたってNHK会長に自国での放映を直訴したのが海外放送のはじまりだった。以後六〇か国で放映されて世界中でOSH

INブームがおき、外国の街角で日本女性が「おしん」と呼びかけられたというエピソードが跡をたたなかった。

各国の視聴率を高い順に挙げると、イラン八二パーセント、タイ八一・六パーセント、中国（北京）七五・九パーセント、ポーランド七〇パーセント……。「おしんドローム」をコアで支えたのは、誰もが多かれ少なかれ「おしん」と同じような社会状況に置かれた、戦前・終戦直後の日本を体験した人たちだったと思われる。バブルへ向かう豊かさの基礎をつくったのに、国民の大半はその恩を忘れていると無念に思う反面、豊かな社会への変化に不安を感じている人々が、子役・小林綾子の名演技と相まって「おしん」に涙した。そして、海外の「おしんブーム」は、いわゆる途上国が中心だった。それはアジアの経済大国日本が、どのようにして繁栄への道を歩んできたかを示す民衆レベルの内実のドラマとして「おしん」が受けとめられたからであろう。

この「おしん」がスタートした一九八三（昭和五八）年は、戦後上る一方だった日本経済が、一九七三（昭和四八）年、一九七八（昭和五三）年と二度にわたるオイルショックで受けた強烈な打撃から立ち直りをみせた年だった。一パーセント以下でしかなかった実質経済成長率が七～九月期には六・二パーセントへと急上昇し、民間設備投資も大幅な伸びをみせ失業率は目にみえて下がった。それは、やがて日本がバブル景気へと舞い上がる序曲だった。日本が新たな豊かさに向かおうとするこの時期、人々の心情には変化と刺激を求める欲求と、一方で変化することへの不安が同居していた。この相反する国民感情を象徴する社会現象が、NHKの朝の連続ドラマ「おしん」の大ヒットであり、片や苦しく辛かった戦前と終戦直後の昭和を耐え抜いたエネルギーが逆バネとなって、明るい昭和の総仕上げとして「第九」の大衆化がはじまったのかもしれない。

■「第九」は日本の行く末を予感させる「はやり歌」

その意味では、「第九」は、戦前戦後の昭和を生き抜いた「歌のおしん」といえるかもしれない。スペイン風邪というパンデミックの禍中でうぶ声を上げ、戦時下で学徒兵を送り、戦後は戦没学徒を悼み、そして耐え抜いたかいあって、昭和の終焉を直前にして、ついに大衆のはやり歌となった。なるほど「第九」と「おしん」は、つながっていたのだ。

しかし、私には、四〇年前に感じた危惧が今に蘇って、「第九」の行く先が気が気でならない。

「第九」の第四楽章は、冒頭から「第九」の基本中の基本理念である「歓喜」と「同胞愛（人類みな兄弟）」を繰り返してから、こんな一節が歌われる。

「歓喜に同調できなかったものは泣く泣く去るがよい」

理想を高く掲げて追い求める歌は、時にそれにまつろわぬ人々を排除排斥することを歴史は教えている。一方にとっては「歓喜《よろこび》」と「同胞愛《いつくしみ》」であっても、相手にとっては「苦痛」と「排斥」となることがある。

かつてヒトラーのナチスは、最も優れた民族である「我々＝アーリア人」の下で「歓喜と同胞愛を共有しよう」というプロパガンダとして、「第九」を政治利用し、その結果ユダヤ人の迫害と抹殺をもたらした。

日本もまた「五族協和」「王道楽土」「大東亜共栄圏」という「アジアにおける同胞愛」を掲げながら、朝鮮を併合し、満州国をつくって先住の人々を追い出した。そして、国内では「第九」は未来の日本を担うはずの若者の出征を鼓舞し、無言の帰還者を追悼する歌となった。

歴史は繰り返す。それは歴史が自ら証明している。いつ何時、わが「第九」は「戦前の昭和」へと戻る歌になるかもしれない。「第九」はそれが生まれた昭和が終わって四〇年近くがたってもなお、日本の行く先を危惧させる「はやり歌」でありつづけている。

♪第三話
戦争を生き延びたマドロス物とブルースの女王
「別れのブルース」歌・淡谷のり子（作詞・藤浦洸、作曲・服部良一、一九三七年）

■戦前戦後に〝双子山〟の流行をみせたマドロス物

ここまで元軍歌とクラシックの歴史的交響曲という対照的な二曲を取り上げ、「戦前の昭和」と「戦後の昭和」は実は〝一つながり〟であることを明らかにした。いっぽう、そのつながり方は一様ではなく、そこから「昭和とはいかなる時代であったか」をより深く読み解くことができるのではないかとの予感を得た。

そこで、「船乗り」をテーマに量産された「マドロス物」と呼ばれる昭和歌謡の一大ジャンルを取り上げて、さらに検証を深めたいと思う。

私はかねてから、このマドロス物の特異性に強い関心を抱いてきた。

特異性の一つは、戦前の一九三一（昭和六）年から日本が英米と戦端を開くまでの約一〇年間と、戦後の昭和三〇年代の同じく約一〇年間に、流行が〝双子山〟になっていることである。

もう一つの特異性は、戦後の流行の量が半端でない。『昭和歌謡全曲名――昭和流行歌総索引――戦後編』（柘植書房新社、二〇〇六年）にあたってみたところ、昭和三〇年代にリリースされた、タイトルに「マドロス」が入っている曲だけでなんと五三。歌詞まではあたりきれないが、これに「波止場」「出船」「船出」のタイトル曲を加えると、実際の「マドロス物」はその二～三倍はありそうである。ちなみに〝マドロス歌手〟の一人でもあった美空ひばりは、昭和三〇年代に一三曲もの「マドロス物」を発表しているが、そのうち「港町十三番地」（一九五七〈昭和三二〉年）など六曲のタイトルには「マドロス」がついていない。また、「《昭和懐メロ名曲集》懐かしの港歌・マドロス演歌」（CD五枚組）には九〇曲が収録されているが、そのうちタイトルに「マドロス」を冠した曲は「恋のマドロス」（高倉敏）「マドロスの唄」（岡晴夫）「君はマドロス海つばめ」（美空ひばり）などわずか五曲にすぎない。したがって、昭和三〇年代には、少なくとも二〇〇曲をこえるマドロス物が誕生したのではないかと推測される。

よく言えば百花繚乱、見方をかえれば粗製乱造である。

「マドロス物」の特異性はまだある。船乗りたちの数は、戦後の最盛期でも、内航・外航あわせて一〇万人に及ばない。その家族や関係者を入れても〝当事者〟たちはせいぜい三〇～五〇万人だったであろう。ほぼ同じ時期に日本を支えた炭鉱と運輸関連の労働者は、その数倍はいたのにもかかわらず、この時期に彼らをテーマにした歌謡曲は「俺ら炭坑夫」（三橋美智也、一九五七〈昭和三二〉年）、「炭鉱もぐら」（小林旭、一九六〇〈昭和三五〉年）、「鉄道行進曲」（藤山一郎他、一九五二〈昭和二七〉年）、「エアガールの唄」（菊池章子、一九五一〈昭和二六〉年）など、それぞれ一〇曲前後にとどまっている。当該産業の従事者数とそれをテーマにした歌謡曲の比率でいうと、「マドロス物」は桁が外れている。

■「マドロス」は今や死語？

特異性はこれだけではない。

本稿を起こす前に、筆者の問題意識がどれだけ読者に共有してもらえるかが気にかかり、以下のアンケートを私の友人とその家族に試みた。

▼「マドロス」の意味を知っているか

▼かつて「マドロス物」が歌謡曲の一大ジャンルだったことを知っているか

すると、われながら驚くべき結果となった。

四三の回答が寄せられたが、四〇歳以下の一七名うち三名は「マドロス」という言葉は知っていたが、全員が「マドロス歌謡」の存在を知らなかった。いっぽうで、残りの五〇代後半以上は、一名をのぞいて「マドロス」も「マドロス歌謡」も知っていた。どうやら、「マドロス物」の認知には、「昭和」を体験的に知る最後の世代――すなわち団塊ジュニアあたりに明白な分水嶺があるようだ。美空ひばりでいうと、一九六一（昭和三六）年五月に「鼻唄マドロス」をリリースしてから、しばらくはマドロス物はうたっておらず、一〇年後の一九七一（昭和四六）年三月の「新宿波止場」が最後で、しかも紅灯の新宿を港に、客をマドロスに見立てたものだ。それは、ちょうど団塊ジュニアが誕生した時期にあたっている。いずれにせよ、今や日本人の多くにとって、「マドロス」はもはや死語であり、「マドロス歌謡」も懐メロをとおりこして「忘却の歌」、「昭和の歌謡遺産」と化しているらしい。

これほど多くの際立った特異性をもった昭和歌謡の独立峰はない。いったいこれは何を意味するのか？　ひょっとして「マドロス物」には、戦前と戦後の「二つの昭和」を一つにつなげて、「軍艦マーチ」や「第九」とも違った回路から、「昭和とはなんだったのか」を読み解く手がかりがあるかもしれない。

検証してみると、そこには数十曲に及ぶ戦前のマドロス物の中の一曲が戦前と戦後のマドロス物の双子の独立峰をつなぐ伏流のマグマとして、大きな役割を果たしていたと思われる。

その一曲とは、一九三七（昭和一二）年に淡谷のり子によって歌われた「別れのブルース」（作詞・藤浦洸、作曲・服部良一）である。

■「ブルース」の看板は羊頭狗肉

改めて淡谷のり子の「別れのブルース」のさわりとなる歌詞を以下に掲げる。

♪窓を開ければ　港が見える　メリケン波止場の　灯がみえる
♪腕にいかりの　入れずみほって　やくざに強い　マドロスの
♪二度と逢えない　心と心　踊るブルースの　切なさよ

「港町の女が一夜限りの情けを交わした外航船員との別れを惜しむ」という同工異曲の歌は、この曲以前にも以後にもたくさんつくられており、言ってみればマドロス物の「定番」で、格別斬新な内容ではない。淡谷は数多くの自叙伝を書き残しているが、その中で母親から「浪花節みたい」と笑われ、自身も「ヒットするなんで全然思ってなかった」と記している（淡谷のり子『ブルースのこころ』新日本出版社、一九七八年、六ページ）。

またメロディも「ブルース」と銘うってはいるが、楽理的にはコード進行はブルースではない。かなり後の青江三奈の「伊勢佐木町ブルース」（一九六八〈昭和四三〉年）や森進一の「港町ブルース」（一九六九〈昭和四四〉年）もそうだが、曲名にある「ブルース」は「物悲しい曲」という程度のキャッチーなタイトルでしかない。そのことは当初から淡谷自身も承知していて、「最初からピンとこなかった」。レコード会社も「最初はあまり乗り気ではなかった」。それが淡谷の予想もレコード会社の読みもはるかに超えて売れてしまったのである。

淡谷が慰問に訪れた旧満州の前線の兵士たちの間で火がついて日本に逆上陸、長崎・神戸・大阪・横浜と港町を経由して東京へ伝播。作曲者の服部良一によると「プレス工場は連日徹夜作業でも注文に応じきれなかった」（服部良一『ぼくの音楽人生』日本文芸社、一九九三年、二〇二三年）ほどの国民的大ヒット曲となり、これまでのマドロス物を圧倒する。

■将校たちの粋なはからい

吉武輝子著『別れのブルース 淡谷のり子』（小学館文庫）

しかし、「別れのブルース」が発売されて四年後の一九四一（昭和一六）年、日本がアメリカと戦闘状態に入ると、「頽廃的」で「時局柄好ましくない」との理由から、淡谷のり子は持ち歌をすべて奪われる。当局からの圧力は前年からはじまっていた。

たとえば一九四〇（昭和一五）年に発売された田端義夫の「別れ船」（作詞・清水みのる、作曲・倉若晴生）も、以下の歌詞が「厭戦的で時局にそぐわない」として禁歌とされた。

♪別れ出船の銅鑼《かね》が鳴る　思いなおして　あきらめて（一番）

♪せめて時節の来る迄は　故郷《くに》で便りを待つがよい

（三番）

禁歌の憂き目にあったのは、マドロス物だけではない。「正編」の第一六話「『東京音頭』は四度死ぬ⁉」で記したが、一九三四（昭和九）年八月から内務省は出版警察法の適用拡大に乗り出し、事前の検閲対象をレコードにまで広げ、仮に検閲を通過しても「問題あり」と判断されると、発売禁止・宣伝中止・自主回収などが行なわれた。そのため多くの流行歌が「頽廃的」で「皇国の発展を阻害する」との理由から発禁された。

年とともに、「検閲」の基準は厳しくなり、過去には「了」とされたものが「改作処分」を受けることもあった。たとえば「東京音頭」の歌手でもある小唄勝太郎の「島の娘」は、一九三二（昭和七）年の発売にもかかわらず、一九三四（昭和九）年になって、「娘十六恋ごころ……主と一夜の仇情」が「娘十六紅だすき　咲いた仇花、波に流れて風だより」に〝改作〟させられた。マドロス物への処分は、こうした一連の検閲強化の最後のダメ押しであった。

「別れのブルース」も、田端義夫の「別れ船」と同じく、放送禁止、レコードは発売禁止となる。

そもそも異国情緒をかもしだす導入部からしてまずかった。

♪窓を開ければ　港が見える　メリケン波止場の　灯がみえる……

「メリケン」とはいうまでもなく「アメリカ」のこと。折しもそれと戦端を開き、国をあげて「撃ちてし止まん」の激闘している相手なのだから、当局のお気に召すはずがなかった。事あるごとに、軍部から目をつけられ改悛と恭順をせまられたが、淡谷のり子の「別れのブルース」の立ち居振る舞いは他のマドロス物とはいささかちがっていた。当局の圧力に唯々諾々とは従わなかったのである。おそらく「別れのブルース」がなかったら、より正確にいうと、淡谷のり子がこの曲をうたわなかったら、マドロス物という歌謡界の独立峰の容姿は変わっていたことだろう。

前述したように、満州の前線の兵士たちの間で人気に火が着いたからだったが、そのヒットの本当の意味を淡谷が知るのは、皮肉かつ逆説的なことに、「別れのブルース」が公けにはうたえなくなってからであった。

外地への「皇軍慰問」を求められた淡谷はそれを渋々受け入れたが、慰問先の最前線に赴くと、兵士たちから乞われたのは、当局から「歌うな」ときつく禁止されていた「別れのブルース」だった。

前掲の『ブルースのこころ』（二四～二六ページ）によると、上海で兵士たちを前に慰問公演をしたとき、淡谷は生涯忘れられない体験をする。

禁止されている自分の持ち歌ではなく、あたりさわりのない曲を歌い終えて舞台を降りようとすると、会場のあちこちから「別れのブルース」のリクエストの声が上がった。淡谷が「軍からうたってはいけないと言われている」と断ろうとすると、兵士たちは、「構わない、うたってくれ」「おれたちは明日にも死ぬ身体だ、たのむから聴かしてくれ」と口々に叫んできかない。

淡谷は「罰をうけたって、かまうもんか」と意を決してうたい出すと、監視役として会場の最前列に座っていた将校たちの何人かはわざと居眠りをし、あるものはいつの間にか席を立って姿を消してしまった。

兵士たちは目に涙を浮かべながら聴きほれていた。淡谷が歌い終えて会場の外へでると、なんと将校も廊下で泣いていた。

この時の体験を淡谷はこう回顧している。

「私のうたう歌がこれほど感激的な場景を醸し出したのはあとにも先にも、かつて経験しなかったことである（略）いくら権力で圧迫しても、歌は生きていると、私はそのときもしみじみと感じた」

■「港町の恋と別れの歌」から「望郷と永訣の歌」へ

淡谷は、中国大陸を慰問したときにも同様の体験をしている。

北京、天津と南下し、済南へむかう途中のある田舎駅で、淡谷を乗せた列車が臨時停車した。便衣隊（中国人たちの反日ゲリラ）の襲撃かと身構えると、若い日本人将校が車両に乗り込んできて、こう懇願された。

「三里先の駐屯地から部下たちを連れてきて、二時間前から待機している、部下たちのためにぜひ『別れのブルース』を歌ってほしい」（前掲書、二二一～二二四ページ）。

周囲は広大な高粱畑《コーリャン》で、二～三〇〇人の兵隊が黄塵吹きすさぶなかでうずくまっていて、淡谷の姿を認めると、にっこりほほえんで拍手し歓声をあげはじめた。淡谷は列車を降りてプラットフォームを舞台に見立てて歌うことにした。

砂塵で眼はまともにあけていられない。口の中にも容赦なくとび込んでくる。淡谷は風がヒューヒューと轟音をたてて鳴りわたるなかで、アカペラでありったけの声をふりしぼりってうたいはじめた。

「別れのブルース」は風にひきちぎられて途切れ、絶えだえになった。それでも兵隊たちは砂まみれの顔で、軍服の袖で眼をこすり、ひげ面の鼻をすすりあげながら、最後まで聞きほれていた。

淡谷はこう述懐している。

「あすは戦死するかもしれない名も知れない兵隊さん達のために、吹きっさらしのプラットフォームでうたう方が、日比谷公会堂のステージでうたうよりもはるかに素晴らしい事に違いない。歌手になって本当によかったとしみじみ感じたのであった」

おそらく、「別れのブルース」は、〝平時〟であったら、「港町の女と船員の出会いと別れ」という同工異曲のマドロス歌謡の一曲として、酒宴を盛り上げるのに一役買う程度だけだったかもしれない。だが、「一億火の玉」のスローガンのもと国民の誰もが聖戦遂行の覚悟を迫られた〝非常時〟にあって、とりわけ死と隣り合わせの極限にある最前線の兵士たちにとっての、かけがえのない「望郷と永訣の歌」へと変容を遂げたのである。淡谷自身もそれを身をもって実感したのであった。

■「別れのブルース」の変容力は淡谷の厭戦への想い

しかし、「別れのブルース」をかくも劇的に変容させた原動力とは、歌それ自体というよりも、当人は気づいていなかったかもしれないが、淡谷自身にあったのではないか。

もし淡谷以外の歌手が「別れのブルース」をうたっていたら、この歌がこれほどの衝撃力をもったかは、きわめて疑わしい。では、その衝撃力の源泉とはなにか？　それは淡谷がもつ厭戦・嫌戦への強い想いではなかったろうか。

淡谷には、それを示唆するこんなエピソードがある。

淡谷は根っから軍歌が嫌いだった。多くの歌手のように、軍部におもねって、日の丸を張った舞台にカーキの国民服で立ち、不動の姿勢ではるか宮城を遥拝してから軍歌を歌うことを拒みつづけた。「ゼイタクは敵だ！」と国防婦人会から陰に陽に圧力がかかっても、口紅もマニキュアもハイヒールもやめず、モンぺもはかなかった。そんな淡谷にもついに軍歌をうたわされる時がやってきた。そこで淡谷が選んだのは、「♪見よ東海の空あけて 旭日《きょくじつ》高く輝けば……」の「愛国行進曲」（作詞・森川幸雄、作曲・瀬戸口藤吉、昭和一二年）と、「♪金鵄《きんし》輝く日本の 栄《はえ》ある光身にうけて」の「紀元二千六百年」（作詞・増田好生、作曲・森義八郎、昭和一五年）の二曲だった。

そして、その「歌いっぷり」たるや、いかにも淡谷らしかった。

淡谷はこう書き記している。

「軍歌をうたっていると腹の底からバカバカしくなって、むしろ楽しくなってきて、ことに最後の、天皇陛下万歳と……までくると、もうたまらなくなってしまって、ありったけの馬鹿声張り上げては、『てん、のう、へいっか、ばんざいっとうっ……』という、破れかぶれの歌い方をせずにおれなかった。そこまでくると、お客さんの方からわっと割れるような拍手が湧く。しかも、その拍手がどうやら普通の拍手とは違って、私の破れかぶれの調子にうっぷん晴しの共鳴を感じて送る拍手のようだった」（前掲書、二〇～二一ページ）。

よくぞ特高警察に「不敬罪」でしょっぴかれなかったものだが、それよりも驚かされるのは、淡谷が、戦時下の庶民たちの意識下にあった厭戦・嫌戦の気分を探りあて、それと見事に共振していることである。

これは「別れのブルース」にもあてはまるのではないか。

この歌の主題である「♪女には弱いがやくざに強いマドロス」を、前線の兵隊たちはこう受け止めたのではなかろうか。「やくざ」とは庶民に戦時下の耐乏生活を強いる軍部と政府である。本来なら、マドロスを見習わなければならないのに、それがかなわず、戦地に赴いて再び愛する人のもとへ帰ることができない無念さを思ったのではないか。

ここでも、前線の兵士たちの意識下にあった厭戦・嫌戦の気分と淡谷のそれとが深いところで共感しあったのではなかろうか。

「別れのブルース」は、「望郷と永訣の歌」であると同時に、下級兵士たちにとっては「厭戦歌」であったのかもしれない。

■戦後は元小国民たちの愛唱歌に

いっぽうで淡谷の「別れのブルース」は、戦時中この歌を当局の指示どおり「聖戦遂行を阻害する俗悪歌謡」と信じた人々にたいしても、戦後に改心を迫った。

戦争が終わって半世紀以上、昭和が終ってからも一〇年がたった一九九九年、こんな投書が寄せられている（無職、青森県、七六歳）「朝日新聞」一九九九年七月一四日朝刊「声欄」）。

「『別れのブルース』を聞くたびに思い出すのは、満蒙開拓青少年義勇軍の一員として昭和十三年、新潟港から月山丸で朝鮮半島北部の清津に向けて船出したときのことだ。（略）

その間、よっぽど好きなマドロスさんがいたと見えて、就寝時間を除けばほとんどといってよいくらい、別れのブルースを船内に流していた。

日本の生命線を守る防人として、大陸開拓の念に燃えていた我々義勇軍は、唱歌と軍歌しか知らないほど幼稚だった。変な歌だと、口には出さなかったが聞き流していた。

それから七年が過ぎて、大陸に死に場所を得損ね、シベリア抑留を経て、こうして生き延びているのが不思議なくらいである。当時覚える気にもならなかった別れのブルースが、心の成長とともに、百八十度転換し大好きになった。死にきれなかった年代にとって、別れのブルースは懐旧の数々の中でも逸品である」

淡谷のり子の「別れのブルース」は、戦中に死地に赴く兵士たちに愛唱されただけではなかった。はるか戦後になっても、過酷な戦争の体験者たちから、取り返しのつかない歴史的過誤を反芻するよすがとして再評価されたのである。これこそがこの歌と淡谷の真骨頂であった。

これが熱いマグマの伏流となって、戦争によって消されたしまったマドロス歌謡を戦後に蘇らせたのではなかろうか。

■〝昨日の敵〟の進駐軍を後ろ盾に

「別れのブルース」が戦後のマドロス物の復活の先導をつとめるのに、さらに強力で頼もしいサポーターがいた。

それは、戦後の七年間、日本を占領支配した米軍である。

敗戦により再び持ち歌をうたうことを許された淡谷のり子は、進駐軍のキャンプから歌手活動をスタートさせた。

福岡の板付基地に行ったときのことである。アメリカ軍少佐から、「のり子、あなたは〝ブルースの女王〟といわれているそうだが、どうしてここではうたってくれないのか」と問われ、「『別れのブルース』は、日本人のブルースであって、アメリカの人たちが聞いたって退屈なだけだろう……と思って、うたわないのです」と返すと、少佐は、「それはいけない。日本人のあなたは日本語の歌を大切にすべきです。『別れのブルース』をぜひ、日本語でうたいなさい」と、熱心にすすめられた（前掲書、一二一～一二二ページ））。

淡谷は半信半疑ながら応じると、少佐は、英訳した歌詞をショーの会場の全員にくばってくれ、その効果もあって、「別れのブルース」は満場の拍手で迎えられ、淡谷は「音楽に国境はない」と実感。これが機縁となって、淡谷は全国各地の米軍キャンプで「別れのブルース」を披露、〝昨日の敵〟たちのあいだにファンを獲得していく。

それから、数年して、空前のマドロス物ブームが再燃。昭和三〇年代には、少なくとも二〇〇曲をこえるマドロス物が誕生したと思われる。

淡谷の「別れのブルース」は、〝昨日の敵〟であった進駐軍という後ろ盾を得て、マドロス物の復活の先導役をはたしたとみていいだろう。

ひょっとしたら、ＧＨＱの要路は、淡谷の「別れのブルース」が実際は〝厭戦歌〟であったことを知っていたのかもしれない。ここには、先に取り上げたように、戦前は軍歌の中の軍歌であった「軍艦マーチ」が、同じく戦前は出征兵士を送るために使われた「第九」が、それぞれ戦後にＧＨＱに容認された背景と通底するものがある。その意味では、「別れのブルース」もまた、戦前と戦後の昭和は深層で〝一つながり〟になっていることへの歴史の証言者であり、まことに興味ぶかい。

■実は淡谷のり子は「別れのブルース」が大嫌いだった

さて、ここまで記してきたように、「別れのブルース」は、昭和歌謡史にとって、そして六七年におよぶ淡谷のり子の歌手人生にとっても、重要な位置を占めていることは間違いない。淡谷自身も多くの著作の中で、この歌をめぐるエピソードの記述にページを割いている。したがって、さぞや愛着があったと思いきや、最晩年の著作では、「この歌は大嫌い」と、わざわざ「嫌い」に「大」をつけて強調している（『私の遺書』扶桑社、一九九四年、一八七ページ）。この意味は、いっ

北影雄幸著『特攻隊 最後のことば 祖国に殉じた若者たちの真情』(光人社ノンフィクション文庫)

たいなんだろうか。

答えは、二〇二二年夏、「徹子の部屋」（テレビ朝日）の特集番組「スターが証言『戦争と私』」の中で紹介された、黒柳徹子と淡谷のり子の過去の収録番組から読み取れるかもしれない。

そのなかで淡谷は戦中、特攻隊の基地へ慰問にいったときのこんなエピソードを明かしている。

聴衆は白鉢巻きをした少年兵三〇人ほど。

担当の上官からは、「平均年齢一六歳です。命令がくれば飛びます。もし歌っている最中に命令が下されたらいかねばなりません」と言われ、淡谷は命令がこなければいいのにと願いながら歌っていると、悪い予感が的中してしまった。その時の情景を淡谷は思いだしてこう語っている。

「さっと立ち上がって、私の方を向いてみんなニコニコ笑いながら、こうして（敬礼のポーズ）行くんです。もう泣けてなけて、声が出なくなりましたよ……悲しくて。あんな悲しい想いをしたことはありません」（二〇二二年八月九日放送）

淡谷のり子にとって、「別れのブルース」は思い出深い曲である反面、もっとも思い出したくない曲でもあったのだろう。あまりにもつらく悲しい戦争の記憶に彩られていたからで、その究極がこの特攻隊をめぐるこのエピソードであったと思われる。

昭和歌謡史にとって、淡谷のり子は「別れのブルース」によってマドロス物という独立峰を築いた第一の功労者であったが、それは当人には名誉どころか、できれば消し去ってしまいたい履歴ではなかったろうか。

なお、淡谷のり子の「別れのブルース」がマグマの伏流となって戦後に復活するマドロス物の経緯と盛衰については、稿を改めて第二章の冒頭の第四話で詳述したい。

■わが少年期の友との別れの歌に

最後に、極私的回顧談を付記する蛇足をお許しいただきたい。
私にとって、「別れのブルース」は親の世代の歌ではない、同時代の歌である。
それはこの歌の冒頭の「♪窓を開ければ　見えるメリケン波止場」の「メリケン」が幼少時の忘れがたい思い出と重なるからである。

私は小学校三年にとき、父親の仕事で、数年名古屋にいて東京は目黒区の中目黒小学校へ転校したが、転校生の悲哀をさして味わうこともなく学校に馴染むことができた。それは、最初に仲良くしてくれたY君のおかげだった。いや正確を期すと、Y君の父親が東急電鉄の保線夫で、Y君に支給されていた乗り放題の家族パスのおかげだった。私はもともと痩身短躯な上に四月一日生まれで学年の誰よりも年下のため、三段の跳び箱も跳べず、鉄棒の逆上がりもできなかった。かたやY君はクラスで一番身長も高く体重もある巨漢でスポーツ万能。その二人がいきなり友達になれたのは、席が五十音順のため、前田の私は五四番、Y君は五六か五七番で私の真後ろだったからだ。Y君は、私を弟ということにして家族パスを駆使、東横線で最初は多摩川園へ、そのうち終点の桜木町まで遠征、そこから山下公園へ歩いた先のメリケン波止場で釣りを教えてくれた。浮きなどはづけず、糸の先に釣り針をつけて手でそれを上げ下げするだけの「按摩《あんま》釣り」で、港内を行きかう艀《はしけ》を眺めながらの少年太公望を気取ることができた。

もうひとつ、メリケンをめぐる忘れえぬ思い出がある。私の横の席のM君だ。めっぽう喧嘩がつよかった。自慢の武器はメリケンサックとジャックナイフと自転車のチェーン。メリケンサックとは拳にはめる棘つき金属で、いずれも学校から携帯禁止令がでていたが、M君は、それをみながら、空襲を受けたままの無人の屋敷跡で行われた不良グループ同士の決闘の戦果を話してくれた。ある日の放課後、校庭で居残った同級生とソフトボールをして帰宅しようとしたときだった。近隣では不良の巣窟といわれていた中学校の生徒が突然やってきて、いきなり私は校舎に押し付けられてのど輪攻めでカツアゲにあいかけた。すると、M君がかけつけてくれ、自慢のメリケンサックを拳にはめてかざしただけで、相手はのど輪をはずして逃げていった。

最終学年の六年生になった時、おそらく父兄からの要望だったのだろう、席順がそれまでの五十音から成績順になり、私は最前列、Y君とM君は最後列になり、それがきっかけで二人と私の距離は遠くなり、Y君の家族パスに便乗することも、M君からメリケンサックの武勇談を聴くこともなくなった。

そして私が都心の私立の中高一貫校に進むと、二人との縁は切れてしまった。それからは、テレビの懐メロ番組に淡谷のり子が登場し「別れのブルース」をうたうのを聞くたびに、♪メリケン波止場の〜の一節から、本来は「マドロスと港の女性との一夜の出会いと別れの歌」は、「わが少年期の友人との別れの歌」になったのだった。

Ⅱ　戦前復興の光と影の章

「街場のはやり歌」たちが戦後復興の応援歌の役割を果たしたことはよく知られている。壊滅した社会インフラが石炭と鉄と鉄道によって整備されるなか、はやり歌たちの明るい歌声が日本人の心のインフラの立て直しを後押しした。そのいっぽうで、歌たちは経済最優先の戦後復興によって置き去りにされた人々に寄り添うことも忘れなかった。

♪第四話
マドロス物の忽然の終了と三島由紀夫の『午後の曳航』
「港町十三番地」歌・美空ひばり（作詞・石本美由起、作曲・上原げんと、一九五七年）
「マドロス稼業はやめられぬ」歌・三橋美智也（作詞・矢野亮、作曲・川上英一、一九六二年）

■戦後に再隆起したマドロス物

第一章の第三話で、戦前と戦後の昭和は深層で〝一つながり〟になっていることを、マドロス物と呼ばれるはやり歌の一大ジャンルから検証した。ここ第二章冒頭の第四話では、それを引き継いで同じくマドロス歌謡から、戦後復興の光と影についで検証をすすめることにしよう。

戦前、日本の歌謡界には、マドロス物というユニークな独立峰が築かれ、屹立《きつりつ》していた。先の太平洋戦争下で、それは「軟弱で時局にそぐわない」と崩されてしまうが、戦後にさらに巨大な峰として再び隆起する。それには、戦前のマドロス物の代表歌であった淡谷のり子の「別れのブルース」が〝マグマの伏流〟となって歴史的役割を果したことは間違いなかろう。

そこから、マドロス物をめぐる次なるテーマが浮かび上がってきた。

たしかに、淡谷の「別れのブルース」なくしては、マドロス物は復活のきっかけをつかめなかったであろう。だが、いっぽうで、その再隆起ぶりたるや尋常ではなく、淡谷の「別れのブルース」以外にも、何か大きな力が働いたように思えてならない。

そもそも戦後のマドロス物の復活は、どれほど〝尋常ではない〟のか。

『昭和歌謡全曲名──昭和流行歌総索引──戦後編』（柘植書房新社、二〇〇六年）にあたってみたところ、戦後に発売された流行曲で、タイトルに「マドロス」が入っている曲は七〇曲ほど（複数の歌手によるカバー曲をふくむ）。マドロス物には、「港」「波止場」「出船」「船出」などの〝海関連〟を題名に掲げるものも多く、実際のマドロス物はその数倍はありそうだ。少なくとも二〇〇曲をこえるマドロス物が誕生したのではないかと推測される。

かたや戦前はというと、前掲書の戦前編をあたったところ、タイトルに「マドロス」が入っている曲は二〇曲程度にすぎない。歌詞の内容からマドロス物と判断されるものはせいぜい三〇〜四〇曲ていどであろう。

■曲数も売上も桁外れ

戦後のマドロス物が〝尋常ではない〟のは量だけではない。もう一つの特異性は、一九五五（昭和三〇）年前後からの一〇年余の間に流行が集中していることである。先に紹介した、戦後にリリースされたタイトルに「マドロス」が入っている七〇曲ほどのうち、終戦直後の一九四七（昭和二二）年〜一九五四（昭和二九）年までの発売が一五曲にたいして、一九五五（昭和三〇）年〜一九六五（昭和四〇）年のそれはなんと五五曲と四倍ちかくある。

美空ひばりは、生涯で二〇曲弱のマドロス物をうたっているが、一九五四年の「ひばりのマドロスさん」（作詞・石本美由紀、作曲・上原げんと）に続いて一九五六年には「波止場だよ、お父つぁん」（作詞・西沢爽、作曲・船村徹）、一九五七年には「港町十三番地」（作詞・石本美由紀、作曲・上原げんと）とヒットを飛ばし、一九六一年の「鼻歌マドロス」（作詞・石本美由紀、作曲・船村徹）まで一三曲をたて続けにリリース。それから一〇年あいて、一九七一年に「新宿波止場」（作詞・横井弘、作曲・市川昭介）を発売、これがひばりの最後のマドロスソングとなった。

さらに、マドロス物の特異性は、曲数が昭和三〇年代に集中していることだけではない、その時期の売上も桁外れだった。美空ひばりでいうと、一九五五年前後にリリースした曲のうち、「ひばりのマドロスさん」は累計九〇万枚、「波止場だよ、お父つぁん」は同一五〇万枚、「港町十三番地」は同一〇〇万枚、といずれもひばりの生涯売上の上位をしめている。

往時筆者は小学生高学年だったが、いまでもこの三曲とも暗誦できるのは、毎日のようにラジオから流れてくるのですりこまれてしまったからだろう。

♪縞のジャケツの　マドロスさんは　パイプ喫かして　あー　タラップのぼる（「ひばりのマドロスさん」）

♪長い旅路の　航海終えて……海の苦労を　グラスの酒に　みんな忘れる　マドロス酒場（「港町十三番地」）

♪むかし鳴らしたマドロスさんにゃ　海は海は　海は恋しい……ねぇ　お父つぁん（「波止場だよ、お父つぁん」）

おそらく私たちベビーブーマーにとって、幼少時に出会った美空ひばりとは〝マドロス歌手〟だった。縞のジャケツ（あの頃はジャケットをそう呼んでいた）に紺のデニムのデッキ帽を斜にかぶったひばりが、母親や妹の愛読していた芸能月刊誌『平凡』『明星』の表紙やグラビアをかざっていたのを印象深く覚えている。

すなわち、一九五五（昭和三〇）年前後からの一〇年ほどは、美空ひばりが〝マドロス歌手〟として輝く、マドロス物の黄金期だったのである。しかし、それはたちまち消え失せて、美空ひばりも〝マドロス歌手〟から〝演歌の女王〟へと飛翔していく。

■日本の海運とマドロス物の隆盛は同期

いったいぜんたい、どうしてマドロス物は、戦後のわずか一〇年ほどのあいだにこれほどまでに隆盛を見せながら、忽然と姿を消してしまったのか。子供心にも不思議でならなかった。調べてみると、思わぬ発見があった。

大きな要因の一つは、戦後日本の海運の盛衰にあると考えられる。

かつて日本の海運は、世界有数の船舶を擁して七つの海を雄飛していたが、戦争の勃発によって船舶は徴用されてその大半を失い、船員たちも三万人以上が犠牲になった。その壊滅状態から立ち直る契機は、日本が戦後七年間にわたるGHQによる占領支配から独立、朝鮮戦争特需を背景に奇跡の経済復興をとげたことにある。その後、先進国間の貿易が増大するなか、日本では大型の貨物船やタンカーの建造が進む。昭和三〇年代前半のことである。

それはまさにマドロス歌謡の突然の流行とどんぴしゃりで重なっている。

では、一〇年ほどでマドロス物が忽然と姿を消したのはどうなのか。日本の海運もそれにシンクロしていたのかというと、事情はいささか違う。

折しも日本は高度成長期の只中にあったが、海運に限っては業界再編が遅れたため、その恩恵にあずかれず足踏み状態が続いていた。だからといって、マドロス歌謡のように突然絶滅状況に陥ったわけではない。一九六四（昭和三九）年に業界が六グループに再編成され経営基盤が確立されてから、一九七三（昭和四八）年の第一オイルショックで大打撃を受けるまでは順境にあった。

　したがって、マドロス歌謡の「盛」については日本の海運とほぼ重なっているが、「衰」については一〇年ほどのズレがある。

■港の風景を一変させたコンテナ革命

もう一つ、マドロス歌謡の「衰」について関わりがありそうなのは、コンテナ船の出現による海運革命である。

港ヨコハマは小学校時代から私の遊び場だった。第三話で記したように、仲の良い同級生に東急電鉄の保線夫の息子のY君がいて彼の家族用無料パスをつかってはしばしばメリケン波止場界隈へ釣りにでかけた。その頃の横浜港は、沖合に停泊する大型の貨物船と岸壁までの間をちっぽけな艀《はしけ》が積荷を満載してひっきりなしに往来、陸《おか》には荷役作業をする屈強な男たちであふれていた。

高校から大学にかけては横浜としばらく縁遠くなっていたが、結婚して子どもを連れて中華街で食事をしたついでに久方ぶりに立ち寄ったおり、港の風景が大きく様変わりしているのに驚かされた。

　巨大な埠頭がつくられ、その大半をおおうほどの超大型の貨物船が接岸。埠頭にはこれまた巨大な鶴首のガントリークレーンが待ち構えていて、船からコンテナを次々と運び出している。沖合には遊覧船が周回するだけで、かつては湾内を埋めつくさんばかりに往来していた艀の群はなく、港湾労働者然とした人々よりもこぎれいな観光客の姿が目立つ。

美空ひばり「港町十三番地」（コロムビアレコード）

それもそのはず、従来、荷役作業は一五人程度のチームで行なわれていたのが、コンテナ化によって人員はクレーン操作員を加えても八、九人ていどに半減。作業時間も激減し、作業全体でみると四〇倍の省力・効率化が実現したためだった。私が幼少時の遊び場に長の無沙汰をしている間に、日本の海運と港湾には歴史的革命が起きていたのである。

■マドロスは絶滅危惧種へ

このコンテナ革命は、以下の理由から、海運物流だけでなく、マドロス歌謡にも衝撃を与えずにはおかなかったと思われる。高速荷役の実現で、船員が上陸して待機する時間がほぼ不要になった。それは船会社にとってはコスト軽減につながる一大メリットとなるが、マドロス物には消滅への致命的一撃を意味していた。すなわち「マドロスたちが港町の女性と出会って別れる」というマドロス歌謡の基本テーマの大前提が成立しなくなったからだ。

そういわれれば、美空ひばりの「港町十三番地」の歌詞にある「♪長い旅路の苦労を飲んで忘れるマドロス酒場」も、マドロスむけの短期宿泊施設も本牧界隈から姿を消して久しくなっていた。

コンテナ革命は、アメリカ海運界の寵児マルコム・マクリーンによって一九六〇（昭和三五）年に始められたとされるが、日本においては、それに遅れること八年後の一九六八（昭和四三）年に就航した日本郵船の「箱根丸」が本格的コンテナ船の第一号であった。その時はすでにマドロス歌謡はほぼ消滅しかけて数年近くがたっていた。

その数年後にはオイルショックが加わって、実在のマドロスたちは〝絶滅危惧種〟への道を歩みはじめる。港湾の高速荷役により上陸して女性たちと出会って別れる機会を失っただけではない。年々「人員整理」が進むなか、下級船員は賃金の安い外国人に置き換えられ、戦後の最盛時には八万人もいたといわれる日本人外航船員は、二〇一八年版の『国土交通白書』によると、なんと二一八八人にまで激減する。

このようにマドロス物の隆盛は日本の海運の隆盛とほぼ同期していたが、衰退については両者の間に大きなタイムラグがある。

「歌は世につれ、世は歌につれ」の流行歌の公理にしたがえば、マドロス物は実在のマドロスが絶滅危惧種の道を歩みはじめる昭和四〇年代までは、命を長らえていてもいいはずである。それなのに、一〇年近くも早く一九六五（昭和四〇）年前後に消滅してしまった。いったいマドロス物が短命におわったのはなぜなのか。

■マドロスたちはマドロス歌謡に反発

さらに調べを進めていくうちに、このマドロス物が短命におわった理由とおぼしき興味深い事象に行きあたった。

それは、マドロス歌謡の主人公に擬せられた船員たちからの反発である。

筆者は、小学高学年時にマドロス歌謡の全盛期の最後と出会っているが、当時から今の今まで、歌の主人公である船乗りたちに対して「酒にも女にもやくざにも強くてかっこいい」と憧れすら抱き、そして当のマドロスたちもそう見られることを誇りに感じていたとばかり思い込んでいた。ところが、今回資料にあたってみてわが不明を恥じた。

実は、往時、量産されだしたマドロス歌謡に対して、実在のマドロスたちから歌謡界は強い「反発」と激しい「異議申し立て」をうけていたのである。

その火元は、海運関連労働者の大半を組織する全日本海員組合。機関誌『海員』の一九五四（昭和二九）年一〇月号には、「マドロスもの音盤展望～泣き濡れるマドロスさんたち～だが一九五四年の現実の海員たちはまるで違うのだ」と題した、四ページにわたる挑戦的な記事が掲載され、のっけから、マドロス物の創り手たちが激越な調子で叩かれている。いわく――

「『酒場でやけ酒を煽る海員、そして互いに愛し合いながら、どうせ酒場女とマドロスの恋、と自嘲して別れ、涙を見せりゃ男がすたると出港してゆく』という古いヤクザ渡世のような義理人情的な構想で一致し、それを焼き直し練り直して〝歌〟にしている」

「一日の大部分を真っ黒になって、働いている現実の近代労働者海員の姿になど、振り返ってもいない」

「吉田内閣が暴政を振るう現代に、然し明るく生きる海員を眺めて、夜霧の中を男泣きと虚無に蹌踉と酔歩する海員と観ずる作詞家諸氏に猛省を望みたい」

その上で、その年にビクター、コロムビア、キング、テイチクの四大レコード会社からリリースされたマドロス物一五曲が批評されているが、その大半は「現場を曲解した俗悪歌謡」と斬って捨てられている。

これに対して、断罪された創り手からの反論が次号の『海員』一九五四（昭和二九）年一一月号に寄せられている。前号で批評された一五曲のうち四曲と最多であり手厳しく指弾された作詞家の野村俊夫からで、柱となる主張は以下のとおりである。

「神聖な職場（船内作業）に入る海員さんを、だらしない、酒と女と別れの言葉を持って表現したのなら、歌謡作家はいくら責められても結構。だが、休養時間の海員さんを赤裸々な人間として扱ったとしても、それ自体においては、批難される理由とはならない」

「酒を呑み、女を愛した（独身者の場合。妻帯者が通うことでは、不貞だろう）からといって批難さるべきなのか。誰も私生活は束縛されるべきでないし、誰にもそれを要求する権利はない筈だ」

作詞家の野村の反論の行間には、なぜ、そんなに目くじらをたてるのか、建前にこだわらず所詮歌謡曲と聞き流せばいいのではないか、といった言外の想いが滲み見えるのだが、海員組合側はかえって態度を硬化。前号の批評子は、同号で、海員仲間から届いた以下の手紙を紹介している。

「去年の年末のストの時、買い物に上陸した下関の電車の中で、新聞のストの記事を読んでいた市民の人に船乗りさんは港港に女ありってずいぶん金遣いが荒いらしいが、儲かるのでしょうねと言われて赤面しました。有りもしない悪口を言いふらす作詞者をやっつけてください」

これを援軍に、筆先をさらにとがらせて、こう断じるのである。

「どうしてもあなたのデカダンの歌が世人の海員観に流す眼に見えない書害を取り上げざるを得ない」

反発をくらったのはマドロス歌謡だけでない。デッキ帽にマドロス・パイプ、シマのジャケツというマドロススタイルにたいしても、「船員のイメージを世間に悪宣伝している」と、組合傘下の女性組織が抗議をしている。

こうした当事者たちからの反発は、マドロス以外の人々には意外だったようで、「週刊朝日」（一九五四年一〇月一七日号）には「マドロスは怒る」と題した記事が掲載された。マドロスものがレコード界で大変な人気だとしたうえで、「本職の海員はどう思っているのだろう。海員組合の機関誌『海員』十月号に批評がのっている」と、先に紹介した『海員』のマドロスもの批判の一文を紹介している。

ここまで社会的事件となっては、マドロス物の盛衰に影響を与えずにはおかなかったろう。

本来なら、少なくともコンテナ革命によってマドロスと港の女性たちとの出会いと別れの機会が失われる昭和四〇年代後半まではマドロス物は生存し得ていたのに、当事者からの激しいクレームのおかげで、消滅の時期を早めたのではないか。

さらに皮肉なことに、こうしてマドロス物を短命に終わらせたことで、かえってマドロス物の特異な屹立ぶりを戦後歌謡界に際立だせる影の功労者となったといえるのかもしれない。

■余りに過剰で過激なマドロスによるマドロス歌謡批判

しかし、検証はここで落着ではない。その奥には、より深い物語が宿っているのではないかとの疑念が、私の胸中にわいてわだかまったまま消えないからだ。

たしかにマドロス物が突然隆盛を見せる時期に、早々と当事者たちが反発したのはただならぬことであり、マドロス歌謡の寿命を大きく縮める重要な要素となったことは間違いない。だが、果して彼らの反発はマドロス物を短命に終わらせるためだけに費消されたのだろうか。

というのも、それがあまりにも過剰かつ過激だからだ。

ひょっとすると彼らはマドロス物の背後にある何物かに異議をとなえていたのではないか。

そう感じたのは先に紹介した日本海員組合機関誌『海員』一九五四（昭和二九）年一一月号に掲載された「マドロス歌謡批判特集」のなかのこんなくだりである。

「戦争中兵器も持たずに炎の海へ追いやられ、死傷率は、日本一、陸海空軍人よりも高く、敗戦後はわずかに残った劣悪船を操って、食糧の輸入に全力を尽くし国民を飢餓一歩手前から救い、引揚船の一隻も沈めることなく、異郷の同胞を母国へ送り届け、今また、水爆の惨害を全身に浴びつつも、日本人の最も安価な動物性蛋白の補給源としての魚を取るために、南へ出漁していく船員たち、このように国運と密接に繋った角度から、現実の海員を歌謡曲の作者たちが歌った事は、評者は寡聞にして聞かない」

前述したように、特集は次号に持ち越され、批判のやり玉に挙げられたマドロス物の量産作詞家である野村俊夫から反論が寄せられるが、これに対しても、批評子は容赦ない追撃を加えている。

「半年前わが国の海運界は、僕ら自身の責任からではないが、政界の腐敗と海運経営者の堕落のために大きな疑獄事件を引き起こしました。それが海運国家のそして当面の計画造船への世論の反発となって、わが国の経済発展と国際収支の均衡を得る上に、極めて重要な役割を持つ海運復興の非常なマイナスとなっています」

船員たちは、戦争中も、そして戦後の今も、国家と国民の存亡の危機を必死で下支えしているのに、「港々に女あり」と享楽にふけっているかのようなイメージを歌謡曲によって広められて心外だ、と怒りをあらわにしている。本来組合運動の第一義は、賃金・労働条件など所属組合員の利益を追求することにあり、「天下国家のため」は付け足しの「大義名分」にすぎない。にもかかわらず、この自負心に裏打ちされた主張は過剰であり、組合運動のレベルを遥かに超えている。

■マドロス物の傑作、三島由紀夫の『午後の曳航』

いったいどうして、これほどの自負が、わずか八万人ほどの小さな労働組合の全国連合組織から生まれたのか？ 関連資料をあたり直してみると、どうやらその奥底には、単にマドロス物という戦後歌謡史を彩る「芸能事件」にとどまらない、ひょっとしたら敗戦後の日本のあり方を問いかける「社会的案件」が潜んでいるのではないかと思えてきた。そして、当初それは思いつきにすぎなかったが、やがて確信に近いものにかわった。

そこへと導いてくれたのは、マドロス歌謡が最盛期の一九六三（昭和三八）年に発表された三島由紀夫の『午後の曳航』である。

主人公は一三歳の中学一年生。横浜で八年前に夫を亡くした美貌の母親と暮らし、外航船と船乗りに憧れを抱いている。母親は、芸能人や有閑階級を客にもつ高級輸入雑貨店を元町で経営しているが、下船待機中だった大型外航貨物船の二等航海士と出会い恋い仲になる。それが機縁で、少年は航海士に船内を案内してもらい交流を深めるなかで、死をもいとわぬ高邁な精神と屈強な身体をもつマドロスとして彼に憧憬をつのらせる。しかし、やがて航海士は母親と結婚を決意、海を捨てて陸に上がる。少年の憧憬は幻滅へと暗転。仲間を語らって港を望む乾船渠《かんドック》へ航海士を誘って毒殺を企図する。

『午後の曳航』は多様かつ多義的な解釈がされてきたが、もっともベーシックなそれはこうである。

「純粋無垢な世界を信じて希求してやまないが故に時に反社会的行為を恐れない〝恐るべき子供たち〟、片やいつしか子供時代の純粋無垢性を失って世間と妥協する大人たち──この両者の確執という古典的テーマを、戦後日本の復興浮上期に重ね合わせてあぶりだした」

私が『午後の曳航』を初めて読んだのは高校時代だが、少年のマドロス処刑企図を、大人社会への不信とみて共感したことを覚えている。

そして、それから十数年後、私が大人社会に仲間入りした一九七〇（昭和四五）年、三島が市ヶ谷の自衛隊本部で自決したとき、真っ先に『午後の曳航』が脳裏をよぎり、こう思ったものだった。三島は、世間に妥協し堕落した航海士を許せないと処刑を企図した少年を自らに見立てて、自死したのかもしれないと。

さらにそれから三〇年近くたった一九九七年、酒鬼薔薇聖斗を名乗る少年による凄惨な連続児童殺事件が起きたときは、『午後の曳航』は予言の書として再び注目を浴び、私もこの作品の生命力と持続力に大いに驚かされた。

■なぜ三島は俗流マドロスソングを抜擢したのか

読むたびに新たな発見があるのが「名作」の条件とされるが、『午後の曳航』は数ある三島作品の中でもそれに値する絶品で、今回改めて読み直してみて、またまた新しい発見があった。

それは、当時隆盛を極めていたマドロス歌謡が重要な役割を果たしていることである。

これまで全く気付かなかったことで、調べた限りでは、これに言及している論及は見あたらなかった。

そのマドロス歌謡は、作品の前段で、二等航海士の愛唱歌として次のように紹介されている。

「彼はマドロスの歌、（誇り高い船員たちは、この種の歌を毛嫌いしていたが）、なかんずく『マドロス稼業はやめられぬ』が好きだった」

これは実在の歌謡曲で、『午後の曳航』刊行の前年の一九六二（昭和三七）年、民謡歌手上がりで当時売り出し中の三橋美智也が歌い、キングレコードからリリースされている（作詞・矢野亮、作曲・川上英一）。

ついで、航海士が少年の母親と出会って自己紹介するシーンでも、「海の話をしようと思ったが、実際に彼の口から出たのは、いつも歌っている歌の一節」で、航海士に「可笑しいですか、これが私の一等好きな歌ですよ」と言わせている。そして、作品の大団円では、少年と仲間たちが毒殺を企図しているとは露しらず、航海士が歌ってみせるのは「マドロス稼業はやめられぬ」である。

このように三度も、しかもいずれも重要なシーンに「マドロス稼業はやめられぬ」は登場しており、そこには作者の三島の何らかの企図があることは間違いない。その一方で、この歌を三島がなぜ抜擢したのかについては、いくつか謎がある。

そもそもこのマドロス歌謡が発売された当時、私は小学校高学年だったので、耳にしているはずなのだが、さっぱり記憶にない。今回ネットで探しあてて聴いてみたが、こんな歌詞である。

♪幼なじみの　あの娘の気持ち
　知っちゃ居るけど　帰港の日まで
　嫁の　嫁の話は　おあづけさ
♪波がどんと来りゃ　ぶるんと弾む
　こたえられない　マドロス稼業
　一寸　一寸当分　やめられぬ

マドロス物としては男女の交歓の機微が希薄で琴線に響いてこない。またメロディも演歌臭がつよく、昭和三〇年代を中心に二〇〇曲余りつくられたマドロス歌謡の中で点数をつければ、及第点ギリギリの「可」がいいところだろう。

三橋美智也は「哀愁列車」（作詞・横井弘、作曲・鎌多俊与）をはじめ三〇曲ものミリオンセラーを出しているが、「マドロス稼業はやめられぬ」は、それ以下の三〇曲の中にも入っていない。これでは往時ラジオで流されることもめったなく、私の記憶にないのも道理であった。

それにしてもなぜ三島は、こんな月並みで凡庸な実在の歌謡曲をマドロスのシンボルとして設定した重要な登場人物の愛唱歌に抜擢したのか。当時船乗りたちが愛唱したマドロス物というのなら、『午後の曳航』を三島が執筆中に大ヒットしていた美空ひばりの「港町十三番地」こそ、うってつけではないか。

ちなみに同歌の歌詞には、

♪海の苦労を　グラスの酒に　みんな忘れる　マドロス酒場

♪銀杏並木の　敷石道を　君と歩くも　久しぶり

とあり、前者は横浜港に臨む山下公園、後者はその近傍の馬車道界隈で、どちらも『午後の曳航』で航海士が少年の母親と恋を語り合う場所として描かれている。

ところが、三島はよりによって、及第点ギリギリのマドロス物を登場人物の愛唱歌にしている。そのおかげで、卑俗きわまりない歌詞が引用されるたびに、三島の文才がいかんなく発揮された流麗な文章の流れが激しく乱れてバランスを崩す。しかし、よくよく考えると、実はそこにこそ三島一流の作為があったのではないか。

左から春日八郎の「あの娘が泣いてる波止場」、三橋美智也「マドロス稼業はやめられぬ」、岡晴夫「憧れのはハワイ航路」（「マドロス歌謡名曲集」キングレコード）

航海士は純粋無垢な少年たちとは敵対的極にある世俗にまみれた「俗物」でなければならない。それには「マドロス稼業はやめられぬ」は、月並みかつ凡庸であることをもって、その条件を十分に満たしている。おまけに、航海士は愛唱歌のタイトルどおり「マドロス稼業はやめられぬ」と言っておきながら、やめてしまう。これほどわかりやすい例示はないだろう。

作品の大団円では、少年に毒殺されることに気づかずに航海士が歌ってみせると、「少年たちは体をつつき合って笑い出した」と記される。もし、処刑を直前にした航海士が、歌詞・メロディともに情感ゆたかな「別れのブルース」や「港町十三番地」を歌ったら、少年たちに笑われることはなく、この作品の結末は台無しになるだろう。

したがって、彼の愛唱歌はなんとしても三橋美智也の「マドロス稼業はやめられぬ」でなければならなかったのである。

■労働運動と小説の合わせ技でマドロス物に引導

これにより『午後の曳航』は同時期のマドロス歌謡にいかなる影響を及ぼしたのだろうか？

ひとつは、マドロスと彼の愛唱歌がいかに卑俗きわまりないものであるかをマドロス歌謡の最盛期に示すことで、マドロス物が突然隆盛を見せる時期に早々と当事者から上がった過剰かつ過激な反発を後押し、マドロス物に引導を渡したことであろう。

「歌は世につれ」の流行歌の公理にしたがえば、今だ海運は堅調で、マドロス物もまだ延命してもよかったのに、世につれずに、世の流れよりも一〇年近くも早く消滅したのは、現実のマドロスたちの反発と、文豪によるフィクションの世界でのマドロス批判による〝合わせ技〟だったのかもしれない。

両者の間には、もう一つ、大いなる相関がある。

『午後の曳航』における俗流マドロスソングの抜擢という三島の作為は、「いつしか子供時代の純粋無垢性を失って世間と妥協する大人」vs「それを許せない恐るべき反逆児たち」という古典的テーマから、よりリアルな時代批判への解釈の飛躍を可能にする。すなわち、俗物きわまりない航海士とは戦後日本を物心ともに支配するアメリカ、少年の母親はそれを容け入れた日本の大人たち、そして、それに根源的不信を抱き叛逆を企図する〝恐るべき子供たち〟——という構図である。

三島の『午後の曳航』は戦後日本が辿るかもしれない〝大人たちの道〟への「警鐘小説」とも読める。

片や、往時の船員たちのマドロス物への反発の奥底にあったのは、「戦争で三万を超える民間ではとびぬけた死傷者で国と国民に貢献。戦後も引き揚げや戦後復興を下支えしてきた。それなのに、まともに評価されないどころか、〝港々に女あり〟と世間の慰み物にされているのは許せない」という憤りである。

三島も船員組合も申し合わせたわけではもちろんないが、結果として、「三島による戦後日本の体制への批判」と「マドロスたちの反発」は共鳴しあっているのである。

当事者である船員たちにとっても、三島由紀夫にとっても、マドロス物を短命に終わらせるのは本意ではなかったはずである。狙いは「このままでは日本は危うい」と警鐘を乱打することにあった。しかし皮肉なことに、前者は図らずもなしとげられたが後者は成功したとはいいがたい。

日本はアメリカの全面的支援をうける形で高度成長をひた走り、それを支えたマドロスたちは使い倒されて、最盛時の八万人は今やわずか二〇〇〇人ほどの絶滅危惧種となった。

一方の三島は、『午後の曳航』で戦後日本の虚妄に警鐘を鳴らしたが、日本人のほとんどはそれに耳を傾けてはくれなかった。

■労働運動よ、左翼よ、お前もか

三島が戦後の昭和に「死刑宣告」を突き付けて自死してから六年後の一九七六（昭和五一）年、全日本海員組合機関誌『海員』には、「マドロス歌謡を見直そう」の見出しを掲げたこんな記事が掲載された。

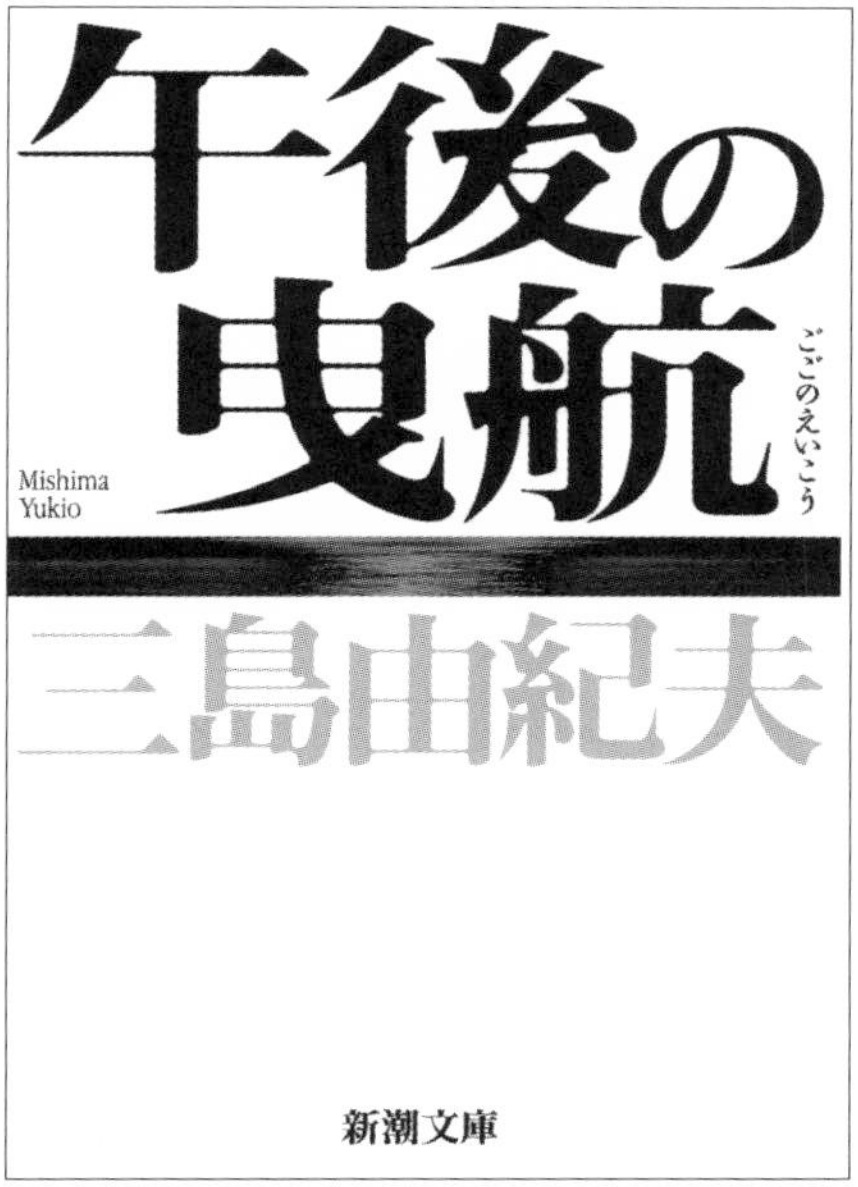

三島由紀夫著『午後の曳航』（新潮文庫）

「俗悪なマドロス映画や歌謡に抗議した歴史も、本組合にはある。しかし、今やそうした活動のお陰か、船員のイメージは変わった。港、港に女あり、などと船員がイキがったとしても、世間の方では一向に本気にはしないだろう。（略）漁船や貨物船の入る、あのなつかしい赤ちょうちんの飲み屋街には、知り合いのママがおり、娘がおり、出合いがあり、別れがあったではないか。そして歌った。通俗だろうが低俗だろうが、東北や、北関東や、能登や九州や四国から出てきて船乗りになった俺たちは、そのへんに心の共通項を持っているのだ。気取ってみても仕方がない」

そしてそれは、こう結ばれている。

「私はいま、マドロス歌謡と呼ばれるものの中に、古きよき合理化以前の船員生活のロマンを再発見する。懐古趣味などと半身にかまえていうなかれ。マドロス歌謡の復権は、中高年船員切りすて時代に、中高年船員の育ってきた土壌に対する共感であり、日本船員の心情に対する再発見だ。と、まあ、開きなおりつつ、口笛を伴奏として、だみ声で歌ってよし、流しの兄さんに伴奏させて、しみじみと歌うのもまたよし、なのだ」

マドロスたちもこの半世紀で、三島が『午後の曳航』で描いた「恐るべき子供たち」から「物分かりよい大人たち」へと〝成長〟したということなのだろう。

かつてマドロス物に激しく異議申し立てをした彼らの先輩の組合闘士たちがこれを読んだら、どう思うだろうか。そして泉下の三島由紀夫が読んだら、三島のトレードマークだったあの腹の底からの高笑いを上げながら、こう叫ぶことだろう。

「労働組合よ、そのお仲間である左翼たちよ、お前たちもか。大義と名分をかなぐり捨て、戦後の迷妄と共にここまで後退し、ぬるま湯につかって自足しているのか」

■『午後の曳航』の少年たちは後の全共闘か

と、ある暗合が私の胸中をよぎった。

『午後の曳航』の主人公である少年はこの小説が発表された一九六三（昭和三八）年には一三歳であった。ということは、三島が自死する前年の一九六九（昭和四四）年には一九歳か二〇歳だ。それと同年代の怒れる若者たちが立てこもった東大安田講堂がその年の一月に陥落。それから四か月後、「東大焚祭《ふんさい》」なるイベントが東大駒場のキャンパスで開催され、三島は乞われて単身丸腰で出かけて行き、東大全共闘の残党との対論に臨んだ。三島は「純粋無垢なゆえに恐るべきことをなす少年」を全共闘に期待していたのかもしれない。

このイベントを仕掛けたのは、私の一学年下のノンセクトラジカルの後輩たちだったが、その一人のK君によると、一〇〇〇人余の全共闘たちを前にした二時間余の議論の末に、三島はこう呼びかけた。

「『天皇』と諸君が一言いってくれれば、私は喜んで諸君と手をつなぐのに」

しかし、会場からはそれに応じる声はついに上がらなかった。

「私は諸君の熱情は信じます。他のものは一切信じないとしても、これだけは信じるということを分かっていただきたい」

そう三島は言い残すと会場を後にし、その一年半後に自死した。

『午後の曳航』は、「堕落した大人」の象徴である陸に上がった航海士に対する少年たちの処刑執行を予感させるところで終わっている。

『午後の曳航』は、マドロスたちの反発との〝合わせ技〟によってマドロス物の寿命を縮めたが、それを描いた三島由紀夫もまた自らの命を縮めることで、未完のままだったこのマドロス小説を完結させたのかもしれない。

それは、戦後が「新しくて良き昭和」であるという共同幻想に対する根源的な批判でもあった。

♪ 第五話

〝日本のショーウィンドウ〟をチアアップした〝風雲児たちの歌〟

「銀座カンカン娘」歌・高峰秀子（作詞・佐伯孝夫、作曲・服部良一、一九四九年）

■銀座は敷居が高かった

戦後の「新しくて良き昭和」は銀座からはじまった。

戦争が終わって二年後に生まれた私は、その小さな目撃者の一人ではあったが、銀座はかなりの時分まで敷居が高くて苦手だった。

一九六五（昭和四〇）年、大学の一年まで目黒区の中目黒に住んでいた。目黒というと自由が丘や田園調布と一緒に「山の手」に括られて高級住宅地のように思われるかもしれないが、往時は、駒沢通りからちょっと奥へ入ったわが家の界隈はまだ汲み取り便所で、私のようなふつうの勤め人の子が半分、残りは商売人や職人の子供たちのごった煮で、およそ〝高級高踏〟とは無縁の地だった。

高校の一、二年まで銀座に行ったのはあわせても五回もないだろう。小学校の頃、親に連れられて、銀座の立田野《たつたの》で食べたあんみつが妙に薄味だったことを今も憶えている。たまたま父親から外へ食事にいくかと渋谷に連れ出され、恋文横町で焼きそばのあと道玄坂で口直しに食べたあんみつのほうがはるかにうまかった。それよりも友達の母親が地元の商店街の伊勢脇（一応「中目黒銀座」と入口に看板が掛っていたが、地元の人は誇りをこめて「伊勢脇」と呼んでいた）の、床との相性が悪くテーブルががたがた鳴る甘味屋でごちそうになったあんみつが一番おいしかった。

ハレのイベントは子供の足でも小一時間で歩いていける渋谷で十分にこと足りた。洋画をジャストタイムで観ようというなら東急文化会館の「パンテオン」でいい。「アラモ」もそこで観た。ジェームズ・コバーンの下手投げのナイフ使いを学校で真似しあったが、銀座や有楽町の封切館でそれをわざわざ観たという同級生はいなかった。

中学からは都電で都心の男子校に通うようになり、距離的には銀座に近づいた。虎の門から新橋経由で歩いていけなくはない。それでも自分一人で、あるいは友達をさそって行ったことはない。例外は、ちょうど燃え尽きようとしていた「みゆき族」の真似事を、ＶＡＮの紙バックを小脇に抱えくるぶしが覗く短いコットンパンツのいで立ちで、今は亡きポン友の鈴木ヒロミツの驥尾《きび》に付してつきあったときぐらいだった。それでも、本場の銀座みゆき通りにはなじめず、二、三回で渋谷のセンター街へ都落ち。そこでみゆき族のエピゴーネンでお茶を濁していた。ときに渋谷で磨いた技を試そうというときも、はなから本場・銀座で勝負に出る気はなく、東横線に乗って横浜は伊勢佐木町の〝親不孝通り〟へ出かけたものだ。

■銀座ブランドと映画監督を救った「カンカン娘」の四番

あの頃の私は、銀座はバスと地下鉄を乗り継げば三〇分ちょっとで行けるところなのに、テレビのニュース（とくに年末年始の街頭風景）で垣間見る、華やかだがなんとも遠い場所だった。そして、そのセピア調のバックにはいつもＢＧＭが流れていて――やれ♪銀座の柳がどうの、♪銀ブラがどうの、♪花売り娘がどうの……のオヤジたちの世界で、これも私から銀座をより一層遠くする要素でしかなかった。そんな歌の中で、私の中にあった〝敷居の高い銀座〟を最初に崩したのは、

♪あの娘可愛いや　カンカン娘
　赤いブラウス　サンダルはいて……

ではじまる「銀座カンカン娘」の四番だった。

ドーナツ盤主流の時代は、収録容量の制約から歌謡曲の歌詞は三番までと相場が決まっていて四番目があるのは珍しかった。私が中学に入る昭和三〇年代前半でも、終戦直後を代表するこの軽快なメロディ歌謡は、しばしばラジオで流されて耳にすることはあったが、四番まで流されることはまずなかった。しかし、何かの拍子で四番を聞いて、違和感を覚えた。そこには「軽妙で敷居の低い銀座」があったからだ。

「銀座カンカン娘」（全音楽譜出版社）

♪カルピス飲んでカンカン娘
　一つグラスにストローが二本
　初恋の味、忘れちゃいやよ
　顔を見合わせチュウチュウチュウチュウ

夏が近づくと我が家にもお中元が届いたが、定番はカルピスだった。母親がやけに薄めて飲ますので、金持ちのT君の家のように一度でいいから濃いのを飲んでみたいと思っていた。庶民がちょっぴり贅沢な気分を味わえるあのカルピスと銀座とは――居心地の悪い立田野のあんみつ、あるいはまだ行ったことはなかったが立田野のならびにある噂の資生堂パーラーのなんとかソーダーとは――どうみても別物で重ならない。

それは子供なりの直感で、何かを言い当てていたのだが、その〝何か〟がはっきり推測できたのは随分後になって、男と女のエロスの世界を想像ではなく実体験してからだった。

すなわち、四番は当時の銀座とカルピスの両者にとって〝付けた詞《し》〟どころか、〝救世詞《し》〟であった。まず銀座にとってだが、「銀座カンカン娘」が三番までだったら、銀座のブランド価値は回復不能なまでに下落していたことだろう。以下に一番から三番までの一部を掲げるので、先にあげた四番と比べていただきたい。

♪あの娘可愛いや　カンカン娘／赤いブラウス　サンダルはいて（一番）
♪ままよ　銀座は　私のジャングル／虎や狼　恐《こわ》くはないのよ（二番）
♪家《うち》がなくても　お金がなくても／男なんかに　だまされまいぞよ（三番）

一番から三番までの「派手な身なりで、家がなく、男の欲望（虎や狼）の的にされ……」という歌詞から明らかだが、ヒロインの「カンカン娘」はそれまでの銀座からはもっとも遠い、戦前なら「あばずれ」と呼ばれていた女性である。当時、銀座・有楽町界隈に出没した「パンパン」と呼ばれた街娼たちともどこかで重なる。

敗戦と共に銀座の要である四丁目角の服部時計店（和光）はGHQにPX（米軍専用売店）として接収され、そこにはGIたちが煙草をくゆらせながら片腕で日本女性を抱いてたむろし、興がのると銀ブラを楽しむ。日本の中心を自負する銀座にとっては屈辱の風景である。

それを四番は見事に逆転してくれたのだった。街娼がけばけばしく跋扈する光景から、若い日本のカップルがアメリカを見習って仲よく寄り添う好ましい戦後民主主義の推奨風景へと。

戦前の銀座は、町並みはイギリスのロンドンに、衣（ファッション）と食はフランスに範を求めたが、戦後は一転してアメリカ風へ、落ち着いた大人の街から若者の街へとギアチェンジをはかる。そんな空気を見事に歌い上げたのが、「銀座カンカン娘」の四番であった。

しかし、四番に〝救われ〟たのは私と銀座だけではない。もうひとり映画界の巨匠もそうだった。

そもそもこの歌は、同名の映画の主題歌で、ヒロインの高峰秀子が歌って大ヒットしたものだ。「カンカン」という奇妙なタイトルは、監督の山本嘉次郎が「パンパン」に象徴される終戦直後の社会状況に「カンカン」に怒っているという思いを込めたのだとされている。

だとしたら、主題歌が三番までだったら、先に示したように、かえって「パンパン礼賛」と受け取られかねない。カルピスを「チュウチュウチュウチュウ」と仲良く吸いあう若い日本人カップルを明るくうたった四番があったからこそ、戦後を代表する映画監督の企図は達せられたと言えるのではないだろうか。

■カルピスの生みの親、三島海雲

いっぽう当のカルピスにとっては、どうだったか。こちらも大いに救われた。戦中は「贅沢は敵だ！」のスローガンのもと、嗜好品は〝禁制〟となり、カルピスも開店休業状態を強いられた。そこへ戦後の食うや食わずで清涼飲料どころではない困窮生活が追い打ちをかけ、経営はさらに悪化して倒産寸前だった。それでもぎりぎりのところで立ち直ることができたのは、トップの経営手腕もあったが、「カンカン娘」による宣伝効果が絶大だった。

山川徹著『カルピスをつくった男　三島海運』（小学館文庫）

服部良一の明るく軽快なジャズ調の楽曲は癒しのメロディとして大衆に受け入れられ、ラジオをかければ必ず流れてくる人気曲となった。さらに歌の大ヒットをうけて、同名の映画もつくられ、歌の発売から四か月後の一九四九（昭和二四）年八月一六日に封切られた。終戦直後の日本で貧しいながらも夢をもって健気に生きる姉妹を、笠置シヅ子と高峰秀子が演じて話題を呼び、歌との相乗効果でカルピスの売り上げ増に大いに貢献したのは間違いなかった。その後も私が子供時代に聞いたように、うたいつがれて、カルピスのブランド力を持続させたのである。

銀座に恩を売って自分もその恩恵にあずかる、なんとも絶妙なマーケティングであった。こんな芸当を誰もができるわけではない。その稀代の人物とはカルピスの創業者の三島海雲。銀座にとって〝巧まざる救世主〟となった三島だが、いっぽうで三島ほど銀座のイメージとはかけ離れた経歴の持ち主もなかった。どうみても、粋で洗練されたダンディな紳士とは対極の人物だった。私も三島には多少の縁がある。実は私が通っていた中学高校の校長をつとめた明治・大正・昭和の仏教界を代表する学僧がカルピスの誕生に関わっていたからだ。講談本から抜け出てきたような人物の略歴を、わが母校に語り継がれてきたエピソードをまじえながら、ここで紹介しておこう。

■山田耕筰と与謝野晶子を応援団に

三島海雲は一八七八（明治一一）年大阪府下の箕面で生まれ、浄土真宗の僧侶養成学校である西本願寺文学寮（龍谷大学の前身）を優秀な成績で卒業。英語教師をつとめた後、数えで二四歳の時、単身北京へと渡った。貿易会社を興し、大陸各地を馬車で巡って日本の雑貨を販売。二年後に日露戦争が勃発、その後日本の軍部から軍馬調達の仕事をうけ、内蒙古（現・内モンゴル自治区）に入り、百数十頭を調達。日本の軍部に貢献する。

その後、現地の生活向上に資せんと在来種の緬羊を改良する事業に転じるが、辛亥革命で後ろ盾の清が倒されて頓挫し無一文となって帰国。三島はまだ働きざかりの三八歳。再起をかけたのは、モンゴルの逆境で何度も命を救われたジンギスカンの末裔たちの伝統飲料の商品化だった。開発に取り組むこと数年、試行錯誤を重ねて完成をみたのは脱脂乳に砂糖を加えて発酵させてカルシウムを加えた乳酸飲料の一種で、当時世界的研究として注目されていた鈴木梅太郎博士のカルシウム研究に着想を得たものだった。

カルピスの名は、当時〝仏教界の至宝〟と言われた学僧・渡辺海旭《かいきょく》につけてもらった。乳・酪・生酥・熟酥の四味のうち「熟成の味」を意味する熟酥（サルピス）に「カルシウム」をかけあわせた造語である。

さらに海旭から、「万人が口ずさみやすいかどうか、発声学の第一人者に判定してもらったらどうか」と、校長をつとめる芝中学校の音楽教師、島田英雄の仲介で山田耕筰を紹介された。山田は東京音楽学校（現・東京芸術大学音楽学部）を首席で卒業した島田の二年後輩で山田も音大をこれまた首席で出ていた。後に「赤とんぼ」をはじめ数多くの唱歌を作曲し、音楽界の第一人者となる山田は、「音声学的にしまりがあってとてもよい」と太鼓判を押してくれたという。

さらに西本願寺文学寮時代の後輩・驪城卓爾《こまき》からカルピスは甘酸っぱいから「初恋の味」をキャッチフレーズにしたらどうかという提案があり、それを採用して一九一九（大正八）年七月七日に満を持して発売したところ、折りしも大正デモクラシーの時代が到来、カルピスはモボ・モガたちの好奇心に火をつけ、話題を呼んで瞬く間に「国民的飲料」になったのだった。そして戦争と終戦で大いなる蹉跌にあうも、前述したように、「銀座カンカン娘」に救われる。作詞家の佐伯孝夫に大金を積んだわけではない。頼みもしないのに勝手に書いてくれたのである。

同じことが発売時にもあった。当世一の歌人だった与謝野晶子が、金を積んだわけでもないのに次の短歌二首を詠んでくれた。

「カルピスを友は作りぬ蓬莱の薬といふもこれに如かじな」

「カルピスは奇しき力を人に置く新しき世の健康のため」

これが強力な後押しになったのはいうまでもない。

三島はその時点ではどこの馬の骨かわらない怪しい人物だったが、カルピス命名にあたって当代随一のインド学の泰斗と気鋭の音楽家の協力をとりつける。この男には一流の人物を惹きつける独特の〝引力〟があったようだ。

要するに三島海雲は往時でいえば〝山師〟よくいえば風雲児である。今風に言えば〝ベンチャー起業家〟か。そして重要なことは、〝平時〟の銀座にはまったくふさわしくない人物、もっと言えばイメージを損なうので本当は関係づけられたくない人物であるが、〝危機〟の銀座にはこれほどありがたい人物はいない。

それを証明したのが、「銀座カンカン娘」の四番をめぐるエピソードであった。

「♪世界のことばマクドナルド」、銀座に初上陸

三島海雲と銀座の物語は、たまたま敗戦直後の異常事態に起きた例外ではないかと言われるかもしれない。ところがそれから四半世紀たって、またもや同様の事件が起き、私の銀座観をいっそう軽くし銀座に対する敷居を大きく下げてくれたのである。

それでは引き続いて、これまた三島海雲も顔負けの講談本から抜け出てきたような人物と銀座をめぐる物語へと移るとしよう。

翌年で銀座の赤煉瓦街が誕生して一〇〇年を迎えるという節目の一九七一（昭和四六）年、「もっとも銀座らしからぬ」といわれた事件が世間をさわがせる。

七月二〇日、東京のど真ん中の銀座四丁目交差点角の老舗百貨店一階にアメリカから上陸したハンバーガーチェーンの一号店がオープンしたのである。かけそば一杯が一〇〇円の時代に、売り出されたハンバーガーの値段は一個八〇円。日本人の口に合うはずがないという大方の冷ややかな声を裏切って、一万人が押しかけ、早くも初日で大当たりをとる。若者たちが行列をつくる社会的事件に世間の耳目があつまるなか、やがて全国のテレビのブラウン管から、白化粧に赤い鼻のピエロが愛嬌をふりまく映像とともに、こんなＣＭソングが流れはじめた。

♪世界のことば　マクドナルド
　世界中おいしい笑顔

世界中うれしい願い
いつだって　どこだって　誰だって
おいしいことばは　一つだけ
世界のことば　マクドナルド

銀座に残るマクドナルドインズ店

これぞ、明治の脱亜入欧による洋食の登場から一〇〇年をへて起きた、ファストフードという名の「食の文化大革命」の始まりを告げる「鬨の声」であった。

　これを聞いて、私のように銀座を敷居が高いと思っていた若者たちは敷居が低くなったと喜び、いっぽう銀座を崇めてきた紳士淑女たちは眉をひそめたが、銀座自身にとっては次なる飛躍のための活力をもらえるまたとない革命的事件であった。

　この革命を仕掛けて見事成功に導いた男とは藤田田《でん》。三島海雲とも相通じる異色の経歴の持ち主である。終戦後の混乱期、日本中を仰天させた東大生・山﨑晃嗣の闇金融会社「光クラブ」事件に参謀として関与。資金繰りにつまった山﨑が、「契約は人間と人間がするもので、死人という物体には適用されぬ。そのために死ぬ」という牽強付会な遺書を残し服毒自殺した後、藤田は、東大法学部在学中から進駐軍の通訳で培ったコネと語学力をフル活用して雑貨輸入で大もうけ。世界のマクドナルドと出資率フィフティフィフティの合弁会社を設立する。

　かつて私は、藤田のベストセラー『ユダヤの商法』シリーズの編集を手伝ったことがある。そのとき、膨大な取材テープを通して、生の藤田の肉声と長時間にわたって向きあい、稀代の起業家だけがもつ破天荒なオーラを実感させられた。

とにかく〝つかみ〟がうまい。私が思わず引き込まれたのは、インタビュアーへの次の問いかけだった。

「きみはホテルのバスタブに横たわって浸かるとどうにも落ち着かないだろう。いっぽう仕事を終えて自宅の風呂桶に中腰でつかると、ああ極楽極楽と感じる。そんな日本人はきみたちの世代で最後だ。私は、これからの日本人はバスタブにつかるほうがリラックスするようにしたい」

インタビュアーもそうだったろうが、私も思った。いったい、どうやってそんなことがやれるんだと。

すると、藤田が展開したのは、こんな持論だった。

「そもそも日本人はたんぱく質のとりかたが少なすぎる。だから背も低いし体力も劣る。これから国際的な競争に打ち勝つには、まず体力づくりからだ。私がハンバーガーを事業化しようとしたのは、日本人の体力と体質を根本から変えようと思ったからだ。これから先、日本人がハンバーガーを一〇〇〇年食べ続ければ、日本人も色白の金髪人間になる。私の夢は、ハンバーガーで日本人を金髪に改造することだ。そうなったとき、初めて日本人が世界に通用する。その日まで私はハンバーガーを日本人に食べさせつづける」

およそアメリカ人とのタフなネゴシエーションで鍛えられた東大法学部出のビジネスマンの口から出るとは思えない〝奇説〟である。論理の飛躍もはなはだしい。だが、当時の私は逆に引き込まれて、そんな起業の動機があってもおかしくはない、それどころか画期的だと納得させられてしまったのだから、われながら不思議だった。

まさに、この誇大妄想に近い「超論理」こそ、藤田の真骨頂であり、エネルギーの源泉であった。実はアメリカのマクドナルド本社は、「車で行ける都市郊外が最適」というマーケティング基本方針にもとづいて、日本上陸一号店は神奈川県茅ヶ崎市に白羽の矢を立てていた。それを藤田は「日本では文化は一点に集中する」と銀座のど真ん中にこだわって一歩も引かなかった。銀座がもつ〝場の力《オーラ》〟を確信していたからだろう。そして、自ら三越銀座店と交渉、一階のショーウィンドウとその奥の財布売り場を借りる契約をとりつけるのである。

はからずも向いは、終戦直後、進駐軍にPXとして接収された和光。GIたちがハンバーガーを食べながら片腕に日本女性を抱いて闊歩するのを、通訳として苦い思いで眺めた往時が思い出されて、さぞや感慨ひとしおだったことだろう。藤田の脳裏には「東京の花売り娘」（昭和二一年、作詞・佐々詩生、作曲・上原げんと、歌・岡晴夫）の一節がよぎったかもしれない。

♪ジャズが流れる　ホールの灯《ほ》かげ

粋なジャンバーの　アメリカ兵の

影を追うような　甘い風……

また、同じ頃、三島海雲とカルピスと銀座を救ってくれた「銀座カンカン娘」の四番――

♪一つグラスにストローが二本

顔を見合わせチュウチュウチュウチュウ……

を耳にして、やがてアメリカ文化の洗礼をうけた若者たちによって食文化革命が引き起こされる予感を抱いたかもしれない。

それから三〇年近くの時が流れ、藤田は若者たちの脳の識閾下《しきいき》に、「♪世界のことばマクドナルド」のジングルを深くしみこませていく。ジングルとは短いフレーズを心地よいメロディに乗せて繰り返すもので、ハンバーガー同様、アメリカで開発された宣伝手法である。日本でもすでに「♪すかっとさわやかコカ・コーラ」で実証済みのこのジングル効果もあいまって、日本初のハンバーガーチェーンは若者たちの支持を得て、日本進出一一年の一九八二（昭和五七）年にはついに外食産業のトップに躍り出る。その後も全国各地に店舗を広げ、最盛時は三七〇〇をこえた（二〇一八年現在で約二九〇〇店舗）。かくしてマックをファストフード革命推進役に、日本はアメリカに次ぐ世界第二のファストフード消費国となっていく。

そして銀座を、成熟して分別もあり身なりも整った〝大人の町〟から、カジュアルななりでも気軽に出かけられる〝若者の町〟にランクダウンさせたのである。

今から振り返ると、藤田田とマクドナルドが銀座を拠点にして推進したファストフード革命は、食を超えたライフスタイルの革命でもあった。そのことを雄弁に物語るエピソードがある。

予想を裏切る大躍進から二年目のある日、一躍時代の寵児となった社長の藤田田のもとを、福岡から一六歳の少年が訪れた。門前払いにもめげず一週間も銀座に通ってくるので、藤田は忙中に一五分の時間を割いて会った。

少年から、「親と教師は東大へ行けといっているが、自分はアメリカに行こうと思う。アメリカでなにをすべきか」と尋ねられて、外食王はこう答えた。

「アメリカへはぜひ行きなさい。そしてこれからはコンピュータの時代だ」

言われたとおり、少年はアメリカの高校・大学へと進み、日本へ戻ってきてベンチャーの旗手となった。少年の名は孫正義。藤田は凱旋したＩＴ王を社外重役に迎え入れる。日本のＩＴ業界をチアアップしたのは、ファストフード革命だったといえるかもしれない。

■〝風雲児たちの歌〟よ、いまふたたび

三島海雲と藤田田たち風雲児の痕跡を銀座に訪ね歩きながら、ふと思った。二人はいまの銀座をどう思うだろうかと。

銀座を飛躍させる革新力となったマクドナルド一号店だが、出店して一三年後の一九八四（昭和五九）年、銀座の中心から一〇〇メートルほど離れた「裏銀座」の晴海通りへと移転する。三越との契約条件などがあったといわれるが、銀座という「大家」からみれば若い元気な「店子」から「地代」は十分にもらったので、そろそろ引き払ってもらってもいい頃合いだったのかもしれない。

思えば、大正末から昭和にかけて最盛期には三〇〇〇店あったともいわれる下世話なカフェも、その一部はいつしかバーやクラブへとグレードアップ、夜の社交場としての銀座を彩ることになる。また、終戦直後、銀座に活気をもたらした銀座カンカン娘にあこがれるアプレゲールたちもやがて大人の淑女になって、銀座のプレミアム顧客となった。銀座は時に「革新」の旗を鳴り物入りで振ることで、そこからエネルギーを補給して「保守」本流の地位を保ちつづけてきたのである。マクドナルドの一号店もまたしかりであった。

銀座一号店は「裏銀座」へ引っ込んでからも、店頭に「マクドナルド発祥の地」のプレートを掲げて営業をつづけていたが、二〇〇七（平成一九）年、周辺の再開発計画に伴って撤退。現在当初の一号店跡にもっとも近い店舗は、銀座二丁目ビル店か銀座西一丁目のインズ店だが、そこには銀座からファストフードという食文化革命を起こした「あのときの熱気」はもはや感じられない。

そして、当の銀座は、元のすまし顔にもどって、ブランドショップや高級ブティックを世界から招き入れて、保守本流然とふるまっている。

私には銀座の敷居がまたぞろ高くなったような気がしてならない。そろそろ三人目の風雲児の出番かもしれない。銀座もそれを待ち望んでいるような気もする。

その候補者がいないわけではない。ユニクロにマツモトキヨシ、裏通りにはがんこ寿司が表通りを窺っている。それよりもここ数年急増する　海外、とりわけアジアからのインバウンドの観光客たちである。でも、何かが足りない。いや、それは鳴り物、〝風雲児たちの歌〟である。三島海雲の「♪あの娘可愛いやカンカン娘」であり、藤田田の「♪世界の言葉マクドナルド」である。

鳴り物がないと銀座も乗りづらかろう。明るく笑って彼らからエネルギーをもらいづらかろう。だが、まだその鳴り物の音は聞こえてこない——。

地下鉄銀座駅で列車の発車時に流れるジングルは「カンカン娘」のままである。

♪第六話
資生堂とカネボウの世紀の歌合戦ソングは〝平時の軍歌〟だった
「揺れる、まなざし」歌・小椋佳（作詞・作曲：小椋佳、一九七六年）

■コマーシャルソングからキャンペーンソングへ

戦後日本の歌謡曲は、戦争からもっとも遠い存在であり続けていると思われがちだが、それは大いなる誤解である。実は、戦後歌謡界では、歌を武器に替えた戦争が幾度も起き、いまも時に散発的だが戦われている。それが勃発するのは、コマーシャルソングがキャンペーンソングに転化したときで、武器の進化が戦争を誘発するという「歴史の法則」を興味深くも踏襲している。

コマーシャルソングであるうちは商品を宣伝するための商戦であり、「小競り合い」にすぎない。ところが一段上のキャンペーンソングとなると、本格的な全面戦へとレベルアップする。テレビCMや広告、駅頭ポスターはもちろん、時には協賛映画を制作するなど社運をかけた全方位の総力戦となるのである。

そして、その主力兵器であるキャンペーンソングが炸裂することによって、しばしば歌謡界は活性化される。これまた戦争は景気を刺激するという「歴史の法則」を興味深くも踏襲している。

その草分け的事例が、一九五七（昭和三二）年にリリースされた「有楽町で逢いましょう」（作詞・佐伯孝夫、作曲・吉田正、歌・フランク永井）である。この曲は、有楽町駅前にあった某大手新聞社の跡地に関西の有力百貨店が出店するにあたって準備された「宣戦布告」の歌だったが、その仕掛け方が、戦争が終わって十余年後の当時としては空前絶後であった。発売前にテレビで同名の歌番組をスタート、七月にリリースした後は、同名の小説を週刊誌で連載開始、さらに翌年には京マチ子と菅原謙二という大映の看板スターを起用する本格的映画を製作。これにより、レコードは年をまたいでダントツの一位を売り上げ、〝低音の魅力〟の代名詞をもつ戦後歌謡界を代表する歌手をデビューさせて、歌謡界は大いに活性化されたのである。

その後は、一九六七（昭和四二）年の佐良直美による「世界は二人のために」（明治製菓アルファチョコ）、一九七二（昭和四七）年のBUZZによる「ケンとメリー」（日産スカイライン）などがヒットチャート入りするが、それらはいずれも単発の「宣伝商材」のコマーシャルソングにすぎず、歌謡界に戦争モードをもたらす事態には至らなかった

ところが一九七〇年代後半になるや、販売促進活動の一要素にすぎないコマーシャルソングがにわかに主力兵器であるキャンペーンソングに転化、それも散発ではなく続発。しかも、女性たちの化粧という、平和のシンボルとされてきた「聖地」が「戦場」になったという点においても、有楽町のデパートの「お披露目曲」と比べて、なんとも逆説的かつ衝撃的であった。

■カネボウの急追に資生堂が機先を制す

それは、高度成長下で不動のシェアトップを誇ってきた資生堂が二番手のカネボウに急追をうけて危機感を覚えたことから始まった。

機先を制するべく先に動いたのは上位の資生堂だった。一九七六（昭和五一）年七月、秋のシーズン・キャンペーンのための「揺れる、まなざし」（作詞・作曲　小椋佳）が最初の矢として放たれた。これによって資生堂とカネボウとの間に戦端が開かれ、以後、互いに新手のキャンペーンソングを武器として次々とくりだし、それは一〇年以上もつづくことになる。

化粧品業界では、シーズン毎にテーマを決めてキャンペーンを打つ──たとえば春は口紅、夏は紫外線対策のファンデーション、秋はアイシャドウ、冬は乾燥肌対策の基礎化粧品（スキンケア）をそれぞれ中心にすえて、年四回のキャンペーンを展開するという販促手法が、ｗｅｂ展開が主流になる最近まで取られていた。

その始まりは、国内メーカーとしては、一九六一（昭和三六）年、資生堂が日本流行色協会（ＪＡＦＫＡ）とタイアッ

真行寺君枝著『めざめ　いのち紡ぐ日々』（春秋社）

プ、色をテーマにした「キャンディトーン」とされるが、キャンペーンの一環としてテレビCMのBGMとして音楽がつかわれることはあっても、歌が「主力兵器」として装備されるのはこの「揺れる、まなざし」が嚆矢であった。

たしかに「ゆれる、まなざし」という、資生堂宣伝部のコピーライター小野田隆雄によるキャンペーンタイトルも衝撃的ではあった。「時間よ、止まれ」（一九七九年）、「め組のひと」（一九八三年）などの名コピーを生み出し、資生堂を退社・独立後も「恋は、遠い日の花火ではない」（一九九五年、サントリー・ニューオールド）を世に送り出した小野田ならではの傑作である。

また、キャンペーンガールとして起用された真行寺《しんぎょうじ》君枝の存在感もなかなかであった。オーディションに応募した約一五〇名の中から選ばれた真行寺は当時高校二年生だったが、異界からやってきた妖かしの少女を思わせる「目の表情」には、見るものをぞっとさせる魅力があった。

後に第一〇代資生堂社長となる福原義春は、真行寺との対談でこう記している。

「真行寺さんが『ゆれる、まなざし』でデビューした一九七六年は、日本女性の美しさが国内でも海外でもに見直されていた時代だった。あの頃に日本人は日本人というものを探し始めていた」

これに対して真行寺はこう述べている。「（写真家の）十文字さんが私に、『きみえちゃん、優しくしてくれ』っておっしゃるんです。私はまだ十六歳でしたができる限りの優しさを表現して、もっと優しく、もっと優しくと」（『福原義春サクセスフルエイジング対談　真行寺君枝』（求龍堂、一九九六年）

しかし、資生堂に初戦の勝利をもたらしたのは、なんといっても本格的キャンペーンソングを主力兵器として開発して据えたことにあった。これがなかったら、おそらく資生堂は急追するカネボウの勢いを止めることができず、業界トップの座がゆらいでいたかもしれなかった。

その意味からすると、勲一等は、これを仕掛けた、当時資生堂取締役宣伝部長で後の第九代社長となる大野良雄であった。

大野はその経緯についてこう語っている。

「当社の宣伝部は歴史が古いだけにイラストやグラフィックなど印刷媒体の分野では強いが、〝音〟に弱い」。なんとかしたいと思っていたところ、「たまたま小椋佳氏が『しくらめんのかほり』（一九七五年）でレコード大賞をとったころであった。氏はご存知の通り第一勧業銀行の社員であるが、かつては銀座支店にて当社を担当していた〝神田さん〟である。私はさっそく氏を起用することを考えた」（『資生堂宣伝史――現代編』一九七九年）。

かたや大野に白羽の矢を立てられた〝神田さん〟こと小椋佳はどうだったか。小椋には断われない背景があり、その経緯を、「私の履歴書」（日本経済新聞、二〇一六年一月一九日）の中でこう記している。

「私は当時日本勧業銀行の超優良顧客の一つであった資生堂グループの専任担当者に指名された。当時の銀座支店では、店全体の係数をＳ（資生堂関係）とＥＳ（Except SHISEIDO、つまり資生堂関係以外）と二分して管理運営していた。それからの私の生活は日本勧業銀行の一行員というより、あたかも資生堂の一社員として過ごす時間が圧倒的に多くなる」

しかし、いっぽうで小椋には、「商品の宣伝のための歌なんて絶対作らない」という強いこだわりがあった。「ほかの依頼を全て断っている手前、そう世間に見られるのは困る」。そこで、「小椋佳の曲を、たまたま資生堂が使ったということにしてくれませんかと資生堂にお願いしたんです」と、後に小椋自身が文化放送の「ドコモ団塊倶楽部」（二〇〇九年五月二日）で明かしている。

こうして「揺れる、まなざし」はあくまでもＣＭからは独立した楽曲としてリリースされたのだが、〝裏の仕掛人〟である資生堂は、それが主力兵器のキャンペーンソングとして威力を十二分に発揮できるよう援護射撃を惜しまなかった。

テレビＣＭ、新聞広告、車内刷りはもちろんのこと、それに加えて、店頭で小さな手鏡がノベルティとして配られ、また顔が映り込む銀ホイル製のポスターもつくられた。「鏡でもう一度、自分の目の魅力をたしかめてほしい」という意識喚起を呼びかける小道具で、話題を呼んだ。

また予告編として、女優の岸恵子とデザイナーの三宅一生による「日本女性の目の魅力を再認識しよう」と銘打った対談をパリから発信。そこには、

「九月二一日、資生堂は目のメイクアップを提案します。ゆれる、まなざし」

のキャッチコピーが添えられた。

これらの創意と工夫をこらした盤石ともいえる大仕掛けが功を奏して、「揺れる、まなざし」は一九七六年ヒットチャートで年間二七位、週間最高二位という大ヒット曲となり、化粧品業界と歌謡界の歴史に残る事件として記憶されるとともに、資生堂に対カネボウ戦の初陣勝利をもたらしたのである。

仕掛人の大野は、その成果をこう回顧している。

「今日、CMと音楽との連動性が広告戦略の上で欠くことのできないものとなっているが、(『ゆれる、まなざし』は)そのはしりと言われ、次々にヒットを飛ばしている当社の音楽戦略の契機となったものである。それにしても食事を共にしながら二、三〇分ほど私どものコンセプトを聞いただけで、あのようなふくらみをもった歌をつくるとは、神田さんの才能はまったく驚きであった」(前掲『資生堂宣伝史——現代編』)

■カネボウの「知る人ぞ知る作戦」と夏目雅子効果

「揺れる、まなざし」で機先を制されたカネボウも黙ってはいなかった。さっそく反撃にでて、ここから長期にわたる「歌によるキャンペーン合戦」がはじまった。

資生堂は、前年の「揺れる、まなざし」の成果をうけ、一九七七年春のキャンペーンでは「マイピュアレディ」(作詞・作曲・唄：尾崎亜美)、夏には「サクセス」(作詞・阿木燿子、作曲・宇崎竜童、唄・ダウン・タウン・ブギウギバンド)と、人気急上昇中のミュージシャンを起用。ともに年間ヒットチャート入りして、資生堂が有利に戦いを進めて、カネボウを一気に引き離すかに見えた。

これに対して、カネボウは、そうさせてはならじと、「知る人ぞ知る作戦」に出る。夏のキャンペーンでは、日本では

く、滅びかけている農を取り戻すために帰郷する動きはついに起こらなかった。

■限界集落を予知した「俺ら東京さ行ぐだ」

警告の笛を吹いても日本人は踊らなかった。そこで「農のはやり歌」は、「北国の春」から七年後の一九八四（昭和五九）年、捨て身の奇策に出る。

東北の農村出身の歌手による、奇妙奇天烈な詞の曲が大ヒットする。

♪俺らこんな村いやだ　俺らこんな村いやだ　東京へ出るだ

吉幾三の「俺ら東京さ行ぐだ」（作詞作曲・吉幾三）である。

エンディングが強烈だった。

♪東京へ出だなら　銭《ぜに》コァ貯めで　東京で牛《ベコ》飼うだ

この歌は人気歌謡番組「ザ・ベストテン」で年間二一位にランクインする話題曲となるが、多くの国民は、就業者が日本人のわずか五パーセントに満たない超少数派で、今や経済成長のお荷物になっている農の「自虐ギャグ」と受けとめ、笑い飛ばしただけだった。

しかし、この歌は、「限界集落」の出現を、高知大学の大野晃教授が指摘して国民的話題となる六年以上も前に、こんな歌詞で予言していたのである。

♪まったぐ若者ァ　俺一人
　婆さんと　爺さんと　数珠《じゅず》を握って空拝む

「俺ら東京へ行ぐだ」の予言能力や恐るべしだが、またしてもそれに気づいて「わが事」として振り返る国民はいなかった。

■「帰らんちゃよか」の真のメッセージとは

そのうち昭和が終わり、二〇世紀も終わり、新しい世紀がはじまっても、その状況は変わらなかった。そのことに「農のはやり歌」たちの我慢は限界に達したのだろう、私たちに覚醒と決断を迫る究極の問いを、一〇年ぶりにつきつけた。

シンガーソングライター・関島秀樹の歌を、ばってん荒川は「演歌調」へ。それを「全国歌謡」へ歌い継いだ島津亜弥（TEICHIKU RECORDS / テイチクレコード）

「帰らんちゃよか」（作詞作曲・関島秀樹）である。

♪どうせおれたちゃ先に逝くとやけん　おまえの思うたとおりに生きたらよか

子を思う親心のうるわしい発露として共感を呼んでいるこの歌のどこが、日本人にむけた究極の問いなのか、と思われることだろう。

だが、「農のはやり歌」からすると、このサビにこめられた真意は――

「もはや農は崩壊寸前、日本には農は不要のようだ。だったら、お前たちは都会だけで面白可笑しく生きればいい」

の最後通牒に他ならない。

なぜそこまで言えるのか？　この歌をめぐっては人知と人為をはるかに超えた神業が働いていると思えてならないからだ。

そもそもこの歌は、三人もの歌手によってバトンリレーされて、一〇年近くをかけて「国民歌謡」となった。こんなことは「めったにない」どころか、日本歌謡史上における「奇跡の椿事《ちんじ》」といっても過言ではない。

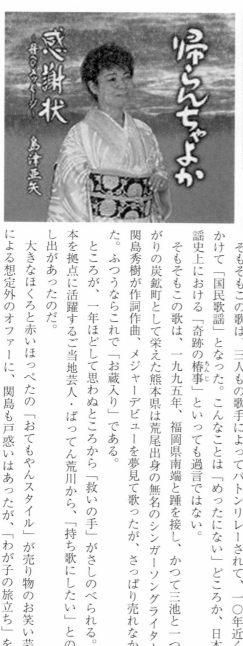

そもそもこの歌は、一九九五年、福岡県南端と踵を接し、かつて三池と一つながりの炭鉱町として栄えた熊本県は荒尾出身の無名のシンガーソングライター・関島秀樹が作詞作曲、メジャーデビューを夢見て歌ったが、さっぱり売れなかった。ふつうならこれで「お蔵入り」である。

ところが、一年ほどして思わぬところから「救いの手」がさしのべられる。熊本を拠点に活躍するご当地芸人・ばってん荒川から、「持ち歌にしたい」との申し出があったのだ。

大きなほくろと赤いほっぺたの「おてもやんスタイル」が売り物のお笑い芸人による想定外のオファーに、関島も戸惑いはあったが、「わが子の旅立ち」を喜んで受け入れた。荒川はオリジナルのフォークソング調から演歌調に大胆にカスタマイズ、これがうけて、たちまち荒川の代表歌となった。しかし、それだけだったら、せいぜい熊本と福岡で知られるていどの「毛色のかわったローカルソング」で終わっていたことだろう。

さらに奇跡のバトンリレーがおきる。新しい世紀に入った二〇〇四年、折しも売り出し中の同郷の島津亜矢が、荒川の地元ラジオ番組に出演、荒川版「帰らんちゃよか」に共感、「カバーさせてほしい」と懇請。当初、荒川は「俺の歌ばい」と抵抗したが、最後は同郷のよしみから「よかばい」と同意。これがこの歌がご当地ソングから「全国歌謡」へと飛躍するきっかけとなった。

それからさらに五年後の二〇〇九年、ばってん荒川が亡くなる。告別式で原作者である関島秀樹のギターをバックに島津亜矢は「帰らんちゃよか」を絶唱、「荒川の分も歌い継いでいきたい」と決意、その想いが叶ってロングランヒットとなり、二〇一五年にはこの歌で一四年ぶり二回目の紅白歌合戦出場を果たし、島津自身は国民歌手の地位を不動のものにする。

しかし、「帰らんちゃよか」はおそらくこれだけでは「国民歌謡」にはなれなかった。それを可能にしたもの、それは「タイトルの変更」である。原作者の関島による当初のタイトルは「生きたらよか」だった。ばってん荒川はこの曲を譲り受けると、「生きたらよか」から「帰らんちゃよか」に変えた。もし原題のままだったら、仮に島津亜矢がカバーしても、インパクトもパンチもなく、果たして「国民歌謡」になれたかは疑わしい。

これは先の千昌夫の「北国の春」のブレイクの要因となった「出稼ぎスタイル」を思いださせる。「農のはやり歌」が千にそれをひらめかせたのではないかと記したが、同じことがばってん荒川にも起きたのではないか。

それにしてもよくぞこれほどの「奇跡」が重なったものだが、追い詰められた「農のはやり歌」の執念が、タイトルを変えさせ、三人の歌手にバトンリレーをさせたとしか思えない。

すなわち、「北国の春」以来、農の危機を「わざ歌」として警鐘をならしても、さっぱり踊らないどころか無視を決め込む日本人を覚醒させ決断を迫るには、国民的歌手の歌声をかりて「帰らんちゃよか」と最後通牒をつきつけるしかない、「農のはやり歌」たちと農の神様はそう思い立ったのではないか。

二〇二〇年の農業従事人口は二四九万人で、最盛期の昭和三〇年の一三パーセント足らずに激減。今や日本の人口の一パーセント超にすぎない。全国農協中央会によると、日本の食料生産の担い手は、二〇三〇年には八三万人、二〇五〇年には三六万人と予想する。生物にたとえればもはや絶滅危惧種だ。

これでは、今も国土の八割以上を占める緑なす森と田畑を維持できなくなるのは時間の問題である。田園まさに荒れなんとす、いや荒れるどころか、田園まさに消えなんとす、なんぞ帰らざる、である。

農からの悲痛は叫びの歌にしかと耳をそばだて向き合わないと、農は消え日本は土台を失い、私たちの子供や孫たちに「生命のバトン」をつなぐことができなくなる。

これまでのように農が発する歌たちを無視したり嘲笑する時間はもう残されてはいない。

（本話は、『季刊地域』二〇二四年春号（農山漁村文化協会）「唄は農につれ農は唄につれ」連載第一回を大幅加筆した）

♪第八話
一九七〇年代、戦後の昭和は飛ぶ方向を間違えた⁉
「飛んでイスタンブール」歌・庄野真代（作詞・ちあき哲也、作曲・筒美京平、一九七八年）

■保守回帰への疑義の歌

戦後の昭和は、「坂の上にあるに違いない宴」という共同幻想を追い求めて、ひたすら坂を登りつづけてきた。その同伴者が私たちベビーブーマーだった。

その坂が突然下りになり、ひょっとすると「宴」はここで終わってしまうのではないかと多くの日本人が思いかけた時期があった。一九七三（昭和四八）年と七八（昭和五三）年の二つのオイルショックに襲われたほぼ一〇年間のことだ。この世界発のダブルパンチによって日本経済は失墜、一九七八年二月に大手建材メーカーの永大産業の破綻を皮切りに大小企業の倒産が相次ぎ、総理府の発表によると、三月の完全失業率はこの二〇年間で最悪の一四一万人に達した。

高度経済成長を支えてきた都市中間層の大人たちの間から、これまでのような豊かさは維持できなくなり、目の前の生活を維持防衛するための保守回帰がはじまった。これまで大人たちに反逆してきた若者たちもこれに追随した。

第一次オイルショックの二年後にリリースされた「『いちご白書』をもう一度」（歌・バンバン、作詞作曲・荒井由実）の歌詞さながらに、♪無精ひげと髪をのばして学生集会にも時々でかけた「元怒れる若者たち」は、♪就職が決まって髪を切り、♪もう若くないさと「いいわけ」して、「企業戦士」として大人たちが推し進める「守りの経済成長」の歯車になっていった。

じつは私も、「『いちご白書』をもう一度」が発売された年に結婚をし、ちっぽけな広告代理店に職を得て、無職無頼の生活に終止符をうった。今にして思うと、それは「守りの時代」とシンクロしていたのかもしれない。
しかし、世の中全体がそんな内へ内へと向かうなかにあって、その風潮とは真逆の歌が、第二次オイルショックの年にリリースされた。
「飛んでイスタンブール」（作詞・ちあき哲也、作曲・筒美京平）である。
♪いつか忘れていった　こんなジタンの空箱《からばこ》
♪光る砂漠でロール
♪夜だけのパラダイス
外へ向かって飛び出せと挑発する意味不明の歌詞は、いってみれば「保守回帰に対する疑義の歌」であり、私もふくめて多くの日本人を驚かせた。
歌ったのは、当時二三歳の庄野真代。高校時代から音楽活動をはじめ、二〇歳の時に自ら作詞作曲した曲で「フォーク音楽祭関西四国決勝大会」のグランプリを受賞。それが契機となってシンガーソングライターとしてプロデビュー、四枚のシングルレコードをリリースするも鳴かず飛ばず。五枚目にヒットメーカーコンビに委託した「飛んでイスタンブール」が大ブレイク、庄野の代表作となったのだった。

■記録ではなく記憶に残る異色のはやり歌

この「飛んでイスタンブール」は、私の記憶に今も鮮明に残っているので、当時はさぞや売れただろうと思って、改めて調べてみて、驚くほど売れたわけではなかったことに実は驚かされた。

「記録と記憶はときに食い違う」はやり歌の典型であろう。

ちなみに一九七八（昭和五三）年の「オリコン年間ＴＯＰ50」（一九七七年一二月五日〜一一月二七日）によると、上位三位はピンク・レディーの「ＵＦＯ」（作詞・阿久悠、作曲・都倉俊一）、「サウスポー」（作詞・作曲同上）、「モンスター」（作詞・作曲同上）、四位は堀内孝雄「君の瞳は１０００ボルト」（作詞・谷村新司、作曲・堀内孝雄）、五位はキャンディーズ「微笑み返し」（作詞・阿木燿子、作曲・穂口雄右）……そして、わが「飛んでイスタンブール」はなんと一九位だった。

この歌よりも上位にランクインしていて私の記憶に残っている曲は、九位の矢沢永吉「時間よ止まれ」（作詞・山川啓介、作曲・矢沢永吉）と一五位の山口百恵「プレイバックＰＡＲＴ２」（作詞・阿木燿子、作曲・宇崎竜童）だけだ。

それらも、今となってはメロディはおおよそ覚えてはいるが、歌詞はおぼろげで、カラオケの助けをかりないと歌うことはできない。ところが、「飛んでイスタンブール」は、メロディラインはもちろん、歌詞だってイントロからサビまでもが、何かの折にひょいと口をついて出てくる。

「歌は世につれ」というのであれば、この歌は例外である。この歌は世の大勢にはつれなかったが、半世紀を経ても往時を再現できるという意味では、逆に世がこの歌につれたといえるのではないか。

記録には残らないが記憶に残る「はやり歌」であり、音楽業界を大いに戸惑わせた戦後昭和歌謡史での「事件」といっていいかもしれない。

庄野真代「飛んでイスタンブール」（日本コロムビア）

■つかこうへいの「初級革命講座飛竜伝」

実際、私も口ずさむことができ、この歌からあの時代を紡ぎ出すことができる。

それはなぜなのだろう。

今からふりかえると、思い当たることがある。

前述したように、私は「飛んでイスタンブール」がリリースされた二年前に、原宿にある小さな広告代理店に拾ってもらった。二八歳になっていた。規模は小さいながら、社長の出身であるＶＡＮヂャケットの宣伝の請け負い仕事で経営は安定していた。「意匠室」（デザイン室ではなく資生堂の真似をしてそう称していた）の気鋭のデザイナーやコピーライターや企画担当たちと、「接待」と称して夜な夜なライブハウスやこじゃれたバーをはしごするのが私の主たる仕事だった。

当時のＶＡＮは新しい若者文化の先駆的発信地であった。

若者のカルチャーは男女ともに保守《コンサバ》へむかっていた。女性たちのファッションを席捲していたミニは姿を消しコンサバ風がトレンドとなり、男性たちからもつい数年前の長髪にひげのヒッピースタイルやロンドン発のパンク調は影をひそめ、アメリカ西海岸発のこぎれいかつ機能的な都会的ライフスタイルが定着しつつあった。一九七六（昭和五一）年に平凡出版から創刊された「ポパイ」はそのバイブルであり、ＶＡＮはその最大の〝足長おじさん〟であった。

もうひとつ、ＶＡＮにはユニークな文化発信活動があった。入場料99円、収容人数99人から「99ホール」と名づけられたスペースから、演劇、映画、音楽、アート、ときにはキックボクシングなどのマイナースポーツのイベントが繰り出され、私も末席でそれらの企画やプロモーションに加わった。ついでに、私は「できちゃった結婚披露」を仮設キックボクシングリングでやって、昔の仲間から「前田は軽チャーに逃げ込んだか」と揶揄されたが、もっともこたえたのは、この99ホールで演じられた、つかこうへいの「初級革命講座飛竜伝」だった。ベトナム反戦運動や大学闘争が吹き荒れたつい数年前の若者の生き方を題材にした野心作で、機動隊員の山本と学生運動活動家の樋渡が、闘争終焉後にＶＡＮの本社があった東京・青山で邂逅する次のやりとりが身につまされた。

「山本　あっ、その着物ＶＡＮだ

樋渡　（得意げに）ＶＡＮ着物です。

山本　機動隊ＶＡＮに憧れてたんだよな。でもいざ買いにいこうとするとイトーヨーカドー行っちゃうんだよ」

かつて私も関わった「政治の季節の終わり」に対する、つか一流の強烈なアイロニーに、「このまま居心地よい場所に安住していていいのか」と突きつけられた気がした。そして思った、ここから「飛ばないといけない」。

折しも、巷間では庄野真代の「飛んでイスタンブール」が流れていた。

せっかく手にした心地よく安定した職場だったが、私は三年でやめ、ＶＡＮの人々とも決別し、ふたたびパートナーに家計を支えてもらう無職無頼の渡世に戻ったのだった。

「飛んでイスタンブール」を取り上げるにあたって、昔の仲間たちに「この歌にまつわるエピソード」を尋ねてみた。すると、友人から私と似たような体験談がいくつか寄せられたので、その一つを紹介する。

「あの当時から少ししてからですが、私は理想と緊張と暴力の現場からつまずき、医療介護の現場に転籍して今に至ります。あの当時ベトナム戦争も終り、多くの高校の同級生たちの中には大学を卒業し中東やアメリカヨーロッパで働く人も多くいました。今は「飛んで埼玉」が流行っているようですが、往時は『飛んでイスタンブール』をはじめ『異邦人』（久保田早紀）や『Mr.サマータイム』（サーカス）など、中東・ヨーロッパなど平和な世界をイメージされた歌がヒットしていました。歌詞は恋や愛や人生のつまずきがテーマでした。私もつまずきからの回復で『飛んでイスタンブール』などを聴き、口ずさんでいました」

■庄野真代は新しい地平へ飛んだ！

こうして、私にとって（そして同時代の青春を共にした私の仲間にとっても）、「飛んでイスタンブール」は人生の転機と共にあった歌だったが、実は歌い手の庄野真代にとっても自身を大きく転身させるきっかけとなった曲だった。

そのことを私が知るのは、私が「飛んでイスタンブール」に出会ってから三〇年ほど後のことである。

学生運動仲間だったH君からこんな依頼をうけた。

ある歌手が日本で使われなくなった楽器を第三世界の子供たちに送る活動をしている。ピアノをケニヤに送りたいのだが船の手配で苦労している。大学時代の友人で大手海運会社に就職した男がいるので頼んでみたい。協力してほしい。

その歌手があの「飛んでイスタンブール」の庄野真代だと知って、すぐには彼女と国際ボランティアとが結びつかず、驚きと疑問をいだきながら協力することにした。

それが契機になって、H君はフィリピンはマニラのスラム街、スモーキーマウンテンで子供たちとの音楽交流で歌をうたうことになり、音痴が自慢？の彼は冷や汗滂沱だったという。いっぽうの私は編集長をつとめる大手生協の雑誌（パルシステム生協連合会の地域活動支援雑誌「のんびる」）で、庄野真代の国際ボランティアの活動の紹介と支援依頼をか

世界旅行 USA で（1980 年）

ねて、組合員を対象にした集会を開催、司会を私が務めたことで、彼女とのつきあいがはじまった。

その中で知りえた「飛んでイスタンブール」が歌手・庄野真代を国際ボランティアへと飛躍させた軌跡を記すと以下のとおりである。

■四五歳で女子大生に

そもそものきっかけは、友人からもたらされた「世界一周八〇日クーポン」が三〇万円で手に入るという耳よりの情報だった。「飛んでイスタンブール」で大ブレイク、年末には紅白歌合戦にも出場、国民的歌手の仲間入りを果たした翌年のことだったが、「歌はいつでも歌えるけど、この旅は今しか行けない」と、迷うことなく直感を信じて旅を決断した。

事務所には「三か月の休業」を申し出て了解を得たが、実際はその八倍をこえる足かけ二年二八か国一三二都市をまわるグレートジャーニーとなった。泣き笑いに満ちた二年間には、彼女のその後を決める出会いがあった。

「最初に行ったタイで運転手さんから『日本人が食べるエビの養殖のためにマングローブの木が切られ環境が変わってしまう。日本人はどう思うのか』と問われ、答えようがなかった」「イラクとイランが戦争している時だったが、両国の人が『俺たちがケンカしているわけじゃない』と一緒に音楽会をした」

そこで、「かけがえのない地球を環境破壊から守るために地球の一市民としてできることをやりたい」と思った。「この旅で見聞きしてきたことを多くの人に伝えたい。専門的な勉強もして、伝える言葉に説得力を持たせたい。それが自分の使命だ」との思いが強く心に刻みこまれた。

しかし、歌手活動に追われ、気がつくと二〇年の歳月が流れ去っていた。そんなとき、事故と病気で立て続けに手術を受けた。改めて「人の命はいつどうなるかわからない」と痛感、人生でやり残していると思ったことをノートに全部書き出してみた。

顔面を五カ所も切る大手術。そのリハビリ期間を利用した子宮筋腫の手術を通じて人生を見つめ直したことで、持ち前の行動力が再び目を覚ました。ノートに描いた夢の一つに「キャンパスライフ」があった。退院して新聞を広げたら、「社会人入学」の文字が目に飛び込んできた。

折しも、法政大学が環境人間学部を新設、そこに社会人枠が設けられた。「これって運命ね！」と思って願書を取り寄せ受験。晴れて四五歳の女子大生が誕生した。

大学では学業だけでなく、訪問コンサートを行うサークル「ＴＳＵＢＡＳＡ」を立ち上げた。さらに偶然目に留まった新聞広告で企業が奨学金を出す留学プログラムを知り、夢だった海外留学を実現。留学先のイギリスでは念願のボランテイア活動にも従事した。〝奉仕〟ではなく、自分の能力を提供する感覚でアイデアを出し合いながら、なにより一人ひとりが楽しく活動する姿に感銘。無報酬が当然の日本と異なり、交通費や時間帯によっては昼食代も支給される。日本でもこんなふうに楽しみながら参加できる活動ができたらと思った。

ミャンアンマーで（2015年）

■歌もうたえる社会運動家《アクティビスト》へ

一年間のロンドン留学後は早稲田大学大学院アジア太平洋研究所へ進み、開発問題をテーマに、修士論文は「フィリピンのストリートチルドレンの音楽を通したエンパワメント――マニラの路上の天使たちのララバイ」。

修士論文を書き上げた二〇〇六年には、それまで学内で展開してきたボランティア・サークル「ＴＳＵＢＡＳＡ」を発展させて、ＮＰＯ法人「国境なき楽団」を設立。新聞やホームページ、教育機関を通じ不要になった楽器を寄付してもらい、この一二年間で第三世界に送った鍵盤ハーモニカなどの楽器は八〇〇〇個を超す。東日本大震災では、津波で楽器を失った吹奏楽部に楽器を送り、開けるとステージになるトラック「TSUBASA号」で音楽を出前したところは三〇か所以上になる。（なお、NPO法人「国境なき楽団」は二〇一九年に解散、現在は任意団体「国境なき楽団PLUS」として、「子ども食堂しもしたキッチン」の運営にあたっている）

二〇一二年、庄野真代は参議院議員選挙の全国比例に民主党から立候補する。私に協力の依頼があり、微力ながら関わった。二〇〇六年の参議院議員選挙の全国比例で日本で初めてレズビアンであることを公表、LGBT法案の制定を求めて立候補した尾辻かな子の選挙参謀を私がしたことを評価してのことと思われた。かつて庄野真代が事故と病気により入院した時にノートに描いた夢の一つに「総理大臣」があった。私の力不足もあって当選はかなわなかったが、彼女はその夢に敢然とチャレンジしたことになる。

庄野真代は進化しつづけている。私からみると、彼女は歌手ではない、歌もうたえる社会運動家である。思えば、そこへむけて彼女を飛躍させたものは三〇年前の「飛んでイスタンブール」だった。

戦後日本がはじめて下り坂に直面した一九七〇年代は、多くの日本人が立ち止まって、幻影でしかない「宴」をめざすのをやめる絶好のチャンスであり、その契機が庄野真代の「飛んでイスタンブール」だった。庄野真代は環境活動家へと飛んで進化を遂げたが、日本は相変わらず「宴」を求めて再び飛び、バブルという狂宴の手痛い後遺症を負って、いまもあがきつづけている。

どうやら日本は飛ぶ方向を間違えたようだ。

庄野と同じ方向へ飛んでいたら、失われた三〇年もなく、今の日本はもっと居心地と風通しのよい国になっていたのではないだろうか。

（本話は、本書のために書き下ろした。写真提供は株式会社ルフラン）

Ⅲ　異議申し立ての章

戦後の昭和は、復興から高度成長へと向かうなか、「明」の内奥に「暗」を抱え込んだ時代だった。経済優先の国策にまつろわぬ人々は、それに異議を唱えて、時に「国論」は二分した。ＧＨＱによる上からの民主化、手のひら返しのレッドパージ、六〇年安保闘争、ベトナム反戦と全共闘運動……。そこには、「戦後の昭和」を「偽善」と「擬制」にすぎないとして拒否し、「もう一つの戦後」を求める高らかな歌声があった。

♪第九話
日本の「ラ・マルセイエーズ」になりそこねた歌
「民族独立行動隊の歌」〈作詞・きしあきら〈山岸一章の筆名〉、作曲・岡田和夫、一九五〇年〉

■オールドボルシェビキのアナクロ〝懐メロ〟？

おそらく七〇歳を超えるオールド左翼以外には知られていないこの歌を、「街場のはやり歌」として取り上げることには異議があるかもしれない。しかし、世が世なら日本の「ラ・マルセイエーズ」〈フランス革命から生まれたフランス国歌〉――つまり日本国民すべてが知る「国歌」になっていたとなると、話は違ってくるのではないだろうか。

その歌とは「民族独立行動隊の歌」。いまに伝えられている歌詞を以下に掲げる。

♪民族の自由を守れ
　決起せよ祖国の労働者
　栄《は》えある革命の伝統を守れ
　血潮に　正義の血潮もて　叩きだせ
　民族の敵　国を売る　犬どもを
　進め　進め　団結かたく
　民族独立行動隊　前へ前へ　進め
♪民族の独立勝ちとれ
　ふるさと南部工業地帯

再び焼土の原と化すな
暴力《ちから》には団結の実力《ちから》もて　叩きだせ
民族の敵　国を売る　犬どもを
進め　進め　団結かたく
民族独立行動隊　前へ前へ　進め　（「青年歌集」音楽センター）

七〇年以上も大昔の歌であり、大半の読者には、日本語で書かれてはいてもおそらく〝意味不明〟だろう。ちなみに歌詞にこめられた大意を記すと、「アメリカの占領下にある日本で、その手先の〝国を売る犬ども〟を叩きだして（日本）民族の自由と独立を勝ち取ろう」である。

「なんだ、右翼民族派の歌か」と勘違いされそうだが、どっこい敗戦直後の最左翼、日本共産党のプロパガンダソングである。さらに補足すると、歌詞にある「革命の伝統」とは、敗戦から二年めの一九四七（昭和二二）年二月一日に日本共産党を中心とする左翼陣営によって企図されるもその直前にGHQの指令により中止に追い込まれた歴史的事件（いわゆる「二・一ゼネスト」）をさし、「ふるさと南部工業地帯」とはその策源地の一つとなった東京大田区の尖鋭化した労働運動の拠点のことであろう。

なお、「民族独立行動隊の歌」は、〝左翼運動圏〟では「民独」と略称されてきたことから、本稿においても、以下「民独」と記す。

改めて資料にあたり、また関係者に証言を求めてみたところ、「民独」には実に謎が多い。しかもそれらは複層的にからまっている。それは裏を返せば、「民独」には戦後日本史のミッシングリングが隠されている証左でもあろう。

それでは、その謎を順次、解きほぐしながら、検証を進めていくとしよう。

■〝赤狩り〟に抗議した「煙突男」が産みの親

まずは「民独」の出生から記す。

それは戦後五年めの一九五〇（昭和二五）年前後から突風となって吹き荒れた「レッドパージ（〝赤狩り〟とも呼ばれた）」

の最中のことであった。日本を占領支配したＧＨＱ（連合国軍最高司令官総司令部）は、当初は日本の民主化の一環として労働組合をふくむ左翼運動を容認・推奨していたが、やがてそれらが急進化、折しも朝鮮戦争の勃発によって東西冷戦が激化したのを契機として、共産党の非合法化に乗り出し、共産党員であることを理由に職を奪われた人々は官民ふくめて二万人とも三万人ともいわれる。アメリカでも同時期に「マッカーシー旋風」が吹き荒れ多くの左翼及びリベラル系の人々が「共産主義のシンパ」とされて職場を追放された。

そんな〝赤狩り〟が太平洋をはさんで日米両国で始まった一九五〇年の一一月一〇日付けの朝日新聞に、「煙突男、雨中にがんばる」の小さな一段見出しを掲げた次の一五行ほどのベタ記事が掲載された（内容は上掲の新聞記事参照）。

煙突男、雨中にがんばる

〝愛の運動〟十五日から

「煙突男、雨中にがんばる」（1950 年 11 月 11 日、朝日新聞）

なお、「煙突男」と評された山岸一章（二七）が所属する国鉄大井工場組合の執行部は、当局同様レッドパージを容認する民同右派が牛耳っており、共産党員の山岸の行動は当局と組合双方への抗議でもあった。

これこそが日本の「ラ・マルセイエーズ」になったかもしれない歌の〝産院〟だったのである。その瞬間を「産みの親」である山岸一章はこう記している。（以下、山岸の「民独」にかかわる引用記述は、特記しないかぎり、いずれも山岸一章「民族独立行動隊の歌　四十年の歳月を経て」（『文化評論』一九九〇年四月）による）

「（煙突籠城から）三日目の十二日は日曜日で、工場は休日でした。煙突の煙りはわずかで、夜明け前から快晴でした。工場の屋根、屋根に白く降りていた霜はすぐに消えて、デッキ上に立つと、米軍機が飛び立つ羽田空港までの東京南部が一望に見えました。工場のわきの東海道線を朝鮮戦争で負傷した米兵を満載した列車が通って、私が赤旗

ミシマユキオ　M一等兵（テキサス州出身）が反戦集会に出席することを知り、上官はいかめしい調子で彼に注意を与えた。
「あの連中には気をつけろよ。共産主義者のミシーマと同じだか

音楽共和国

師走の町にジングルベルが流れ、「第九」の演奏会が繰返し開かれる。

この季節に、作曲家岡田和夫さん(50)は、「'81　音楽の国」という名の風変りなコンサートを十八日、新宿の体育館で開く。

ひとことでいえば、しろうととくろうとのごちゃまぜコンサートである。本職のオーケストラのクラシックの演奏もあれば、勤め人たちのコーラスもある。オーケストラと、楽譜を読めないフォークバンドとの合奏もある。

「楽譜を読める同士の合奏なら、まあ楽ですが……。これはどうなるか。楽しみでもあり気がかりでもあります」

あまりにも商品化されてしまった音楽に、岡田さんは疑問をもつ。専門家が独占し、「消費者」が、それを買う。音楽はそんなものでは、断じてない。

「たとえば、サイホンの中のコーヒーが、下から上がっていくような形、音楽に対する欲求
もそうでなくてはウソだと思うんです」

芥川也寸志氏も共鳴している。

自分の「音楽する心」に正直でありたい。単に世界の大家の演奏だから、と出かけて行き、自分とのつながりを見出さずに帰って帰ってくる。これはおかしい。

原点に帰って、素直に楽しもう、というわけである。楽譜が読める読めないはこの際関係ない。

客席と舞台のかき根はとり払った。「音楽の国」は、共和国のイメージである。

（カット・山口　はるみ）


医学研究所江崎治夫教授は同日……役、ひと足先にグアム経由で帰国、他の五人も予定を変更し……日中に帰国する。

米側から十一日「一行は……


民族独立行動隊を作曲した岡田和夫（1981 年 12 月 15 日、朝日新聞）

を振ると、窓から掌を振って答えた黒人兵もいました。煙突上の私を見上げて通過する列車の米兵は、どの顔も沈うつな表情でした」

「（略）一年数ヵ月ぶりにのんびりした気分になって『ひま』を感じた私は、午後になってから日本の革命歌を作詞してみよう、と思い立ちました。敗戦後の私たちがうたっていたのは外国の革命歌ばかりで、日本の革命歌が欲しいと痛感していました。（略）今だ！　作詞に良い時間と状態に恵まれたのだ、と思いました。そして私は、三年余の闘いの連続で胸中にうっ積していた要求と怒り、青年たちへの訴えを一気に吐き出すように、国鉄の公社化で不用になった伝票束の裏側の紙片に『民族の自由を守れ』と書き始めました」

■英雄視を嫌って作者であることを秘匿

かくしてこの世に生を享《う》けた「民独」だが、それがやがて左翼運動圏の愛唱歌となり、さらには日本の「ラ・マルセイエーズ」に擬せられるまでに育つことを、「産みの親」である山岸一章自身は、まったく予期してはいなかったようだ。

実は山岸は筆者の元妻方の親戚である。山岸は小学校卒の叩き上げの労働者で、国鉄大井工場の用品庫係として労働運動に関わるなか、筆者が誕生した一九四七（昭和二二）年に共産党に入党、前述の「煙突男」となったことが仇となりレッドパージを食らい、職場を追われた。おそらく天性の文才があったからでもあろう、後に「アカハタ（現「赤旗」）の記者をへて共産党の影響下にある「民主文学」を代表する作家となり、戦前の呉海軍の反軍活動を描いた『聳えるマスト』で多喜二・百合子を受賞。「生涯共産党員」をまっとうして平成七（一九九五）年に亡くなっている。

かたや筆者は、学生時代には山岸とは敵対関係にある極左冒険主義者にして左翼小児病患者の「トロッキスト」であっ

たが、お互いそれを知りながら、著作を交換する「大人の関係」にあった。もっとも、それはもっぱら山岸の度量によるもので、当時私が翻訳したウォール街を舞台にした金融小説にたいして山岸からは「アメリカの実情がわかってとても参考になりました」と丁寧な礼状が届いたが、一方の私はというと、山岸から送られてきた『聳えるマスト』には儀礼的な葉書を一枚返しただけの狭量さで、今になって思い返すと、まことにもって汗顔のいたりである。

それはともかく、親族の法事でも何度か顔をあわせ、著作を交換する間にもかかわらず、山岸が「民独」の作詞者であると知ったのは、彼の死後であった。だが、それは私が元「トロツキスト」であったからではなく、山岸の「同志たち」も同様であったらしい。

山岸は死の五年前に、「健康人の心臓の三〇分の一」といわれる「収縮性心膜炎」を克服しライフワークである「木崎争議」のルポルタージュを脱稿、共産党の旧友にたちと十数年ぶりに再会したおり、一人が山岸を「民独」の作詞者であると紹介、それがきっかけで久しぶりで合唱することになったが、六〇歳以上の「旧知」の中でも、山岸が作詞者であることを知っていたのは「半分だった」と記し、その理由をこう述懐している。

「(「煙突籠城」によって）実物以上に英雄視される危険を感じて、その後の私は作詞者であることを隠すようになりました。多くの友人や知人が作詞者を知らずに二十年ぐらいもうたっていたのは、特に必要がなければ、私から話すことはなかったからです」

私とは政治的立場は違っていても、およそ左翼活動家には珍しく実直かつ控えめな印象からして、山岸には自らが産み落とした歌が有名になることは、想定外であったどころか、むしろそれを望んでいなかったことに、ウソはないとみていいだろう。ではいったい誰が、なんのために、「民独」を戦後左翼運動圏の代表的愛唱歌にしたのだろうか？　次なる謎解きにかかるとしよう。

■〝育ての親〟はうたごえ運動

「歌は世につれ、世は歌につれ」がはやり歌の公理とされるが、両者が〝つれあう〟ためには、ときにその歌に「感染力」をもたせるためにさまざまな工夫をこらす「優れたプロデューサー」が不可欠である。革命歌や労働運動歌という特殊なジャンルにあっても、この公理は歌謡曲と同じくあてはまる。

先に結論を記すと、「民独」に大いなる感染力をつけたプロデューサーとは、共産党の影響下にあって「うたごえ運動」を主導した中央合唱団であり、これが左翼運動圏の人口に「民独」を膾炙《かいしゃ》させたことは間違いないと思われる。

レッドパージによって「前衛」であった共産党が非合法化されてからの五年間は、戦後左翼運動にとって、もっとも激越かつ苛酷な時期となった。共産党は徳田球一ら主流派の「所感派」と元共産党議長の宮本顕治ら少数派の「国際派」に分裂。「所感派」はそれまでの進駐軍（ＧＨＱ）を民主化の解放者とする平和革命路線から、中国革命にならって武装闘争によってアメリカ帝国主義からの民族独立をかちとる暴力革命路線へと転換。当時の若者、とりわけ学生たちの多くはこれに共感。「うたごえ運動」がその煽動装置とされたのである。

「うたごえ運動」というと、一九六〇年代の学園闘争を体験した筆者からすると、共産党の「歌ってマルクス、踊ってレーニン」の〝一般大衆〟に迎合したカンパニア戦術を彷彿とさせるが、改めて検証してみて、当時のそれはその真逆であったことに驚かされた。

東大の合唱サークルの歴史を記した「ある学生サークルに見る戦後史――音感合唱研究会の軌跡――（中編）」（吉松安弘、二〇〇五年、以下「東大音感の軌跡」と略記）には、こんな記述がある。

「一九五四年秋から五五年春にかけて、駒場（東大教養学部）では多勢の音感会員が次々と共産党に入党した。政治的な色合を持たない学生が、歌に惹かれて音感に入り、やがて民青と呼ばれる民主青年団に入り、次いで共産党に入り党員となる。（略）Ｙと呼ばれる軍事組織への所属を指令される場合も多く、厳しい上意下達の中で活動に励む覚悟が必要であるし、党の命令であれば、党員は警官と渡り合い、ひそかに他人を監視し、秘密の連絡やアジトの設営に走り、武器の製造に携わり、要人警護の任に当たり、大衆組織の役員や専従に立候補し、大学を離れて地方で活動し、ゲリラ戦や武装蜂起に備える山村工作隊隊員として地下に潜ることもしなければならない」

社研や歴研や新聞会ならともかく、一般には軟弱派が多いとされる合唱サークルの二〇歳そこそこの若者たちが次々と地下活動へ挺身していったとは驚きである。そして、それを鼓舞するためにもっともよくうたわれたのは、いうまでもなく、伝説の煙突籠城闘争から生まれた「民独」こと「民族独立行動隊の歌」であった。

往時の体験者はすでに九〇歳を超えており、直接証言を得ることはできなかったが、当時長野県川上村の高校生で、東京の大学からへやってきた山村工作隊員を受け入れたという貴重な話をきくことができた。その人物によると、彼らはよく「民独」を愛唱していて、本人もいつのまにかおぼえていまもうたえるという。

■「民独」には幻の三番があった

しかし、奇妙なことに、その歌は、山岸が煙突のてっぺんで作詞したものとは内容が相当に違っていた。そして、そこにこそ「民独」が伝説の左翼愛唱歌になった謎を解く秘密の根があったと思われる。

山岸の記憶によれば、本話の冒頭に掲げた一番と二番の歌詞は、煙突の上で一〇分たらずで書き上げたが、さらに山岸は二番までしかない「民独」には実は三番があったと明かして、四〇年前の記憶をたぐりよせると――

♪民族の独立を守れ／決起せよ日本の愛国者／祖国を植民地と化すな

と書き上げたところで、その先は時間がかかって、

「流血の弾圧には……」とするか思い悩んだ末に、「血潮には正義の血潮もて（叩きだせ）」としたと記している。なお幻の三番の締めにあたる「血潮には正義の血潮もて」は、同じ年に同じ大田区の電業社の反レッドパージ闘争で、処分を受けた組合員が警官に撃たれて負傷した事件が山岸の頭によぎったからだという。

さて、ここで山岸の四〇年前の記憶からよみがえったオリジナルの「民独」と、冒頭に掲げた流布版の「民独」とを比べてみよう。

「前進」を「進め」に変え、また「暴力」と「実力」をともに「ちから」と読ませるのは山岸も当時作曲を担当した中央合唱団の岡田和夫とのやりとりで許容したと認めている。また一番の出だし「決起せよ南部の労働者」を「祖国の労働者」とするのは、むしろ全国各地でうたわれることに資するから、山岸に異議はなかったと思われる。

問題なのは、「オリジナル」と「流布版」で決定的に異なる箇所があることだ。それは、どうしようかと悩んだとされる「オリジナル」の三番の、

「血潮には正義の血潮もて……」

が、なぜか「オリジナル」の一番の、

「暴力には団結の実力もて叩き出せ」

と差し替えられているところである。これは、「改ざん」といったら言い過ぎであれば「脚色」である。やはり山岸もそう受け止めたようで、これに異議をとなえている。

「作家は一字一句も厳密に考えます。俳句では一字のちがいで駄作になったり、名句になったりします。作者には全く無断で『青年歌集』各編の活字で『力には団結の力もて』の歌詩をなくしたり、二番と三番の歌詞をまぜこぜにするなどは、社会常識に反した乱暴です」

なお『青年歌集』とは、うたごえ運動を主導した中央合唱団から発行されたもので、一九五一年の第一集の巻末の「労働歌」には、「民独」の曲譜と改ざんされた一番だけが記載されている。

さらに山岸は、「民独」誕生の背景も脚色されたと指摘する。

藤本洋『歌はたたかいとともに──中央合唱団の歩み』（音楽センター、一九七一年）では、山岸が煙突の籠城したときの垂れ幕には、

「アメリカ帝国主義の朝鮮侵略に反対し、日本の独立をかちとろう」

と記されていたとしているが、正しくは、

「民族独立、越年資金二ヵ月分よこせ」であった。

占領下で統治者を公然と弾劾すれば、レッドパージ（職場追放）どころではない、占領軍政策違反で軍法会議にかけられ懲役刑で投獄されるからだ。

また、同書では「当時中央合唱団は『ラ・マルセイエーズ』のような、日本の革命歌をつくろうということが討議されていて」、このことは「すぐに煙突の上にのぼった山岸一章につたえられ」、山岸はそれに応えて作詞をしたというのも事実に反する。先に紹介したように山岸は自発的に作詞、それが支援にきていた中央合唱団員へ渡されたが、プロに作曲を依頼する余裕がなかったので、当時中央合唱団員で作曲の勉強中だった一九歳の岡田和夫に託されてできあがったのが「民独」であった。いってみれば見習い小僧の〝ダメモト〟がはからずも大化けしたようなものである。

では、オリジナルの「民独」をあえて改ざん・脚色し、その誕生背景をも伝説化したのはだれなのか？

内輪批判になるので山岸は直接の名指しは避けているが、いうまでもなくそれは『青年歌集』の発行母体である中央合唱団の中枢であろう。そこは当時共産党の主流派の領袖である徳田球一の娘婿で「若者よ」などの作詞作曲でも知られるぬやま・ひろし（西沢隆二）のつよい影響下にあったとされていた。

ならば、なんのために彼らは改ざん・脚色をしたのか？

これも「内輪批判」につながりかねない配慮からか山岸は「暗示」にとどめているが、当時の共産党主流派の「暴力革命路線」にとっては、

「暴力《ちから》には団結の実力《ちから》て」（「敵」の「暴力」に対しては「団結」で）

よりも、

「血潮には正義の血潮もて」（「敵」が流血の防圧でくるならこちらも流血の反撃は辞さない）

がふさわしく、「民独」の「感染力」をつよめることができると判断したからであろう。

ちなみに翌年には皇居前広場で死傷者を多数出す「血のメーデー」が起き、そこでは多くのデモ参加者が、「♪血潮には正義の血潮もて叩き出せ」のくだりを、声をそろえ、こぶしをあげてうたったのだった。

■原作者不在の間に脚色か

さらに謎解きを進めよう。「民独」の「感染力」をつよめるための「脚色」は、どうやら原作者の山岸が不在の一年間になされたと思われる。山岸によれば、一九五〇年末から五一年初めに、山岸の地元である「ふるさと南部工業地帯」では三番まである「オリジナル」が謄写印刷で配られていたという。

その後山岸は、共産党上層部の指示で、五一年五月から一二月までは東京都港区へ、さらに五三年五月までは茨城県日立市へオルグとして派遣される。その最中の五二年秋ごろのことである。東京へ所用で出かけてきた仲間から、「いま東京でみんながうたっている歌は、山岸がつくったと聞いてびっくりした」と言われて、山岸のほうがびっくりしたという。

山岸によれば、五三年五月に日立を離れるまでは当地では「民独」はうたわれておらず、東京にもどってはじめて自作の

流行を知るのである。しかもそれは自作といっても改ざん・脚色されたものであった。

つまり一九五三（昭和二八）年には、二年前には三番まであった山岸の「元歌」ではなく二番までの新「民独」が東京でうたわれて全国へと伝播、共産党主流派による山村工作隊などの武装闘争路線を励ましつつあったのである。これは、前掲の「東大音感の軌跡」の「一九五四年秋から五五年春にかけて、駒場（東大教養学部）では多勢の音感会員が次々と共産党に入党した」時期とも符合する。

『血のメーデー事件』（皇居前広場、1952 年 5 月 1 日、朝日新聞社）

この「血のメーデー事件」前後の一年数か月間の動きについて山岸はこう記している。

「茨城県日立市で指導の責任を持っていて、上部の同志から極左冒険主義的なデモ実施の指示をうけたとき、日本共産党から除名される悲愴な覚悟で反対して、上部の同志を逆に説得しました。（略）日本共産党の中央が不幸な分裂をして、徳田球一の側が重大な誤りの指導をしていた時代、科学的に正確な党綱領が確立されていなかった時代でも、革命理論のイロハを忠実にまもっていれば、地域、地域での大きな損害はふせげたのです」

ひょっとしてこれは四〇年後の「弁明」かもしれない。というのも今回元共産党関係者に取材をしてみて、「民独」の作詞者であることをもって、当時山岸は主流の所感派に近かったのではないかとみる人が多いからだ。一方で、山岸自身も、前述したように、「実物以上に英雄視される危険を感じて、その後の私は作詞者であることを隠す」ようになったのは、所感派から戦闘的「煙突男」に擬されるのを恐れてのことだったのかもしれないが、今や鬼籍に入っている山岸に真偽のほどを確かめようがない。

いずれにせよ、山岸が産み落とした「民独」が勇ましく脚色されたことで、「感染力」をつよめ、多くの若者を非合法活動へといざない、戦後の左翼運動に大きな傷跡を残すことになったのはまぎれもない歴史的事実であり、山岸にとってはわが子に裏切られたようなものだったのではなかろうか。

■「日本共産党よ、死者の数を調査せよ」

しかし、「民独」が背負わされた武装闘争への煽動役は五年ほどで〝お役御免〟となる。

一九五五（昭和三〇）年七月に開催された共産党の第六回全国協議会（六全協）で、それまでの「農村が都市を包囲する」中国革命をモデルにした武装闘争路線の放棄が宣言され、「議会闘争を通じて幅広い国民の支持を得られる党」へ向けて真逆へ舵が切られるのである。この背景には、二年前のスターリンの死去にともなう朝鮮戦争の停戦をうけ、「東西の雪解け」が進んだ国際情勢の大変化も、大きく関係していた。

この共産党の歴史的な路線転換により、山村工作隊も軍事組織も解体・消滅、地下に潜行していた学生たちが大学へと戻ってくる。そして「民独」も煽動の役を終えたのである。

前掲の「東大音感の軌跡」も、こう記す。

「民族の自由を守れ、けっきせよ祖国の労働者と励ます力強い旋律が好まれて集会や行進でよく歌われた『民族独立行動隊』は、にわかに人の口から薄れ（以下略）」

しかし、「民独」が集会やデモでうたわれなくなったからといって、キャンパスに平穏が戻ったわけではなかった。かえって沈鬱な事態がもたらされた。共産党と関係の深かった学生たちを襲ったいわゆる「六全協ショック」である。前掲書は、合唱サークルのメンバーたちの墓碑銘を刻み誌《しる》す。

「（農学部に進学した女子会員は）卒業後は農協出版部で働くことが決まっていた四年生の春の日、異性関係の悩みをきっかけにして青酸カリを呑み、命を絶った。名簿だけの会員であったが党員のお茶の水女子大生が遺書も残さず鉄道自殺を遂げたし、会報に『赤旗』論説のような『模範的』文章を書いていた真面目一筋の経済学部生は、このあと俄かに私生活を荒らして金銭や異性関係が放埒になり、卒業後も就職をしないまま酒場でアコーディオンを弾くアルバイトを続けていたが、彼も自ら生命を絶った」

折しも東京大学新聞の一九五六年一〇月八日号の一面コラム「風声波声」に掲載された断罪と鎮魂をないまぜた一節が、本郷と駒場のキャンパスに衝撃を与えた。

「日本共産党よ／死者の数を調査せよ／そして共同墓地に手あつく葬れ／政治のことは、しばらくオアズケでもよい／中央委員よ／地区常任よ／自らクワをもって土を起こせ／穴を掘れ、墓標を立てよ」「彼らがオロカであることを／私たちのオロカさのしるしとしていいのであろう」

これは、その煽動役をつとめた「民独」に対する断罪でもあった。

■歌声喫茶の「懐メロ」にされた「民独」

かくして「民独」は命脈を絶たれたも同然のはずであった。

共産党自身も歴史的な路線転換で「瀕死の傷」を負った。覚悟の上とはいえ、非合法活動に入るまでは衆参あわせて最大三九人もいた国会議員は国民の支持を失ってゼロになった。多くの党員が去っていくなかで、「党の再建」が最優先課題にすえられ、そのため五年後に控える戦後最大の政治テーマである「日米安保条約改定問題」へ取り組む余裕はなかった。

その運動を担ったのは、皮肉なことに、「六全協ショック」で党を去っていった学生たちが結成した「共産主義者同盟」(ブント)を中心にした新左翼グループと彼らが主導した全学連であり、共産党が「日和見主義」と見下してきた社会党であり、彼らの影響下にある「ニワトリからアヒル」となった総評傘下の労働者たちだった。

一年以上にわたる安保条約反対の抗議行動には、全国の集会やデモにのべ五六〇万人もが参加、国会での承認をめぐる最終局面の六月一九日に向け連日数十万人ものデモの輪が国会を取り囲んだが、街頭でも集会でも共産党の影響力は無きに等しかった。彼らがまがりなりにも存在感を示すのは、安保闘争が敗北に終わった翌六一年の第八回党大会以降のことである。

そんな中で、「民独」はどうなったのか。

かつてこの歌を売り出したプロデューサーの共産党にとっては、せっかく党に残った人々に忌まわしい「暴力闘争」の記憶を蘇らせる悪夢でしかない。なんとか「お蔵入り」させたいと考えたのは当然の成り行きであったろう。

その事情を証言してくれたのは、一九六二年に東大に入学し共産党のシンパから党員となる牧梶郎である。彼は高校・浪人時代（一九五八～六一年）に新宿歌舞伎町の歌声喫茶「ともしび」に出入りし、そこで「民独」を聞き覚えたという。当時は歌声喫茶の隆盛期にあり六〇年代にかけて全国で一〇〇軒を超えるまでになるが、共産党・民青系の若者の〝たまり場〟でもあった。牧は安保反対のデモにも共産党の影響下にあった「平民高共」の一員として参加したが、「国際学連歌」や「インターナショナル」や「若者よ」はうたったものの、「民独」を唱和した記憶はない。つまり、共産党の周辺では、戦後を画す政治決戦の最中にあって、「民独」は歌声喫茶での「懐メロ」に「お蔵入り」させられていたのである。

■砂川闘争、六〇年安保を鼓舞した「民独」

と、私の胸中に大いなる疑念がわき起こった。だったら、学生時代に共産党とは敵対関係にあった私が、なぜ「民独」を今も口ずさむことができるのだろうか？

その謎を解くヒントを与えてくれたのは、「ポスト六全協」の学生運動を主導した土屋源太郎である。土屋は一九五三（昭和二八）年に明治大学入学、その年に共産党に入党するが、若輩であることが幸いして、所感派と国際派の対立には巻き込まれず山村工作隊へ行って「青春を消耗する」こともなかった。「六全協ショック」の運動空白期の中で頭角をあらわし、明治大学全学自治会の中央執行委員長をへて、私学出身としては初めて首都圏の主要大学自治会の連合組織である都学連の委員長に就任、共産党の歴史的路線転換があった一九五五（昭和三〇）年におきた砂川闘争に、首都の学生たちを率いて闘争を指導した。

在日米軍基地拡張に反対する砂川闘争では、対峙する警察隊に向かって学生たちが童謡の「赤とんぼ」をうたって運動を情感ゆたかに盛り上げたことで有名だが、土屋によると、実際にもっとも力になったのは「民独」だった。理由は、「テンポが良く、士気が上がる。警官隊へつっこむ前に意思を統一して気合いを入れるにはもってこい。それまでのうたごえ運動のしんみりした歌ではこうはいかなかった」からだという。

ちなみに土屋は共産党に「党籍」を置いてはいたが、党としては「六全協ショック」で砂川闘争に主体的にかかわることはなく、土屋は砂川闘争の後、安保闘争の前年の五九年に党から除名処分をうける。せっかく「お蔵入り」させた「民独」に再び陽の目を見させたことが許せなかったのではなかろうか。

こうして歌声喫茶に封じ込められていた「民独」は、砂川闘争をもって、共産党と袂をわかった人々へと乗り移るのである。

砂川闘争をくぐって、時代は政治の季節の天王山である「六〇年安保」へ向けて盛り上がりをみせていく。そこで「民独」はどんな役割を果たしたのだろうか？

往時、西の九大から上京し、北の北大からやってきた唐牛健太郎と盟友となり全学連指導部として六〇年安保を牽引した篠原浩一郎に「コロナ禍見舞い」を兼ねてたずねてみると、早々に興奮気味のメールが返ってきた。いささか「乱調」ではあるが臨場感を失わせたくないので、本人の了解をとって原文のまま以下に掲げる。

「『民族独立行動隊、前へ前へ進め！』大好きな歌です。この歌を歌うと自然にジグザグデモが始まります。とにかくテンポが良い。歌詞も守れ守れ、叩き出せ！　国を売る犬どもを。そして最後のミンゾクドクリツコウドウタイ！　マエヘマエヘススメ！は最高です。歌え踊れ時代に育成されたアコーディオンが上手な活動家を中心にコーラスグループがキャンパスで労働歌をよく歌っていました。しっとりした歌が多かったがこれは別格ですね。日共の民族主義とか言う人が居ましたが、ソ連に国を売る犬どもを叩き出す歌だと気にしませんでした。五〇年後のブント仲間が立ち上げた原発事故処理に志願する『福島原発行動隊』のネーミング見てください」

「ソ連に国を売る犬ども」とは、ソ連の指示どおり「武装闘争」へ走ったかと思いきや、スターリンの死後は「平和路線」に転じたソ連に追随した日本共産党への、篠原一流の皮肉であろう。

また、「福島原発行動隊」とは、東電福島第一原発事故の収束作業に当たる若い世代の放射能被曝を軽減するため、比較的被曝の害の少ない高齢者が長年培った経験と能力を生かし、現場におもむいて行動することを目的として二〇一一年四月に発足、呼びかけ人の山田恭暉（二〇一四年、食道がんにより七五歳で死去）をはじめ、賛同者の多くは篠原の六〇年安保闘争仲間である。

いまや八〇歳を超える六〇年安保世代にとって、「民独」はいまだ「現役」なのである。

共産党シンパとして六〇年安保前後の運動を体験した前掲の牧は、全学連主流派のこの動きについて、こうコメントする。

「大学闘争時の新左翼や全共闘と違って、多かれ少なかれルーツは共産党だったはずなので、共産党に失われつつあった革命性を受け継ぐ気持ちがあったのではないでしょうか」

いずれにせよ、六〇年安保を先導した全学連の指導者たちも、大学生になりたてでそれに追随した若者も、共産党が「お蔵入り」させた「民独」をうたって大いに盛り上がったのである。

なるほど、これでようやく得心がいった。

「民独」が生まれてから一五年、砂川闘争から一〇年、六〇年安保から五年後に大学に入学して新左翼運動の末席につらなった私が、共産党に「お蔵入り」させられた「民独」をそらんじることができるのは、共産党から袂をわかった先輩たちが「民独」をうたい継ぎ、そして後輩の私たちに口伝えたおかげだったのである。

■「民独」の経脈はつきたか

しかし、デモや集会などの運動の現場で「民独」がうたわれたのは、一九六〇年の安保闘争と三池闘争までだったかもしれない。前述したように、「ポスト六〇年安保世代」である私たちは、先輩たちから「民独」を伝授はされたが、ベトナム反戦や全共闘運動の中では、街頭でもバリケードの中でも声をそろえてそれをうたうことはなく、学生寮のコンパや合宿など「内輪の集まり」の〝余興の一曲〟になっていった。

当時の仲間の何人かに聞いてみると、一九七〇年代に入り、内ゲバで運動が一気に減衰していくのと軌を一にして、「民独」は〝余興の一曲〟としてもうたわれなくなる。

「民独」の衰微は、新左翼活動家だけでなく、労働運動の中でも顕著だったようだ。

一九八八年『月刊総評』一一月号の連載「闘いのうたごよみ」では、「民独」が取り上げられ、「長いあいだ闘争歌としてうたいひろめられた。今でいえば『がんばろう』だ」

と、「民独」はもはや「過去の歌」だとされている。

ちなみに「がんばろう」を作曲したのは、三池闘争が生んだうたごえ運動の旗手、荒木栄（一九二四―一九六二年）だが、三池闘争の前段の「英雄なき一一三日の闘い」のなかで、「民独」に出会い、「これだぁ!! こんな歌が、書きたかったんだぁ!!」と、楽譜を高く掲げて有明海から三池炭鉱へ吹いてくる風にむかって叫び、以来荒木の愛唱歌となり、それから七年後に荒木の手から生まれたのが「がんばろう」だった。つまり「民独」は、安保闘争と三池闘争の歴史的敗北をうけ、みずから「後継者」を生んで後を託したといえるのかもしれない。

ここで反体制運動の「激励歌」の新旧交代が起き、「民独」は後景へと退いていく。これについて、産みの親である山岸一章は、死の五年前の一九九〇（平成二）年、こう述懐している。

「この歌を知らない人が大多数になったことに時代の変化を感じるのですが、六〇年代の前半まで全国各地の闘いやメーデーなどで一番うたわれていた歌が、ぱったりと消えたのはなぜなのか不審に感じます」

実はその原因が共産党自身にあったことはすでに指摘したとおりだが、共産党内部に終生とどまった山岸には、それをあからさまに認めるわけにはいかなかったのであろう。しかし、共産党の有力支持団体であるうたごえ運動の重鎮、藤本洋の『歌はたたかいとともに――中央合唱団の歩み』（音楽センター、一九七一年）に対して、『民独』だけは歌詞を書かず、作曲者岡田和夫の氏名を書かない」と批判して婉曲にだがそれを暗示している。

一九六四年に起きたうたごえ運動の分裂で、岡田が社会党系の「日本音楽協議会」へ〝移籍〟したことも「民独」が内輪の共産党から排除された一因であったことを山岸自身は知っていたはずである。それでも「民独」が安保闘争後も辛うじてうたわれたのは、岡田が身をよせた社会党系の総評の音楽活動のおかげであったことも知っていたはずである。

なお、学生党員やシンパたちは宮本体制の共産党中央により忠実で、「民独」の封印にも忠実だったようだ。共産党の活動家であった前掲の牧は、

「一九六七年に大学を卒業するまでの、六〇年安保後の学生運動では、『民独』は全自連、平民学連、民青全学連のデモや集会では歌われていなかった」

と証言、その理由をこう述べる。

「大衆的前衛党や多数者革命といった（宮本顕治議長体制の）ソフト路線の下では、暴力的実力行使を鼓舞するような勇ましい歌詞は忌避されたのでしょう」

■運動の高揚と修羅を見届けた生き証人

いまや「民独」は「青年歌集」に掲載されてはいても、かろうじて全国に数軒残っている歌声喫茶でもリクエストされることはほとんどないのではないか。私たちベトナム反戦・全共闘体験者がそれを覚えてうたえる最後の世代となって、「民独」は「老兵」として消えゆくのみなのだろうか。

いやいや「民独」はこのままは老兵として消えてゆくとは思えない。

ここまで検証してきたように「民独」の感染力たるや半端ではない。産みの親の思惑を乗り越え、ときに裏切りもしながら感染力をつよめ、多くの人々を魅了して運動を高揚させるいっぽうで、ときにそれがいきすぎて、最もよく闘った者たちの青春を奪い、死に至らしめ運動を混迷させた。

「民独」ほど、戦後の左翼運動の高揚と修羅を自ら演出し、それを見届けてきた歌はない。これほど感染力のつよい国産の「運動歌」はなかったし、その後も生まれなかったし、これからも生まれないかもしれない。

しばしば「がんばろう」と比較されるが、感染力において「民独」の足元にも及ぶまい。この歌はいまにつながる運動をしっかり記憶している。かつて「民独」が生まれた一九五〇年代におきたことは、全共闘運動の後にも「内ゲバ」という形でおきた、そして残念ながら、これからも起きないという保証はない。

「民独」にこめられた民族主義、ナショナルなものは、一見、アナクロ（時代錯誤）な「歴史の遺物」に見えるかもしれない。しかし、歴史を転じる力は、インターナショナルなものではなく、つねに民族主義、ナショナルなものに起因してきた。それはこれからもそうである。だとしたら、「民独」は「過去の歌」ではない。「過去に運動の高揚と修羅を煽りその極限を見届けてきた未来の歌」でもある。

そんな生き証人を易々と歴史の闇に葬っていいものだろうか。

七番まである長大な叙事詩であるフランス国歌「ラ・マルセイエーズ」では、以下の歌詞がリフレーンされる。

♪進め、進め！ Marchons, marchons !

♪汚れた血が我らの畑の畝を満たすまで！　Qu'un sang impur　Abreuve nos sillons ! Qu'un sang impur Abreuvenos
「民独」にもそれに重なる歌詞がある。

♪進め、進め！

♪血潮には正義の血潮もて叩き出せ！

と、こんな妄想が私の脳裏をよぎった。

ひょっとして「民独」は、日本の「ラ・マルセイエーズ」になることをまだあきらめていない。この五〇年、なりをひそめてその時を窺っているのではないか、と。

♪ 第一〇話

〝原爆を知らない子どもたちの〟自戒の歌

「原爆を許すまじ」（作詞・浅田石二、作曲・木下航二、一九五四年）

■怒りのヒロシマ、祈りのナガサキ

戦後の昭和の異議申し立て運動の中で、世界に大きな影響を与えたものといえば、「反核」だろう。これをテーマに取り上げようと、広島と長崎ゆかりの友人に「残暑見舞い」を兼ねて予備取材を試みた。

一九四五（昭和二〇）年八月、広島と長崎の上空で原子爆弾が炸裂して以来、この地を襲った厄災をめぐって数多くの歌が創られ、うたい継がれてきたが、その中の代表的シンボルソングは何か？　そう尋ねたところ、やはり二人の回答は、いずれも「原爆を許すまじ」（作詞・浅田石二、作曲・木下航二、一九五四年）であった。

以下に歌詞を掲げる。

♪ふるさとの　街やかれ
身よりの骨うめし　焼土に
今は　白い花咲く
ああ許すまじ　原爆を
三度許すまじ　原爆を
われらの街に

♪ふるさとの　海荒れて

黒き雨　喜びの日はなく
今は舟に　人もなし
ああ許すまじ　原爆を
三度許すまじ　原爆を
われらの海に

♪ふるさとの　空重く
黒き雲　今日も大地覆い
今は空に　陽もささず
ああ許すまじ　原爆を
三度許すまじ　原爆を
われらの空に

♪はらからの　たえまなき
労働にきずきあぐ　富と幸
今は全て　ついえ去らん
ああ許すまじ　原爆を
三度許すまじ　原爆を
世界の上に

♪ふるさとの街焼かれ
身よりの骨うめし焼土に
今は白い花咲く
ああ許すまじ原爆を
三度許すまじ原爆を

われらの街に

ところで、おそらく読者の大半は、この「原爆を許すまじ」を、生粋のヒロシマ生まれのプロテストソングだと思われているのではなかろうか。

実は、かくいう私自身も、本稿にとりかかるまではそう思い込んでいた。なぜか？　それは、私の中に、（いや、あの人類史的厄災を同時代の記憶として共有する私の年代までの人の中には）、〝怒りのヒロシマ、祈りのナガサキ〟のイメージがあるからである。

それを歌で代表させると、「怒り」では冒頭に掲げた「原爆を許すまじ」、「祈り」では被爆者救護に生涯を捧げた医師でありキリスト者でもあった永井隆をモデルにした「長崎の鐘」（一九四九年、作詞・サトウハチロー、作曲・古関裕二、歌・藤山一郎）が即座に脳裏に浮かぶからである。

■「原爆を許すまじ」の知名度はカープ応援歌並み

これは私だけの〝思い込み〟ではない。当の〝怒りのヒロシマ〟においてもそうであるとの証言を、私とほぼ同年代の広島生まれで被爆二世のA君から得た。

ちなみに、A君は、「原爆を許すまじ」を、小学校の音楽の授業中に教師のピアノの伴奏で合唱したこともあり、高校時代に自ら調べて知るまでは、この歌はてっきり自分と同じく「広島生まれ」だと思っていたという。そして、「広島の子供なら、ある世代までは、小学校で一度は必ず歌っている」とした上で、こんな言い得て妙なたとえをしてみせた。「広島では『原爆を許すまじ』は、カープの応援歌『それ行けカープ』と同じぐらい、よく知られている」

さらに、私を驚かせたのは、一一年前に亡くなった被爆者であるAの母親は、しばしばカラオケで「原爆を許すまじ」を歌っていたというのである。三〇年ほど前のレーザーディスクのカラオケボックスの時代だったというが、そもそも広島ではそんな昔から反核プロテストソングがカラオケにあったこと自体が驚きだ。そして、それを被爆者が愛唱するということも、東京では考えられない。さすがは〝怒りのヒロシマ〟だと感嘆しつつ、なるほど「原爆を許すまじ」は広島カープの応援歌並みに市民に浸透しているというA君のたとえも、大いにうなずけた。

では、いっぽうの長崎はどうなのか？

私より三学年下のI君は、爆心地から五キロほどで両親が被爆、叔母をふくめ親族を失った被爆二世である。I君によると、前述の広島のA君のように、「原爆を許すまじ」を小学校時代に音楽の授業で教師から合唱の指導をうけた記憶はないが、八月九日の平和公園での式典などに参加するなかで、いつの間にか口ずさめるようになった。また、折にふれラジオやテレビでも流されるので、同世代の友人たちをふくめて、長崎市民にはよく知られているが、「長崎をモチーフにした長崎生まれの歌」だという認識は、自分をふくめて市民の間にはないだろうという。そして、その背景には、長崎が、広島とちがって、原水禁をはじめとする運動を先頭で牽引してきたという自負はないからではないかと指摘する。

また、長崎では歴史的経緯もあってキリスト者が熱心に被爆者支援に関わったが、その多くは、「原爆は神が人間に与えたもうた試練である」という信仰によって、忍従受苦を貫いてきた。これがいっそう長崎の被爆者運動の市民をあげての社会化を阻む要因になったと考えられるという。

これこそが〝祈りのナガサキ〟というレトリックによって覆い隠されてきた〝不都合な真実〟だったのである。

横田ミホ著『原爆許すまじ PART 3』
（CHOEISHA）

しかし、ひたすら〝祈る〟だけの忍従受苦から、〝怒り〟をもって闘うことへの転換のときがやってくる。その契機となったのが、被爆から三六年をへた一九八一（昭和五六）年のローマ教皇ヨハネ・パウロ二世の来日であった。

同年二月二五日、パウロ二世は訪問先の広島で次のように語っている。

「戦争は人間のしわざです。戦争は人間の生命の破壊です。戦争は死です。（略）もはや切っても切れない対をなしている二つの町、広島と長崎は、『人間は信じられないほどの破壊ができる』ということの証として、存在する悲運を担った、世界に類のない町です。この二つの町は、『戦争こそ、平和な世界をつくろうとする人間の努力を、いっさい無にする』と、将来の世代に向かって警告しつづける、現代にまたとない町として、永久にその名をとどめることでしょう」（カトリック中央協会　https://www.cbcj.catholic.jp/1981/02/25/3446/）

裏を返せば、長崎は「原爆は神の御業《みわざ》」という呪縛に四〇年近くも囚われていたわけで、その歴史的経緯からすると、「原爆を許すまじ」は〝祈りのナガサキ〟には似つかわしくない、やはり〝怒りのヒロシマ〟にこそ相応しいといえそうだ。

それにしても、同じ被爆地でもこれほどまでに〝生い立ち〟と〝個性〟に違いがあり、そのリトマス試験紙が「原爆を許すまじ」であったとは、なんとも感慨深い。

■「原爆を許すまじ」は広島生まれにあらず！

さて、これで、「原爆を許すまじ」は広島生まれであると私が思い込んできたのは、〝あながち〟どころか、〝それなり〟に根拠があったことになる。しかし改めて調べてみると、「原爆を許すまじ」の生まれは、残念ながら広島ではなかった。ならば、それはいったいどこなのか？

関連資料をあたったところ、「原爆を許すまじ」誕生の契機は、一九五四（昭和二九）年三月一一日、太平洋ビキニ環礁でアメリカ軍が行なった水爆実験で日本の遠洋マグロ漁船「第五福竜丸」が被爆した事件にあった。無線長の久保山愛吉が半年間の闘病の末、「原水爆の犠牲者は私で最後にしてほしい」との言葉を遺して死去、日本各地にもビキニ環礁水爆実験発の〝死の灰〟が降り、広島・長崎に次ぐ〝第三の被爆〟として衝撃を与えた。

この事件に触発されて、日本共産党の影響下にあった東京大田区のうたごえサークル運動のメンバーの浅田石二が作詞、その指導者の木下航二が作曲を手掛けたのが「原爆を許すまじ」。浅田は町工場の工員、木下は都立日比谷高校の社会科教師であった。

つまり、「原爆を許すまじ」は太平洋上発東京生まれだったのである。さらに正確を期すと、本格デビューは広島になる。中国新聞二〇一七年八月四日付には、その経緯が、作詞者の浅田石二のインタビューにもとづいて、こう記されている。

「浅田さんがこの歌を初めて耳にするのは、同（一九五四）年八月に広島であった『国鉄のうたごえ』祭典に参加し、東京に帰る夜行列車の中だったという。『列車の中で、覚えのある詩句が歌になって聞こえてきた』祭典の参加者が、できたての歌を車中で歌い交わしていたのだ。驚いて『それは僕が書いた詩だ』と言うと、感激した参加者に胴上げされたという。以来、この歌が何度歌われたか――。膨大すぎて想像もつかない。」（「詩《うた》のゆくえ」第四部　響け平和へ〈二〉「原爆を許すまじ」作詞者　浅田石二さん）

「広島生まれ」とばかり私が思っていたのは〝中《あた》らずと雖《いえど》も遠からず〟ではあったのだが、生まれはあくまでも東京の南部工業地帯である。しかし、東京生まれの私は、そのことを〝灯台下暗し〟でまったく知らなかった。

■生徒会活動と歌声喫茶で出会う

では、なぜ太平洋上発東京生まれの歌にもかかわらず、そうは思われず、被爆地の〝ご当地歌〟として浸透することになったのか？　その経緯を検証するために、まずは私自身の「原爆を許すまじ」との出会いを、個人的体験をまじえながら語ることにしよう。

私がこの曲に出会ったのは、一九六四年か六五年、高校の生徒会活動の中でだった。細かい経緯は忘れたが、活動仲間の誰かから、「こんなすごい歌がある」と紹介されたのである。興味をおぼえ、「ほんもの」を知ろうと誘いあって、渋谷のセンター街の奥に一軒だけあった隆盛末期の歌声喫茶へと出かけた。

そこで体感した「原爆を許すまじ」の明快なメッセージが、ベトナム反戦で政治にめざめたばかりの高校生の胸にはストンと落ちた。さっそく秋の文化祭で歌声喫茶の真似事を企画して、おぼえたてのこの曲を得意げに歌唱指導したものだった。しかし、そのときは、それが一〇年ほど前の第五福竜丸事件から生まれた歌とはつゆも知らず、社会の教科書で習った単純な連想から、てっきりヒロシマ・オリジンだと思い込んでいた。

その後、私は大学に進み、現地の八・六集会にも出かけ、炎天の爆心地で「インターナショナル」と共にうたわれる「原爆を許すまじ」に共感して唱和した記憶がある。そこでますます〝広島発の歌〟だとの確信を深めつつも、いつしか私の「愛唱歌」からは消えていった。

その理由は、今から思うに二つあった。一つは政治活動、もう一つは個人的趣味に関わるものである。

折しも盛り上がりをみせたベトナム反戦や学園闘争に参加するようになった私は、共産党の指導下にある民青系と敵対。街頭での激しいデモに対して、彼らから「国家権力に弾圧の口実を与える、跳ね上がりのトロツキスト暴力学生」と指弾された。そんななか、運動の諸先輩たちから、「原爆を許すまじ」について、こう教えられたのである。それは一方的な揶揄に近いもので、この歌の出自への言及は一切なかった。

いわく——やつらのマルクスレーニン主義は、〝歌ってマルクス、踊ってレーニン〟という運動の矮小化だ。最優先の戦略は党勢拡大で、そのため姑息にも時の権力に対する異議申し立てを擬制的に抑制し、〝一般大衆〟に受ける「歌って踊って」のカンパニア戦術を展開、その恰好のプロパガンダ・ツールの一つが「原爆を許すまじ」だ、というのである。

〝駆け出しほやほや左翼〟の私には、先輩の難解な左翼業界用語の連発がなんとも恰好よく、また論法も通っているように思えて、そのまま鵜呑みにしただけでなく、周囲にもそれをオウム返しに吹聴したものだった。

「原爆を許すまじ」について、いっそうの距離感と違和感を覚えるようになったのは、原水爆反対運動の分裂である。私にとっては、こちらのほうが、先の先輩の〝講壇的高説〟よりもインパクトがあった。

共産党系は「社会主義国の原水爆は西側の原爆所有国に対抗した自衛のものである」との理屈から一九六一（昭和三六）年のソ連の水爆実験に反対せず、それが因で運動は共産党系の「原水協」と非共産党系の「原水禁」に分裂。その三年後の一九六四年の中国初の核実験でも、共産党は同様の主張を繰り返す。後に、彼らは「自主独立路線」に転じてはじめて、すべての国の核に反対する立場に転換するが、当初の分裂が尾をひいて、いまだ完全な再統一にはいたっていない。

アメリカ帝国主義の原爆だから許せない？　ソ連と中国の原爆ならば許されるのか？　この度し難い党派性は当時の私には、どうにも理解しがたく、とても容認できなかった。彼らが生み出した反核運動を象徴する「原爆を許すまじ」がかくも許しがたい矛盾を内在させているとしたら、それは、その歌をわが愛唱歌から外す理由としては十分すぎた。

■ジャズはアメリカ帝国主義の文化侵略!?

もう一つは個人的趣味に関わる疑念である。

高校時代、生徒会活動で「原爆を許すまじ」に出会ったとき、いっぽうで私は文芸系サークルにも出入りしていて、そこでこの歌を披露したところ「泥臭い」といたって評判が悪かった。そして、「時代の先端をいくのはこれだ」と同じ渋谷の百軒店に続々と生まれつつあったジャズ喫茶へ連れていかれ、モダンジャズの洗礼をうけた。以来、「ブルーノート」や「スイング」でゴロまいては「スイングジャーナル」から聞きかじったばかりのマイルスやコルトレーンの曲をリクエストして悦に入り、同じく文化祭で仲間をかたらって見様見真似の即興演奏の手伝いをすることになった。行きがかり上、ジャムセッションもどきと歌声喫茶もどきを掛け持ちすることになったが、残念ながら、歌声喫茶はさっぱり受けなかった。

大学で学生運動に関わるようになって、モダンジャズにますます惹かれていったが、私の中では、ヒロシマのプロテストソングとコルトレーンは矛盾なく同居していた。ところが、共産党が主導する「うたごえ運動」から、こんな批判的言説が聞こえてくるようになった。

いわく――ジャズやポップスはアメリカ帝国主義の文化侵略である、当時学生運動の隆盛と同期して人気を博しつつあった反戦フォークは、大衆の不満をそらすためのガス抜きであり資本に協力している、と。

私にとってはこの〝音楽への政治介入〟はとても容認できるものではなかった。

かくして「原爆を許すまじ」は、二十歳そこそこだった私の愛唱歌から外れることになったのである。

しかしながら、これは私の〝個人的かつ限定的な体験〟ではない。一九六〇年代後半、ベトナム反戦と学園闘争が燃えさかるなか、当時の最大の左翼運動圏である首都圏においては、政治と文化をめぐるごく一般的な情景の一断面であった。

そこでは、「原爆を許すまじ」は、ほぼ共産党系の運動圏に限定された「愛唱歌」になっていた。いっぽう、広島や長崎では運動圏を超えて多くの市民に知られていることは、中央の運動圏の人々の視野にはほとんど入っていなかった。ちなみに「原爆を許すまじ」の広島での知名度をカープの応援歌並みとすると、東京では一九七〇年代からスワローズの応援歌となる「東京音頭」の百分の一も知られていなかったであろう。

■被爆者と反核運動をチアアップ

この「原爆を許すまじ」をめぐる〝運動圏内格差〟と〝地域間格差〟をどう理解したらいいのだろうか？

紹介が後先になったが、今回予備取材に協力してくれた友人の広島のA君も長崎のI君も共に東京の大学に進学、そこで〝アンチ共産党〟の全共闘運動に関わっている。しかし、二人とも「原爆を許すまじ」に限っては、私のように、あるいは広島・長崎出身以外の多くの全共闘活動家ように、〝共産党の歌〟だからといってそれを忌避や排斥はしない。それはなぜだろうか？

追究を進めるうちに浮かびあがってきたのは、「原爆を許すまじ」が絶妙なタイミングで被爆者の運動と反核運動をつなぐ歴史的役割を果たしたから、である。

一九五四（昭和二九）年三月、太平洋ビキニ環礁での米軍水爆実験により「第五福竜丸」が被爆。それに触発された杉並区の主婦たちが「原水爆禁止の署名活動」に着手、わずか二か月で当時の杉並区の人口の七割にあたる二七万筆を集めると、運動は全国へと波及、翌年には三二五〇万筆を超え、このダイナミズムの中から「原水爆禁止世界大会」が広島で実現する。これにより、それまで中央政治からは長らく等閑視されてきた広島と長崎の被爆者たちの救済にようやく光があてられただけでなく、それが国際的な反核運動ともつながるという、量的・質的な歴史的転換を遂げるのである。

長崎で被爆した被団協代表委員の故・谷口稜曄《すみてる》はその経緯をこう述べている。

「このとき私はビキニ被曝のことも、署名のことも知らなかった。長崎ではそれほど運動は盛り上がってなかったと思うのです。（略）原爆被害は長崎、広島以外にはほとんど知られず、被爆者は何の補償も受けられないまま後遺症に苦しむ毎日を送っていました。第五福竜丸の乗組員には米国から見舞金が支払われ、治療も無料で受けていた。放置されてきた被爆者はその落差から、運動に距離を置いたのではないでしょうか。

長崎、広島を巻き込んだ運動になるのは、五五年八月に開かれた原水爆禁止世界大会から。口をつぐんでいた被爆者たちが、徐々に被爆体験を語り始めることになるのです」（「西日本新聞」連載聞き書き「原爆を背負って」二〇一三年、七八回）

この歴史的展開の同伴者であり時に先導の鼓吹《くすい》役を果たしたのが「原爆を許すまじ」であった。それは、時計の針を往時に戻してみると明白である。

▼一九五四年三月、ビキニ環礁の水爆実験による第五福竜丸被爆に衝撃をうけ、共産党の影響下にある東京は南部工業地帯のうたごえ運動から、「原爆を許すまじ」が誕生する。

▼同年八月、「原爆を許すまじ」が広島で開催された「国鉄のうたごえ祭典」で本格デビュー、好評を博す。
▼杉並区の主婦たちによる「原水爆禁止の署名活動」がスタート。この運動を盛り上げるチアアップソングとなる。
▼同年一一月、東京神田共立講堂で、同歌を主役にフィーチャーした「原爆許すまじ――日本うたごえ祭典」が開催される。
▼翌一九五五年八月八日、記念すべき第一回「原水爆禁止世界大会」（広島）で「原爆を許すまじ」が合唱演奏され、文字どおり原水爆反対運動のシンボルソングとなる。

■ビキニ環礁発東京生まれの歌はかくしてご当地化した！

ビキニ環礁での第五福竜丸被爆から原水禁世界大会までは、まさに「原爆を許すまじ」という〝鳴り物〟による一気呵成の一年半であり、それまで孤立無援状態に苦悩していた広島と長崎の被爆者たちにとっては、それは「救世の歌」と聞こえたはずである。そして、「これぞ自分たちの歌だ」「東京生まれであろうと、ある政党の息がかかった運動から持ち込まれた歌であろうと関係はない」と思ってうたい広めていったとしても不思議ではない。そして、それはいつしか運動圏をこえて、広島では「カープの応援歌」並みに、そして長崎では平和公園で毎日原爆が投下された一一時二分になるとチャイムでメロディが流されるほどに、市民の間に深く静かに広がっていったのではないだろうか。

丸浜江里子著『原水禁署名運動の誕生』（有志舎）

さらに、運動圏外の一般の市民にも受け入れられたのは、この歌が運動圏生まれにもかかわらず〝運動臭〟がないことが幸いしたのではないかと思われる。「がんばろう」（一九六〇年、作詞・森田ヤエ子、作曲・荒木栄）をはじめ、「うたごえ運動」生まれで、共産党という党派を越えて、運動圏外にまでひろまった歌はすべてそうである。また、歌詞が文語調であることも、戦前戦中に「少国民教育」をうけた人々にはむしろ親近感をあたえたのではなかろうか。

冒頭に掲げた歌詞を今一度ご覧いただきたい。

ゆいいつ〝共産党色〟が臭うとすれば、四番の「労働にきずきあぐ富と幸」であろうが、それが気になる〝一般市民〟はまずいないだろう。

さらに、メロディが哀調をおびたマイナー（短調）であることも、「原爆を三度許さない」という怒りをモチーフとしながら原爆の犠牲者への鎮魂がこめられており、被爆地には受け入れやすかったのではないだろうか。

ふと、学生運動の中で先輩から教示をうけた「『原爆を許すまじ』は共産党の党勢拡大のプロパガンダ」が思い出された。しかしこの歌が被爆地で広く受け入れたからといって、広島や長崎で共産党の党勢が伸びたわけではない。その意味では、「共産党の思惑」は裏切られたことになるか、そもそも共産党はこの歌にそんな「思惑」など託していなかったことになる。

さらに、この歌は、孤立無援だった被爆者を反核運動につなげて勇気づけただけはない、その後の運動を襲う危機をも救ってくれたのである。「原爆を許すまじ」が反核運動のシンボルソングとしてお披露目された第一回「原水爆禁止世界大会」から一〇年後、原水爆反対運動は、社会主義国の核実験の評価をめぐって、共産党系の「原水協」と社会党系の「原水禁」に分裂する。しかし、「原爆を許すまじ」は、〝出生地〟の共産党系だけでなく、非共産党系の陣営でもうたわれて今に至っている。

考えようによっては、「原爆を許すまじ」を共にうたうことによって、大衆運動レベルでは、「分裂」が「決定的敵対」になる手前で〝寸止め〟されているともいえるのではないか。前に述べたように、この反核運動の分裂がこの歌をわが愛唱歌から外す一因となったのだが、逆にその元愛唱歌が分裂をつなぎとめているとしたら、なんたるパラドックスだろうか。

先の「原爆を許すまじ」の〝ご当地化〟もそうだが、どうやらこの歌は時機《タイミング》を味方につけて、出生の呪縛を軽々と乗り越えていく不思議な力を持ち合わせているようだ。生んだ親の思惑を超えて成長していく、それが〝恩寵を受けた歌〟であるとするならば、「原爆を許すまじ」はまさにその一曲なのだと、出会いから半世紀をへて、ようやく気づかされたのだった。

■「原爆を許すまじ」はなぜ〝国民歌〟にならなかったのか

さて、ここまでの検証からは次の結論が導き出されそうだ。すなわち――、

「原爆を許すまじ」は被爆者支援を〝反核〟につなげて運動を質的に大きく飛躍させる一方で、運動圏を越えてこの歌を被爆地にしっかりと根付かせた、と。

しかし果して、この結論でいいのだろうか？

「前段」はたしかにそのとおりだが、「後段」は違う、というか、いまだ検討の余地があるのではないか。

すなわち、この〝怒りのプロテストソング〟は、広島と長崎だけで知名度が高く、それ以外では知られていないのはなぜなのか？「原爆を許すまじ」を被爆地に根付かせるだけでなく、その勢いをかって、〝国民歌〟になれなかったのはなぜなのか、である。

最後にこれに検証を加えて「まとめ」としよう。

たしかに、「原爆を許すまじ」が〝国民歌〟になるチャンスは十分にあった。

思い返してほしい。そもそも、「第五福竜丸」の被爆に触発された杉並区の主婦たちがはじめた「原水爆禁止の署名」は一年ほどで三二五〇万筆を超えた。幼児や重篤な病者を除けば、日本人の三人に一人が署名に応じた計算になる。ちなみに最近の事例では、二〇一六年の安保法制に反対する署名が一二〇〇万筆であったことを思うと、六六年前の運動がいかにすごいものであったかが理解できるだろう。

「原爆を許すまじ」がBGMとしてこの署名活動に一役も二役も買ったことはすでに述べたとおりである。したがって、署名運動の国民的広がりのなかで、この歌が〝国民歌〟になったとしても不思議ではなかった。

いや、あるところまでは〝国民歌〟になりかけたことは間違いないだろう。

なにしろ三分の一もの日本国民が署名に応じたのである。これは、〝当事者意識〟のなせるわざであり、ひらたくいえば当時の国民の多くが「わが事」と考えたからに他ならない。すなわち、ビキニの水爆による「死の灰」が日本にも降り注ぎ、広島・長崎につづく〝第三の被爆〟が現実の脅威となったからである。署名に応じた人々の胸中には、きっと、「原

爆を許すまじ」の一番の最後、

♪三度許すまじ原爆を

がリアルに迫ってきたはずである。

■〝原子マグロ〟とゴジラと放射能雨

当時、私は小学校三年だった。ふと、そのときのある情景がよみがえった。小雨の中、大きな蝙蝠傘をふり回しながら、当時はやりだした春日八郎の「お富さん」（一九五四年、作詞・山崎正、作曲・渡久地政信）の出だし、

♪粋な黒塀　見越しの松に　粋な姿の洗い髪……

を内容もわかりもせずに歌って自宅に帰ってきたときのことだ。「子どもがそんな歌をうたうもんじゃありません」と母親はたしなめると、こう続けた。「それに、せっかく大人用の大きな傘をもっていかせたのに、そんなに振りまわしたら雨に濡れるじゃない。死の灰をかぶったら骨がとけちゃうのよ」

核実験の放射能で汚染されたマグロは仕入れていないと張り紙を出した鮮魚店（1954 年３月１日、静岡県焼津市、朝日新聞社）

すでに放射線には骨髄の造血能力を著しく低下させることが知られていた。そのため、その影響を受けやすい子どもたちは、雨の日は外には出るなといわれ、登下校など仕方なく出かけるときは傘では不十分だと雨ガッパを着せられた同級生もいた。まだ道路も一部しか舗装されておらず、道端のどろんこにたまった雨水にズックの先を入れてぴちゃぴちゃさせて遊んでいた男子が、「そこは放射能がたまっている。先生に怒られるわよ」と女子に訳知り顔に忠告されたらしい。そして、小学校低学年のわがクラスでは、「死の灰」だけでなく、「骨の発達をじゃまするこわいものだ」とス

トロンチウム九〇やセシウム一三七が日常会話用語としてにわかに飛び交うようなった。おかげで、超マイナーな元素とその同位体をフルネームでそらんじることができるのは、おそらくビキニの水爆による死の灰を体験したわが団塊世代だけだろう。

まだほとんどの家庭にはテレビがなかったので、おそらく映画館のニュースでみたのだろうが、被爆したマグロが〝原子マグロ〟と呼ばれて大量に埋められたり海洋に投棄される映像に衝撃をうけた。そういえば、放射能をあびて怪獣になったゴジラの映画を見に行ったのもこの年だった。

当時の新聞にあたってみると、三月一一日に第五福竜丸の被爆が明らかになって二か月もしないうちに「愛知の伊良湖岬に〝死の灰〟が降った」のを皮切りに、大阪、東京と全国各地で「放射能雨」や「黒い雨」が観測された記事が五月雨的に数年にわたって続いている。アメリカに対抗してソ連も水爆実験を始めたからだった。子どもの私はいたって能天気だったが、母親は、放射能でわが子の骨の発達が阻害されてはたいへんだと不安に駆られたのも当然であろう。おそらく、新聞記事を読むたびに、被爆の恐怖におびえ、一〇年前の広島と長崎を「わが事」と感じたはずである。

■証人を捕らえてみれば我が身なり

このとき私の母親と同じように〝わが事意識〟を抱いた母親たちはたくさんいて、おそらくその人たちの何人かが「原水爆禁止署名」の立役者となったのであろう。だとしたら、そもそも東京生まれの「原爆を許すまじ」が、なぜ東京で、広島や長崎のように愛唱歌にはならなかったのか？　そして、署名とともに全国へと広がっていかなかったのか？　そうなっていれば、「原爆を許すまじ」は間違いなく〝国民歌〟になっていたはずである。でもそうはならなかったのは、なぜなのか？

それは、一つには、当事者意識が早々に薄れていったからではないか。広島・長崎では被爆者という苛酷な現実があり、それは薄れようもなかった。ところがわが東京では、数年でマグロから放射能は検出されなくなり、「死の灰」も降らなくなった。それでも、母親たちの中には、「核に対する脅威の記憶」は「当事者意識」として消えることなく残りつづけたはずである。したがって、「原爆を許すまじ」が〝国民歌〟にならなかったのは、やはりその子どもたちである私たちが母親たちの運動を当事者意識をもって引き継げなかったからではないか。

と、そこで、また別の情景が私の脳裏によみがえった。高校時代に「原爆を許すまじ」と出会ったときのことだ。渋谷の歌声喫茶でこの歌にいたく感動はしたが、一〇年ほど前にわが子の頭に降り注ぐ「死の灰」について死ぬほど心配してくれた母親のことにちらりとも連想が及ばなかった。それは、私がこの歌を「わが事」としては受け止められなかった、まごうかたなき証であった。

親たちは、ビキニの水爆実験由来の〝黒い雨〟から子供を守るのに必死だったが、私をふくめて東京の子どもたちのほうは、どこかで面白がっているところがあり、それが当事者性をいっそう薄めたのかもしれない。

さらに、その後の大学時代でも同様であった。反核運動をふくむ反戦運動にかかわりながら、当事者意識をもって「原爆を許すまじ」と向き合うことはなかった。それどころか、この歌は「党勢拡大を図る共産党のプロパガンダである」という諸先輩の教えをオウム返しにして、運動仲間とともにこの歌を敬して遠ざけるようになった。

その結果、反核をふくむ社会運動の中心地である東京において、「原爆を許すまじ」は「東京音頭」並みどころか、運動圏の中でも〝知る人ぞ知る歌〟へと減衰して今にいたっている。

なんのことはない、なぜ「原爆を許すまじ」が〝国民歌〟になり得なかったのか、その責任の一端を担うべき〝生き証人〟の一人は、実は当の私自身と私の〝運動仲間〟だったのである。

いやはや、盗人ならぬ証人を捕らえてみれば我が身なり、とは。親不孝もいいところである。

■忘却とは忘れ去ることなり⁉

最近、被爆体験者とそれに共感する同時代者の死去と高齢化によって、「原爆を許すまじ」の継承が危ぶまれていると いう。広島市では数年前から、八月六日を市内の小中学校の登校日とする制度を復活させたようだが、それは「原爆を許すまじ」が広島カープ応援歌並みでなくなる日が遠からずやってくることを危惧してのことであろう。しかし、その責任は笛吹けど歌わない現在の子供たちにあるのではない。そもそも「風化」は、「戦争と原爆を知らない子供たち」である私たちベビーブーマーが母親の思いを継承できなくなったときから始まったことを、自戒をもってかみしめるべきだろう。

「原爆を許すまじ」の〝生い立ち〟を辿ってみてわかったことは、この歌にチアアップされ、原水爆禁止の草の根運動を全国で展開していったのは、広島・長崎の被爆を「わが事」と共感した私の母親の同世代である。彼女たちの中には、戦中戦後の苛酷な共通体験があり、そのコアには間違いなく広島・長崎の被爆があった。

それは、「あんなつらいことはできることなら忘れたいが、しかし忘れることができない」という重層化された情動であり、それがたった一筆の署名から国際的反核運動へのうねりをつくりあげたのであろう。

一方で、私たち〝戦争と原爆を知らない子たち〟は、そんな母親たちの情動によって守られ育てられたことを、ずっと忘れつづけていた。数年間であれビキニの水爆実験による〝黒い雨〟が日本各地で降ったとき、母親の心配をよそに、♪粋な黒塀見越しの松に～と「お富さん」をうたいながら傘をふりまわしてどこか面白がっていたのは、無意識のうちに被爆者を差別していたのかもしれないこともずっと忘れていた（コロナ禍で子ども達の間にあったといわれる感染者差別と同じように）。

今から振り返ると、かつて私たちはわけ知り顔に母親たちが生み出した運動が抱える問題点をあれこれ指摘してきたが、それがかえって運動全体を弱めてしまったのかもしれない。前向きに批判したつもりだが、だからといっていまだ新しい反核運動をつくり上げてもいない。〝怒りのヒロシマと祈りのナガサキ〟を、〝沈黙のフクシマ〟へとつなげるのが私たちの役目のはずであったが、いまだその回路をつくりえていない。「原爆を許すまじ」に匹敵する歌をフクシマから生み出していないのが、そのなによりの証拠であろう。

母親は、ビキニ環礁発の〝黒い雨〟が私と妹の身体に降りかかるのを心配しながら、その翌年に三〇歳で急逝した。

ある日曜の昼下がりだった。突然母親は寝床に伏した。ワーカホリックの父親は例によって仕事か接待で不在だった。母の訴えで、妹と一緒に近所の医者へ往診を頼みにいったが休診を理由に断られた。母の容態は悪化するいっぽうで、うわごとをいうようになった。父が戻ったのは日が変わった深更だったが、もはや手遅れで母は明け方に息を引き取った。死後にやってきた医者の診たては急性心不全。突然死の床につく前日に届いて、「これで楽になる」と喜んでいた電機洗濯機はついに使わずじまいとなった。

本稿の筆を擱くにあたって、母親へ伝え忘れていた言葉を頭のなかで探した。

そうだ、母親と同世代の女性たちにこよなく愛されたラジオドラマ「君の名は」（一九五二～五四年、作・菊田一夫、NHKラジオ）の冒頭のセリフを最後に捧げ、母親へのあまりにも遅すぎた詫び状とし、自らへの自戒ともしよう。

「忘却とは忘れ去ることなり。忘れ得ずして忘却を誓う心の悲しさよ」

♪第一一話 六〇年安保の敗北の鎮魂歌を大往生させるために

「上を向いて歩こう」歌・坂本九（作詞・永六輔、作曲・中村八大、一九六一年）

■故・安倍晋三もアンポハンタイを叫んだ!?

戦後の昭和の異議申し立て運動の最大級の山場は、一九六〇（昭和三五）年の「日米安全保障条約批准反対闘争」、世にいう「六〇年安保」だろう。

前年から一年以上にわたった抗議行動には、全国六〇〇〇か所の集会やデモにのべ五六〇万人もが参加、六月一五日には全学連が国会南通用門に突入、東大生樺美智子が死亡。これをうけた国会での承認をめぐる最終局面の六月一九日には三三万人ものデモの輪が国会を取り囲み、主戦場の東京では国労による抗議の時限ストがうたれた。

大人たちの運動にとどまらなかった。当時私は東京都心にある中高一貫校の中学二年生だった。前年の安保闘争が燃え盛ったとき、校長が朝礼で、「わが校からもデモで逮捕された不届者がでた」と語り最上級の高校三年生数人が処分されたが、運動会の仮装行列では、アンポハンタイ！を叫ぶデモが演じられ、生徒たちからヤンヤヤンヤの喝采をうけ、私も安保の意味もわからないままこれに唱和したものだった。運動会と文化祭は生徒の自主運営だったので、実行委員会の気骨のある上級生が〝決行〟を決めたのだろうが、校長以下学校当局の面目は丸つぶれだった。

後に二歳年下の友人から聞いた話では、小学校でもアンポハンタイ！のデモごっこがはやったという。

さらには、なんと安保闘争の宿敵、〝昭和の妖怪〟と称された当時の首相・岸信介の孫の故・安倍晋三もアンポハンタイ！を叫んだ過去をもっていた。二〇〇五年五月、新聞記者の取材に、当時自民党幹事長代理だった安倍晋三は自民党本部でこう答えている。

「連日、祖父の家もデモ隊に囲まれて身動きできないものだから、ちょくちょく呼ばれました。五歳の私は馬になってくれた祖父にまたがって、アンポハンタイ！ってはしゃいだりしましてね。すると父や母なんかは『賛成って言いなさい』。で、みんなで大笑いして。祖父は泰然自若としていましたね。いつか必ず評価されるんだ、と」（毎日新聞、二〇〇五年五月二七日夕刊）

小中学生どころか、敵側の首魁の孫にまで「ハンタイ！」を叫ばせるとは、空前絶後の社会的事件であった。不謹慎のそしりを覚悟で記すと、それから一〇年後の七〇年安保のときは私も異議申し立てに加わったが、小中学校で「バリケードごっこ」や「ゲバ棒ごっこ」がはやったとは寡聞にして聞いたことがない。

とにかく、ほとんどの国民をまきこんだ社会運動は、この六〇年安保の後にも先にもなかった。

■大作詞家の前途を自ら断った永六輔の真意とは

前置きが長くなったが、いよいよ「街場のはやり歌」の出番である。

これだけの大事件となれば、歌と世は大いにつれあうはずである。

「正編」では、西田佐知子の「アカシアの雨のやむとき」を取り上げ、六〇年安保闘争を主導した全学連指導部とその対極にいた目白の闇将軍の愛人への影響をつまびらかにした（第七話「六〇年安保闘士と越山会の女王の〝異床同夢〟とは」）。

それとは対照的な一連の「街場のはやり歌」たちがある。

永六輔が、六〇年安保闘争をはさんで作詞を手掛けた「黒い花びら」（一九五九年七月、作曲・中村八大、歌・水原弘）「遠くへ行きたい」（六二年七月、作曲・中村八大、歌・ジェリー藤尾）「上を向いて歩こう」（六一年一〇月、作曲・中村八大、歌・坂本九）「見上げてごらん夜の星を」（六〇年七月、作曲・いずみたく、歌・坂本九）である。

作者の永自身は、この四曲と六〇年安保との関わりについて、こう回顧している。

「『黒い花びら』というのは六〇年安保闘争真っ盛りのときです。樺美智子さんが亡くなったときです。あの警察の機動隊、そしてそれに群がるたくさんの暴力集団、そのなかで僕は現場にいました。（略）デモに参加してて、そのために（日本テレビの）『光子の窓』をやめることになります。そのときに僕は挫折していました。それが『遠くへ行きたい』につながっていく。どこかへ行っちゃいたい。遠くへ行っちゃいたい。同じように、涙がこぼれないように（『上を向いて歩こう』）、あるいは見上げてごらん夜の星を、もういい、ささやかな幸せがあればいい（『見上げてごらん夜の星を』）という思いがありました」（『上を向いて歩こう　年をとると面白い』さくら舎、二〇一二年）

なるほど、永六輔作詞のこの四曲は、さながら「六〇年安保挫折組曲」で一つながりになっている。ところが、作者としての体制への異議申し立ての思いは、人々には伝わらなかった。永の述懐はこう続く。

「これがテレビを通じてヒットソングになっていきます。どんどん歌がはやります。はやると僕もちょっとずつ有名になってきます。有名になるだけでなくて収入も増えてきます。そうすると居心地が悪いんですね。違う、僕はそんなふうにあの歌をつくったんじゃなかったのに、どうしてそういうとらえられ方をするんだろう、ということがとても気になりはじめました」（前掲書）

永六輔著『上を向いて歩こう 年をとると面白い』（さくら舎）

そして、永六輔は、安保闘争敗北後しばらくはＮＨＫの「夢で逢いましょう」で、毎週、中村八大、坂本九と「六八九トリオ」を組んで多くの歌をつくりつづけていたが、数年で作詞はやめてしまうのである。

だが永六輔の言説は、そこが「話芸の人」の魅力でもあるのだが、しばしば論理に飛躍があってはぐらかされる。世間から自分が詞にこめた想いとは違うとらえ方をされて、〝居心地が悪い〟からということで、はたして約束された大作詞家の前途を断つものだろうか。どうも私の胸にはストンとは落ちない。

そこで、ここからは、永六輔の内奥に入り込んで、なぜそこまでの人生の英断に至ったのかを、当の永六輔自身による回顧譚をもとに、検証してみたい。

なお、取り上げる歌だが、一連の四曲すべてだと論点が拡散してしまうので、永自身が六〇年安保の敗北と挫折の歌としてしばしば言及している「上を向いて歩こう」に的を絞ることにする。

■全学連のリーダーには〝若い根っこの会の歌〟

永六輔自身は、「上を向いて歩こう」に託した想いが世間一般には届かなかったと嘆くが、安保闘争を最前線で戦った当事者たちにはどうだったのか？　全学連中央執行委員として六〇年安保を指導・牽引した篠原浩一郎に訊ねてみた。「アカシアの雨――」については、「正編」の第七話「六〇年安保闘士と越山会の女王の〝異床同夢〟とは」で、委員長の唐牛健太郎と共に愛唱したとの証言を得たが、「上を向いて歩こう」には次の答えが返ってきた。

「てっきり〝若い根っこの会の歌〟だと思っていた。永六輔も安保闘争をやっていたとは知らなかった。だったら生前に話しておけば良かったな。『六〇年安保の敗北はこちらが未熟だったから』と思っていたので、そんなに暗く落ち込んだりはしなかったよ」

一般大衆ならまだしも、六〇年安保と真正面から向き合っていた運動家たちに、永が「上を向いて歩こう」に託した想いはまったく届いていなかったわけで、永にはさぞや〝居心地が悪い〟のではなかろうか。

さらに篠原の証言にある〝若い根っこの会の歌〟というのは、永六輔が作詞をやめるにいたった動機の根幹にも触れそうである。

「若い根っこの会」とは、〝金の卵〟と呼ばれた集団就職の若者たちの親睦組織だが、篠原のいわんとしているのは、「上を向いて歩こう」は戦後日本の経済成長を支えた企業戦士たちの応援歌という意味であろう。

毎日新聞一九九八年一二月二三日朝刊の連載「上を向いて歩こう」には、一九四八（昭和二三）年生まれの団塊世代によるそのものずばりの証言が掲載されている。

「学習塾へ向かう道すがら、友だちと一緒に声を合わせて歌った。競争相手が多いため、とりわけ厳しかった受験戦争。勝ち抜いて会社に入っても、再びし烈なポスト争いが待ち受けていた。都内の大学を卒業後、二十数年間はサラリーマン生活を送った。広告代理店、大手塗料メーカー二社の計三社を渡り歩いたが、どの会社でも、幸い好きなデザインやイベントの企画を担当できた。仕事はそれなりに充実していた。徹夜仕事を終えて、家路につく時、明けゆく夜空を見上げ、一人で『上を向いて——』を歌った。同僚と行くカラオケでも『不動の十八番』。歌詞はすべてそらんじている」

かくいう筆者も同じ団塊世代である。幸か不幸か学生運動にのめりこみすぎて「企業戦士」になりそこね、「上を向いて歩こう」を〝人生の応援歌〟とすることはなかったが、たしかに周囲の同世代には、記事に紹介されている同類が散見される。いうまでもないが、永六輔は〝猛烈サラリーマン〟の応援歌として「上を向いて歩こう」を作詞したわけではない。六〇年安保で退陣した岸首相の後を襲った池田勇人は「所得倍増」政策を掲げて高度成長へ。多くの国民はそれを受け入れ、わけても団塊世代は企業戦士の先兵を担ったが、はからずも「上を向いて歩こう」がその応援歌になったことに、永六輔はいっそうの〝居心地の悪さ〟を覚えたことだろう。

■坂本九の歌唱法で激怒した永六輔

永六輔の〝居心地の悪さ〟をさらに募らせたものがまだあった。

〝身内〟の「六八九トリオ」との間で永の六〇年安保挫折の想いが共有されていないことである。作曲の中村八大からは、「メジャー（長調）とマイナー（短調）が交錯する〝変な歌〟」。それを「悲しい気分で歩きながら歌える歌にしてほしい」というイメージだけで、それ以上の特段の注文やコメントはない。そして今も語り草になっているのは歌手の坂本九との軋轢だった。録音に立ち会った永は、坂本九の日本語離れした歌唱法——イントロの「ウヘゥフォムフフィテ　アハルコフホフホフホフ」に激怒。思い返すと、当時中学生だった筆者もあの部分がなんだかかっこよくて同級生と競って真似たものだったが、永には「日本語ではない」と許せなかったらしい。

それは筆者のみるところ、もちろん永六輔の日本語へのこだわりもあったろうが、「六〇年安保の敗北と挫折をこんな軽々しくうたいやがって、ゆるせない」という憤りが内奥にあったからではなかろうか。

中村八大がこれでいいというので、永は矛を収めたものの「これではヒットしない」と断言したという。だが、結果は大ブレイク。さらに二年後には、なんとアメリカで「ＳＵＫＩＹＡＫＩ」と改題されて、ビルボードチャートで三週

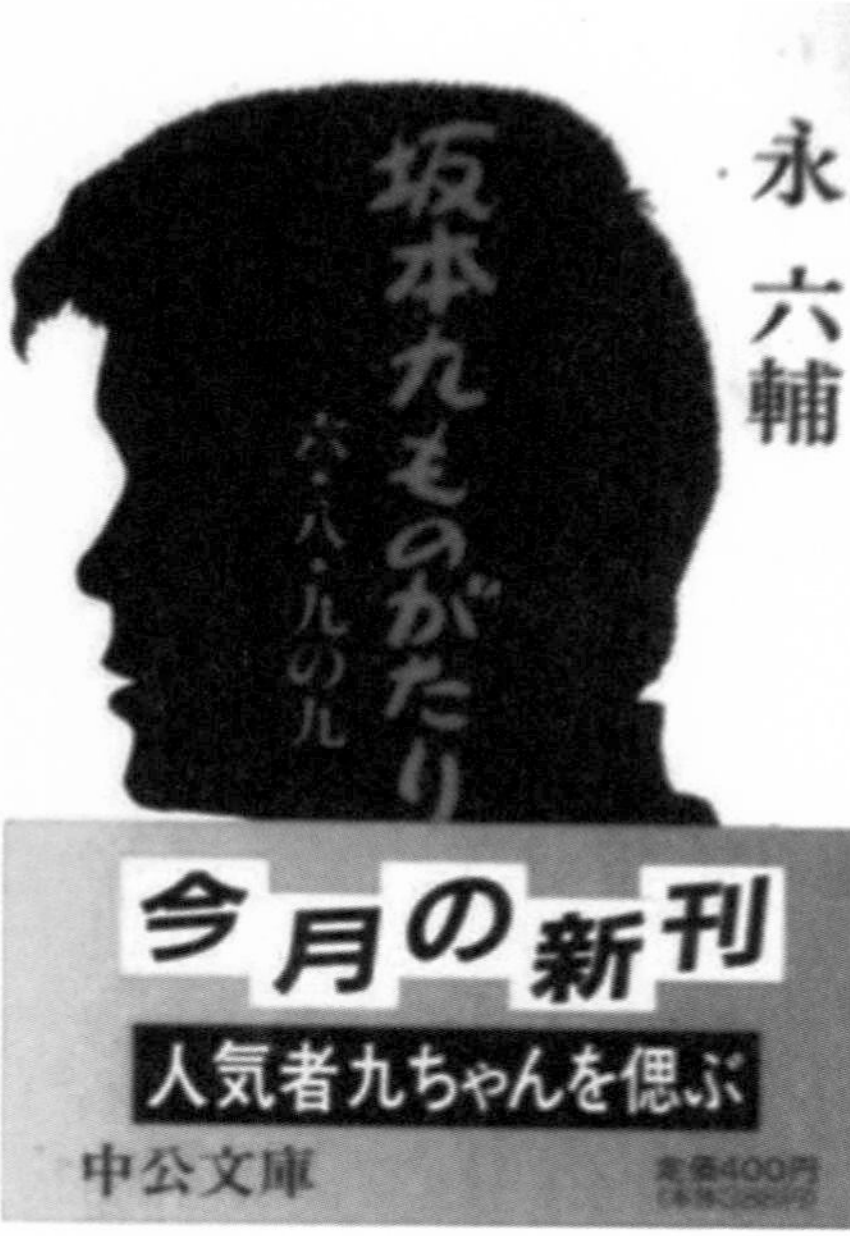

永六輔著『坂本九ものがたり』（中公文庫）

間連続首位を、キャッシュボックスＴＯＰ一〇〇で四週連続首位をキープ。七〇をこえる国でカバーされ、累積一三〇〇万枚超を売り上げたといわれる（なお二〇二一年、韓国のＢＴＳの「Butter」が坂本九を抜き、アジア歌手最高記録を更新している）。

しかし、普通に考えれば誇らしいことだろうが、永六輔にとっては、これほど〝居心地の悪い〟ことはなかったのではないか。そもそも「上を向いて歩こう」はアメリカと日本の安全保障をめぐる動きへＮＯ！を内在させた歌だったからだ。それがアメリカで歴史的な大評価を受けるとは、皮肉というほかなかった。

「上を向いて歩こう」をめぐって、これだけ〝居心地の悪さ〟が重なれば、永六輔ならずとも作詞家をやめたくもなるだろう。これで、なぜ永が約束された大作詞家の前途をあえて断ったのか、そのわけがようやく私の胸にストンと落ちた。

■永六輔のダイイングメッセージ？

さて、本来なら、これをもって一件落着である。しかし、そろそろ大団円の間際になって、読者を混乱させるのはまことに恐縮だが、これまで検証の前提としてきた冒頭の永六輔自身による回顧譚を見直すべきかもしれない。

というのも、念のため永の訃報と追悼をあたってみたところ、「上を向いて歩こう」にふれている記事のほとんどが「永自身の六〇安保の挫折が反映されたもの」という説をステレオタイプのごとくなぞっていて、いささか気持ちが悪いと思いつつも本稿の論旨が妥当であることが確認できて安心していた。ところが、それを根柢から覆しかねないコメントを見つけて、正直あわてたからである。

それは、坂本九の長女である大島花子による永への哀悼コメントである。大島は東日本大震災で父と永との因縁の歌である「上を向いて歩こう」を歌う支援活動をつづけており、また同歌が復興の応援激励歌になっていることから、永にこう言われたと明かしている。

「この曲は〝頑張ろう〟という言葉が入っていない。人を励ますための曲じゃないんだ。永さんは子供のころ、『男の子なら泣くのを我慢しろ』と言われたから『泣きたい時も我慢して顔をゆがませている男の子をイメージして書いたんだ』

（東京スポーツWEB、二〇一六年七月一三日）

えっ！「上を向いて歩こう」は六〇年安保挫折の鎮魂歌ではなかったのか、とさらに他をあたってみると、震災発災三月後の二〇一一年六月、永六輔はTBSラジオの番組「七円の唄」で、視聴者からの「私は悲しい時に無理して上を向いて歩きたくはありません。悲しい時は下を向いて歩くのが自然ではないでしょうか」の問いかけに、こんな趣旨のことを答えている。

「（あの歌には）小学校高学年の男の子が何か悲しいことがあって、涙がこぼれそうになったとき、空を見上げて『グッとこらえよう』という想いを託したのであって、大人を励ます歌ではない」

不安にかられて、さらに調べると、永が亡くなる一年前の加藤登紀子との対談でもこんなやりとりが交わされていた。

加藤「永さんが前に『「上を向いて歩こう」を歌って、元気を出そうなんていうのは違うんだ』っておっしゃってましたね。『あれは、安保が成立しちゃって、悲しくて悲しくてやりきれないから作った歌』だって」

永「僕は、作曲家の中村八大さんといずみたくさんから、『こんなのを』と伝えられて作っていたんです。二人ともイメージで曲を作る。『さびしい気持ちで、歩きながら歌う歌』とか、時代性のある『定時制高校』というテーマで作ったり……。歌詞がだめでも、メロディーがよければ歌はヒットします（笑い）」

（東京新聞、二〇一五年七月六日「Tokiko's Kiss」）

ここでは永は、「上を向いて歩こう」＝六〇年安保挫折歌説を否定も肯定もせずに、はぐらかしている。

いやいや、これをどう考えたらいいのか？　冒頭の回顧譚の「六〇年安保挫折歌」というのは〝虚偽発言〟だったのか？

いったい〝真実〟は奈辺にあるのか？

なにやら永六輔のダイイングメッセージが仕込まれているのではないかと思えてきた。永ならやりかねない。さて、この謎をどう解いたらいいものかと思案をめぐらせつつ、資料の渉猟をつづけると、さらにとんでもない情報に行きあたった。毎日新聞の「特集ワイド永六輔さん追悼秘話」（二〇一六年七月一九日夕刊）によると、「上を向いて歩こう」は「失恋の歌」だというのである。永の相手とは女優の中村メイコ。以下に同紙記者に応えた彼女の「証言」の一部を引用する。

「私は永君と、音大生だった神津善行君とも仲良くて三人で郊外に遊びに行ったりしてた。何年かたって、私、神津君と婚約を発表するかもしれないって告げたら、永君、ポロポロべそをかくのよ。男の子の涙なんて気味悪いから公衆電話でパパ（父親であるユーモア作家の中村正常）に聞いてみたの。こんなとき女の子はスマートになんて言えばいいのってね」「（すると父は）『上を向いて帰りなさい、涙がこぼれないように、とでも言うんですな』って電話の向こうで笑ったの。それを私がそのまま永君にしゃべって、あの歌になったってわけ」

■「上を向いて歩こう」を大往生させるには

いやはや、やっと大団円を迎えて一件落着しそうだったのに、かえって謎が深まってしまった。永の死後のスクープ記事なので、本人に確かめようがないが、もし中村メイ子説が真実なら「上を向いて歩こう」は単なる「失恋の歌」に訂正すべきなのだろうか？　あるいは、坂本九の遺児に語ったように、「悲しみをこらえる子どもたちへのチアアップソング」とすべきなのか？　はたまた、作曲家の注文にこたえただけなのか？　それとも、やっぱり「六〇年安保敗北の鎮魂歌」なのか？

六〇年前の永六輔の状況に立ち返ってみると、そのいずれもがないまぜになって生まれたものであったと思われる。すなわち、中村八大から「さびしい気持ちで歩きながら歌える歌を」と依頼されたとき、永六輔の中で戦時中の疎開先のつらい小学生時代がよみがえり、そこへ青年になって初恋にやぶれた苦い思い出が重なり、さらに、ついこの間まで「安保と仕事とどっちをとるか」と問われて安保闘争をとって無残に敗北した無念がよぎったはずである。

しかし、それらを一つの物語にまとめあげるコンクリートの役割を果たしたものが「六〇年安保体験」であったことは間違いない。先に挙げた死の一年前の加藤登紀子との対談もそうだが、はぐらかしはするが否定はしない永六輔流に、それはあらわれている。

だったら、なぜ、「上を向いて歩こう」が東日本大震災の応援激励歌になったことについて、「あれは大人の激励歌ではない、子どものための歌だからふさわしくない」と不快感をあらわにしたのだろうか？

ここに永の裏返しのメッセージを読み取ることができないだろうか。つまり、「子どもの歌」か「大人の歌」かは表向きの問題で、永にとってのポイントは、「上を向いて歩こう」は「応援歌」ではなく「闘いの鎮魂歌」というところにある。

生みの親からすると、「上を向いて歩こう」はそもそもは「闘いの鎮魂歌」なのに、世間に出たとたんに〝一人歩き〟をはじめ、発売当初は若者向けの失恋の歌、それがアメリカに渡って東洋趣味で受け、やがて企業戦士の応援歌となり、そして未曾有の厄災の激励歌となって、六〇年近くがたってしまった。その意味では、詞にこめた想いと世間の受け取られ方が違うという〝居心地の悪さ〟を、永六輔はずっと抱き続けていたことになる。

実をいうと、「上を向いて歩こう」をめぐる永六輔の〝居心地の悪さ〟をさらに増幅させてしまい、それに私自身が図らずも加担してしまったことが、今更ながら悔やまれてならない。

それは戦後に利根川水系の吾妻川上流に計画された八ッ場ダムをめぐる出来事の中で起きたことだった。八ッ場ダムは地元住民の根強い反対運動でストップしたままだったが、政府の切り崩し工作によって、建設賛成に傾いた。遅ればせながらそれをなんとか押し戻そうという運動が二〇〇八年に下流で立ち上がり、私もその末端に加わった。（詳しい経緯は「八ッ場あしたの会」ホームページを参照されたい）

その一発大逆転の起爆剤として、地元で加藤登紀子の野外コンサートを行ない、終了後にダム受け入れの中心メンバーである地元老舗温泉旅館の若主人たちと翻意にむけて懇親、そのための応援団として永六輔に来てもらうことになったのだった。

話し合いが膠着状態になったとき、永六輔がやおら「ぼく、一曲うたいます」といって、立ち上がった。

一座のなかから、若主人たちの感性に一番合いそうだから、「上を向いて歩こう」かもしれないとささやく声がした。

しかし、永が歌い出したのは、

♪いい湯だな　いい湯だな～ここは上州……

永自身の作詞した曲だった（作曲はいずみたく、一九六五年）。

しかし、永の座興にもかかわらず、話し合いは平行線のまま物別れにおわった。

あのとき、永はなぜ「上を向いて歩こう」を歌わなかったのか？　それを歌うと六〇年安保のときのように運動は負けてしまうとの、〝居心地の悪い〟予感がよぎったからではないか。

「上を向いて歩こう」を封じて「いい湯だな」を披露したおかげだろうか、翌二〇〇九年に民主党による政権交代が起き、同政権のスローガンであった「コンクリートから人へ」に基づいて八ッ場ダム計画は凍結となった。

しかし、それは束の間の淡い夢でしかなかった。自民党が政権に復して三年後の二〇一五年に建設工事がスタート。結局、永にはまた一つ〝居心地の悪さ〟を味わせてしまった。私にとってせめてもの慰めは、永が亡くなったのがダムに湛水《たんすい》が始まる前で、永が「いい湯だな」とうたった、源頼朝が狩りの時に発見されたと伝えられる名湯が湖底へ沈むのを見ずにすんだことだろうか。

＊

こうして永の代表作『大往生』をもじれば、「上を向いて歩こう」はいまだ往生できないまま、さまよいつづけているのである。なんとか大往生させてやらなければならない。

これこそが永六輔のダイイングメッセージではないのか。

永は作詞家を断念してから三〇年ほどたって作詞を再開する。再デビュー作品は三波春夫の（最後の）歌「明日咲くつぼみに」（作曲・久米大作）と〝老謡歌手〟小沢昭一のデビュー作「明日天気になあれ」（作曲・小沢昭一）である。

自らに課した禁を破った動機を、永はこう記している。（「永六輔その新世界」毎日新聞、二〇〇二年一二月一四日朝刊）

「時代も六〇年安保に似通ってきた。イージス艦にはじまって失業率、不景気……。違うのは今の学生達に立ち上がる気配が無いことである。歌に時代を変える力は無いだろうが、時代を伝える力は残っている」

それから二〇年近くがたち、これにコロナ禍がくわわって、時代状況はますます六〇年安保に似通ってきた。

「上を向いて歩こう」を「大往生」させるには、六〇年安保に似た時代状況に立ち向かうしかない。そうでない限り、泉下の永六輔和尚も大往生できなのではないだろうか。

♪第一二話
「檻の中の歌」はなぜ封印されたのか
「練鑑ブルース」（作詞・作曲・制作年不詳）

■♪身から出ましたサビゆえに

世間に異を唱える人々の間でひそかにうたい継がれてきた歌がある。

為政者にとっては「檻の中」に封印しておきたい歌がある。

♪身から出ましたサビゆえに、いやなポリ公にパクられて……

俗称「練鑑ブルース」である。

私にとっては、そんな危ない歌だとはつゆ知らず、小学校高学年から中学一年にかけての、ちょうど大人へ向けて背伸びを始める頃、悪ガキに憧れる仲間うちで、悪ガキを気取って、「俺だって知ってるぞ」と口ずさんでみせて以来、いまだに忘れられぬ歌である。

「ポリ公」が警官の蔑称であることは知っていたが、「身からでた錆」の意味などわかろうはずもなく、「ねりかん」もてっきり練馬にある少年向けの監獄の略称だと思い込んでいた。後になって、「ねりかん」とは、練馬区にある東京少年鑑別所の俗称だと知るが、当時は少年院と鑑別所との区別もついておらず、「悪さ」をするとそこへ送られるというていどの理解だった（なお、鑑別所は、法律にふれる「悪さ」をして逮捕・拘留された少年が四週間ほど収容される施設。成人の未決の容疑者の拘置所のようなものである。その間、家庭裁判所の審判をうけ、釈放される者と少年院に送致される者とに分かれる）。

「おれのダチの兄貴はよう、ねりかん帰りなんだぜ」といって、彼らの武器はメリケンサックと自転車のチェーンとジャックナイフ、究極のワザは安全カミソリの刃を一枚は人差し指と中指、もう一枚は中指と薬指の間に挟んで、これで顔面をえぐると傷口が縫合できないので決定的なダメージを与えることができる、などと仲間の一人が見てきたような話をとくとくと語ると、それを聞いた別の仲間が他所で自慢げに吹聴する──そんなたわいのない〝悪ガキごっこ〟をしていたのだが、近所の空襲を受けたままの「お化け屋敷」で不良グループが件《くだん》の武器で決闘したというのも結局は「噂話」で、「モノホンの練鑑帰り」にはついに出会ったことはなかった。

「モノホンの練鑑帰り」からは、おまえらみたいな山の手のボンボンにうたわれてたまるかと言われそうだが、そこには、親や学校という箍《たが》からはみ出した彼らに対する「負い目」がないまじった「憧れ」があったからなのかもしれない。なぜか不思議なことに、私も同窓生の多くも、長じてなお「練鑑ブルース」を諳んじることができるのは、「やんちゃ」に憧れながらそれを回避してここまで生き永らえたことへのほろ苦い感懐のなせるワザなのかもしれない。

というわけで、古稀をすぎた今でも口ずさむことができる「練鑑ブルース」だが、もともと「詠み人知らず」で様々なバージョンがある。今回、改めて調べてみて私の記憶がかなりいい加減だとわかった。以下に、資料によって「正調」だと同定できた歌詞を四番まで掲げる。

♪人里離れた塀の中
　この世に地獄があろうとは
　夢にも知らない娑婆の人
　知らなきゃ俺らが教えよう
♪身から出ました錆ゆえに
　厭なポリ公にぱくられて
　手錠かけられ意見され
　着いた所は裁判所
♪鬼の検事に蛇の判事

付いた罪名は○○罪（「アオカン（強姦の隠語）」などそれぞれが自らの罪状を入れる）
廊下に聞こえる足音《げそ》は
地獄極楽分かれ道
♪青いバスに乗せられて
揺られ揺られて行く先は
その名も高き練馬区の
東京少年鑑別所

東京少年鑑別所（東京都練馬区）

■元歌は戦中の厭戦歌「可愛いスーちゃん」

資料にあたっているうちに、興味深いことが次々とわかってきた。

そもそも「練鑑ブルース」は、一九四九（昭和二四）年に施行された旧「少年院法・少年鑑別所法」によって全国に設置される少年院と少年鑑別所を揺籃《ようらん》として生まれ育った。

まずは、「練鑑ブルース」が孵化・誕生するまでの経緯だが、それを追跡していると、ちょうどその時期を体験したうってつけの人物の証言に行き当たった。窪田良『ねりかんブルースが聞こえる　過ぎし日の残影に』（文芸社、二〇〇六年）である。それによると、窪田は戦後の闇市でヒロポンの密売などで逮捕、昭和二五（一九五〇）年九月にできたばかりのネリカンに入所するが、白衣を着た心理学者や精神科医が「鑑別」に当たる体制がまだ整う以前で、敷地内では工事車両が走り回っていた。その後、松本の少年院へ送致されたとき、ネリカンからやってきた新入生が「練鑑ブルース」を披露、それを参考にこの少年院でも「替え歌」がつくられたという。

ちなみに次のような歌詞だった。

♪新入新入とこづかれて
　泣きの涙で早三つき
　遠い山なみ夕焼けて
　故郷ばかりが恋しいな
♪恋しいばかりですべもなく
　トンボ山鳩ホトトギス
　翼ある身がねたましい
　せめて飛びたい一度でも

窪田によれば、全国数十か所の少年鑑別所と少年院でも、同じように、それぞれ歌詞を変えてうたわれたのではないかという。

もうひとつ重要な証言は、「本歌」があったこと、つまり「旧軍隊で唄われていた『可愛いスーちゃん』の節で歌詞だけを変えた」ものだったことである。

「可愛いスーちゃん」とは、戦時下、末端の兵卒たちが軍隊生活のやるせなさを自虐的にうたったもので、こんな歌詞だった。

♪お国の為とは言いながら
　人の嫌がる軍隊に
　召されて行く身の哀れさよ
　可愛いスーちゃんと泣き別れ
（三連目を「志願で出てくる馬鹿もある」とするバージョンもある）
♪朝は早よから起こされて
　雑巾がけやら掃き掃除
　嫌な上等兵にゃいじめられ

泣く泣く送る日の長さ
♪乾パンかじる暇もなく
消灯ラッパは鳴りひびく
五尺の寝台わら布団
ここが我らの夢の床（以下略）

歌詞からも一目瞭然だが、聖戦遂行に向け国民精神を鼓舞するために量産された勇壮な「軍歌」とはまったく趣きを異にしている。メロディも哀愁を帯び、歌詞も欝々たる気分が横溢していてむしろ「厭戦歌」というべきだが、兵士たちの「ガス抜き」のために、戦時下にあっても許容され「禁歌」にはならなかった。

おそらく戦後、鑑別所にやむなく入所するはめになった非行少年たちは、戦中の「少国民」時代に、大人たちがこの「可愛いスーちゃん」をうたうのを聞き覚えていたはずであり、その内容が彼らの「檻の中の暮らし」とも相通じることから、「練鑑ブルース」の「元歌」にしたのではないか。

窪田もこう記している。

「哀調をおびた節でもあったから、非行不良少年とは言われていても、その少年達が己の胸中を歌詞に託し、涙を抑えて口ずさんでいたのが『練鑑ブルース』であった」

初年兵行進曲
可愛いスーチャン
村田旅鳩
自分は軍隊なぞ
大嫌いであります！
答えた相手は海軍少将！戦争中のみじめな初年兵生活を綴った悲喜劇の連続！漫画を書いた三笑亭笑三師匠も顔まけ、抱腹絶倒の体験記。
旺史社　定価 980円

村田旅鳩著『初年兵行進曲　可愛いスーチャン』（旺史社）

■少年院を舞台にした青春喜劇映画の主題歌に

こうして戦中の「厭戦歌」が戦後に甦り、様々な歌詞にアレンジされて全国各地の少年鑑別所と少年院に広まっていったわけだが、そのままであったら、元入所者と元入院者たちによって秘かにうたい継がれた

「幻の歌」でしかなかったろう。それが「檻の中」から巷へ流れ出すことができたのは、調べてみて驚いたことに、大人たちが数年にわたって繰り広げた壮絶な争闘のおかげであった。

それは、四者――出番の順からいうと、①非行防止の社会運動、②新聞社、③映画、④レコードという個性あふれる競演者による、「建前と本音」と「理想と現実」の相反が綾なす、以下のような虚々実々のドラマであった。

戦後の混乱で急増した少年たちの非行問題とようやく向き合う余裕ができた一九五四（昭和二九）年、大阪市婦人団体協議会が、非行予防のために「夜一二時に帰宅を促す運動」を提唱、寄付をつのって中之島の大阪市役所屋上にチャイムを鳴らす鐘を設置。これが話題を呼んで同様のチャイムの設置が全国各地に波及、いつしか「愛の鐘」運動と呼ばれるようになる。（なお、メロディには「夕焼け小焼け」「新世界」「七つの子」などが採用されたが、いまも地域によっては夕刻五時に帰宅のチャイムが鳴るのは、この「愛の鐘」運動が源流になっている）。

一九五八（昭和三三）年、運動の全国的広がりに着目した毎日新聞が、非行防止の啓発運動「愛の鐘」キャンペーンをスタートさせる。

翌一九五九（昭和三四）年六月二三日、この運動を題材に映画「愛の鐘」（製作・配給：東宝、監督：久松静児、出演：香川京子、音羽信子他）が制作され、この中で、「口から口へと歌い継がれる日陰の歌」と毎日新聞に紹介された「練鑑ブルース」がＢＧＭに使われる。「青少年を非行に走らせない」という「善意」と「正義」の運動によって光が当てられたわけだが、当初、それはうすぼんやりしたものだった。ところが、数か月で、その光が強烈なスポットライトに切り替わり、「日陰の歌」は突然、脚光を浴びる。

同じ一九五八年八月四日に封切られた「檻の中の野郎たち」（製作・配給：東宝、監督：川崎徹広）の主題歌に〝抜擢〟されて、〝娑婆〟の若者たちにも広く知られることになったのである。「檻の中の野郎たち」は、シリアスな社会ドラマである先の「愛の鐘」とはちがって、少年院を脱走した悪ガキたちが国際諜報機関の陰謀に巻き込まれるという荒唐無稽なコメディ。また、「練鑑」出身とおぼしき三人の主人公は、ミッキー・カーチス、山下敬二郎、守屋浩という当時若者に絶大な人気のロカビリー歌手、さらにその一人の守屋浩が主題歌を歌うとなれば、そのシナジー効果で話題を呼んで当然だった。

■レコード会社三社が「檻の中の歌」を「娑婆」へ

この人気にあやかって、レコード会社三社が「檻の中の歌」を〝娑婆〟へ売り出そうと名乗りを上げる。社会現象が「善意」と「正義」から生まれることはめったにない、ほとんどの場合その引金は興味本位のセンセーショナリズムによって引かれる、の典型的事例であった。

まずコロムビアだが、「オリの中の野郎たち」と、映画の主題歌のタイトルの漢字をカタカナに変えただけで踏襲、歌手も映画と同じく守屋浩を起用。

ビクターは、映画に似せたタイトル「野郎たちのブルース」で、歌は映画で脇役を演じた坂本九。

そして、三番手の東芝は、元歌の俗称のままの「ネリカン・ブルース」、歌は映画の主役の一人でロカビリー歌手の山下敬二郎であった。

三社ともメロディは本歌の「可愛いスーちゃん」をアレンジ、歌詞だけは三社三様だが、いずれも〝檻の中〟が舞台であることをほのめかしながら、「非行の容認」とはとられないよう配慮がなされている。以下にそれぞれの歌詞の一部を掲げるが、やはり「ネリカン・ブルース」をタイトルにした東芝版が、舞台がどこなのかも一目瞭然で、元歌からの「引用度」もきわめて高い。

▼コロムビア「オリの中の野郎たち」（作詞・関沢新一）

♪思い出したら泣けてくる
　そんなセンチな俺じゃない
　馬鹿な奴だというけれど
　こんな世間が馬鹿にした
♪空が四角に見えるのサ
　夢も四角に見えるのサ
　野暮で冷たいとこだけど

風も吹く吹く花も咲く
▼ビクター「野郎たちのブルース」
♪馬鹿な奴だと指さされ
白いまなこでみつめられ
負けたおいらが悪いのさ
これでいいんだ泣かないぜ
▼東芝「ネリカン・ブルース」
♪身から出ました錆ゆえに
浅草《エンコ》でついに捕らわれて
お巡りさんに意見され
着いたところが檻の中
♪新参者と馬鹿にされ
泣きの涙で拭き掃除
三度の飯もままならず
夜は切ない固い床

■青少年非行防止「愛の鐘」運動から標的に

さて、いよいよここから、「商魂」と「善意・社会正義」との間の大バトルが始まる。

レコード三社から競作発売されることに対して、さっそく「善意」と「社会正義」の側から反撃の火の手が上がった。

先鋒をつめたのは毎日新聞。「練鑑ブルース　レコード待った。少年に悪影響の声」の大見出しを掲げて世論にこう訴えた。

「『非行少年たちの〝隠れた歌〟が公然とレコード化され、それがラジオ、テレビで広く伝波されることになれば青少年不良化防止の（〝愛の鐘〟）運動の趣旨に反する悪影響が予想される』との声が本社に寄せられている」

そして、五段抜きの記事の末尾を、「赤毛のアン」の翻訳紹介者で知られる村岡花子の次のコメントで締めくくった。

「商売ならなんでも飛びつくレコード会社のやり方にはあきれ返るばかりです」

時期を同じくして、鑑別所と少年院を統括責任者である法務省も、毎日新聞の援護射撃を買ってでた。「現在鑑別所に収容されている少年の更生を妨げ、その父兄、関係者の心情を傷つけるものだ」などの理由を上げて、レコードの製作と販売の中止を要望したのである。

これをうけてレコード業界の倫理統制機関である「レコード製作基準管理委員会」で審査がはじまると、毎日新聞は、ここぞとばかり止《とど》めを刺しにかかる。七月一日の社説で「レコード会社に警告する」の見出しを掲げて、こう断じたのである。

「愚劣低級な歌の数々で、一般の娯楽に暗い影をつくりすぎていることを、反省してみてはどうだろう。我々は『練鑑ブルース』の発売をとりやめるようにすすめると同時に、商売のために、流行歌を邪道へそれさせているレコード会社に警告する」

■〝財界総理〟の意向で「撃ち方止め」⁉

ここまで「お上」と世論にタッグを組まれては、レコード業界も戦さにならない。真っ先に白旗を掲げたのは意外にも東芝だった。曲のタイトルも「ネリカン・ブルース」、歌詞も元歌に近く、野心満々だったのに、なぜ一番先に下りたのだろうか？

ここからはあくまでも私の推理であることをお断わりして記すと、東芝はレコード事業に名乗りを上げてわずか三、四年の新参者ではあったが、親会社は原発から家電までをつくる日本を代表する基幹企業、社会的存在感ではコロムビアやビクターはその足元にも及ばない。しかも東芝本体を率いる石坂泰三は経団連の会長に就任、当時「財界総理」と呼ばれて権勢を誇っていた。そんな石坂からすれば、子会社が大新聞から「愚劣低級」と呼ばれては財界のリーダーとして示しがつかないと判断、〝撃ち方止め！〟の「鶴の一声」を下してもおかしくはない。いや、「鶴の一声」が下る前に部下たちが忖度をしたのかもしれない。

いずれにせよ、東芝が早々と白旗を掲げたことで、ビクターも東芝にならって発売を断念。すでに発売中で売れ行き好調だったコロムビアも店頭からレコードの回収に踏み切った。もし東芝が抵抗をしていたら、こうはすんなり行かなかったのではないか。

これをうけて民間放送連盟（民放連）も「放送禁止歌」に指定、かくして「檻の中」で生まれた歌たちは、以来、ラジオとテレビから流れることはなくなった。

当時中学に入ったばかりの私は、われらが「練鑑ブルース」をめぐって歌謡界だけでなく財界までを巻き込んでこれほどの「歴史的バトル」があって「放送禁止歌」になったとは露ほども知らずに、悪ガキを気取って得意げに口ずさんでいたのである。

それにしても当時の大人たちは「檻の中」で生まれた「練鑑ブルース」が商売になると思ったにもかかわらず、なぜその封印に躍起になったのだろうか。

一二、三歳の少年ならともかく、「青少年の非行防止運動を阻害するから」は、表向きのタテマエで、その裏には「ホンネ」が隠されていたと見るのが「常識」であろう。齢《よわい》古稀を超えて身に着いた「歴史の常識」からすると、その「ホンネ」とはこんな「見立て」になるのではないか。

一言でいえば、その背景には、六〇年の安保・三池に収斂していく「運動の季節の到来」が間違いなくあったはずである。往時は、国会を十重二十重に取り囲む数十万のデモ、九州の産炭地で繰り広げられた国のエネルギー政策の転換をめぐる総労働と総資本の天王山決戦――戦後を画する二つの歴史的闘争が一つにつながる気配がかもしだされつつあった。

いっぽうで、鬱屈をつのらせる若者たちは、それをロカビリーの狂乱で発散させていたが、為政者にとってもっとも厄介なのは、若者たちの鬱屈したエネルギーが、安保・三池発の「世直し」の時代気分と結びつくことであったろう。

それを察知した「総資本」は、まずは政治闘争の安保と労働運動の三池を「中央政治」のテコ入れによって分断、「各個撃破」に奏功するが、問題は捉えどころのない若者たちの「鬱々として楽しまない気分」であった。ただし、それが「世直し」に反応するには、しかるべき導火線が必要である。大多数の普通の若者たちは「アンポ反対」や「合理化反対」の政治的・社会的惹句には反応しない。意外なところにその導火線の一つがあった。「練鑑ブルース」である。たまたま、映画の主題歌に抜擢されたところ思わぬヒット。音楽業界はここに商機ありとみて、「檻の中の歌」を「檻の外」へ解き放とうとした。もとより逞しき商魂によるものであったが、為政者はその裏に危険を察知したものと思われる。

■巧みに利用された善意の社会運動

「研修」一三六号、一九五九（昭和三四）年一〇月号の巻頭には、「ネリカンブルースの波紋」と題する一〇ページにもおよぶ論考が寄せられている。筆者は有坂愛彦。当時の肩書きは「音楽評論家、文化放送企画局長」。なお同号には、「刑事事件についての検察及び裁判の運用」「少年調査うら話」「執行事務規定解説」などの寄稿がならび、同誌が権力中枢に近いことが容易に推察される。有坂は「練鑑ブルース」の危うさをこう指摘する。

「『ネリカン』のふしは無気力ながら、一応は流行しそうな要素もある。殊に昨今のように、人の生命を何とも思わない一部の青少年などが、多かれ少なかれ虚無的な、無気力さと、安易さをもったふしを好むことはあり得る」

そして、有坂は業界に警鐘を鳴らして「路線転換」を促す。

「流行歌の好みも、年と共にいろいろ変化しているが、最近はむしろ明るく健全なものが大勢を占める傾向にあることは確かである。たとえば、『南国土佐をあとにして』の非常な流行ぶりをみても、レコード会社の企画は、もっとその視野を広くして、大衆の良識を見きわめるのが、本当の商魂というものではないだろうか」

有坂の「警鐘」どおり、「お上」が「檻の外」に出かけた歌を封印。そのとき利用されたのが善意の社会活動「愛の鐘」であった。毎日新聞のキャンペーンはそれにまんまと使われたことになる。

経団連会長を総帥にいただく東芝レコードが、当初は「檻の中の歌」の最大の理解者をよそおいながら、最後は真っ先にそれを封印する側にまわったのも、過去の社会運動対策でしばしば見られる常套的手法である。

かくして、安保反対の国会デモと、合理化反対の三池闘争と、「練鑑ブルース」とがむすびつくことはついになかった。

■国会審議で法相が「練鑑ブルース」を歌った

さて、「練鑑ブルース」封印の「ホンネ」の検証について、もう一つの疑問を解くことにしよう。

かくして「檻の中の歌」を元の檻へと再び閉じ込めることには成功した。しかし当時、少年だった私たち団塊世代のあいだでは、私も同級生の多くも、長じてなお「練鑑ブルース」を諳んじることができるのはなぜか？

さらにいうと、「練鑑ブルース」が少年時代の世代共通の「懐メロ」であるのは、私たちよりもせいぜい一〇歳下までで、それ以降は、そのようなことはないらしい。

以上の疑念を私に再確認させ、さらにそれを晴らしてくれた出来事があった。それは、つい数年前の、およそ「練鑑」とは対極にある、お堅い国会での質疑であった。

二〇一四年六月三日、「第一八六回参議院法務委員会」で、昭和二四年施行以来、抜本的な見直しがされてこなかった「少年院法・少年鑑別所法」の改正をめぐって議論がかわされていた。主たる論点は、本稿の主題に即すと、少年鑑別所について独立した法律を制定し、社会復帰支援のため少年鑑別所の機能を強化し、不服申立制度や医療の充実などの適切な処遇を改善することにあった。むしろ遅きに失した改正だった。

時の法務大臣は、民主党政権時代、野に下ったときの自民党総裁だった谷垣禎一。民主党を代表して質問にたったのは有田芳生。

「唐突ですが、大臣、練鑑ブルースってご存知ですか？」

と有田に問われて、谷垣は、

「覚えております。歌詞は――」と受けるなり、

「♪青いバスへと乗せられて揺られ揺られて行く先は、その名も高き練馬区の東京少年鑑別所」

と返すと、こう付け加えたのである。

「今でも歌えと言えば歌えるほど、頭の中に染み込んでおります」

国会の議事録に、放送禁止歌である「練鑑ブルース」の歌詞が記されたのは、これが初めてで、おそらく最後になるのではないだろうか。念のために質問者の有田に確認したところ、質問予告はしていたが、この部分について谷垣は官僚が事前に用意したメモを読まず、すらすらと諳んじてみせたという。

ちなみに、谷垣が暗誦した歌詞は「練鑑ブルース」の四番である。

一般には、一番の「♪人里離れた塀の中／この世に地獄があろうとは……」と二番の「♪身から出ました錆ゆえに／厭なポリ公にパクられて……」までが流布しているが、三番の「♪鬼の検事に蛇の判事／付いた罪名は〇〇罪」以降は、私たちの世代でも、よどみなくうたえる人はほとんどいない。

谷垣が四番をメモも見ずに諳んじてみせたのには、正直いって驚かされた。谷垣は私より学年で二年先輩、麻布中学・高校から東大法学部へと進み弁護士をへて父親の跡をついで代議士に、そして自民党総裁にまでなった「絵に画いたようなエリート」で、「ネリカン」から最も遠い人間だからだ。

しかし、逆に、これによって、私が少年時代から抱いている思い、若い世代には理解が及ばないのかもしれないが、谷垣のような優等生と非行少年たちとが愛唱歌を共有することが成立した時代がかつてあったことが証明されたような気がして、妙にうれしかった。

そういえば、算数で一番をとるよりも、「練鑑ブルース」を知っているほうが男子たちの間では評価が高かった。おそらく谷垣にも同様の体験があって、四番をすらすら暗誦できたのかもしれない。

当時の大人たちが「練鑑ブルース」を世間から隔離しようと躍起になったのは、それが谷垣のような優等生にまで感染してしまうことを恐れたからではなかったか。

■全共闘運動の中で復活、逆襲へ

ならば、「練鑑ブルース」は、歴史的、社会的に死んだのか？

そんなことはない。

わが「練鑑ブルース」は、一九六〇年の安保・三池闘争を前にして封じ込められたものの、私たちの記憶までを封印することはできなかった。私たちの〝三つ子の魂〟が復活と逆襲の揺籃になったのである。

〝娑婆〟に出るチャンスをつぶされてから約一〇年、再び「政治と運動の季節」がやってくる。街頭でベトナム反戦の激しいデモが繰り広げられ、キャンパスでは全共闘のバリケードが築かれ、その敗北と挫折のなかで「練鑑ブルース」は復活をとげる。

たとえば、私大の学生運動の拠点であった中央大学の一部活動家のあいだでこんな替え歌がうたわれるようになる。

♪身から出ました錆ゆえに
　中央は法科に落ちぶれて
　よせばいいのにデモ暮らし
　落ち行く先は全中闘
♪よせば良かったあの時に
　もしも左翼でなかったら
　いまじゃ弁護士裁判官
　可愛いリーべもいただろに

また、日大全共闘議長として勇名をはせた秋田明大は、闘いに敗れて〝追われる身〟となるなかで、「朝日ジャーナル」一九七一年八月六日号「現代歌情」（六）に「練鑑ブルース　四角い夢しか持てない男の叫び」と題する長文のエッセイを寄せている。その一部を以下に抜粋して掲げる。

「私は、最近までこの歌を知らなかった。知人にボソボソ歌ってもらった時には、何も感じなかったが、歌詞を読んで、これは歌ではないと思った。私にとって、あまりにも現実すぎるのである。（略）
冗談じゃないですよね。反社会的行為なんていうんでやんしたら、楽しくやっているものに、迫害するのが、よっぽどか、反社会的でやんしょう。あっしは現在保釈中という名前の身で判決はまだですが、罪を認めろといわれたら、あっしは、その日から、お天道様の下を、逆立ちして生きていかねばなりやせん。そんなことできっこないでやんしょう。（略）
知人がボソボソ歌ってくれた『ねりかんブルース』の一節は、私にとってフィクションではないのである。
空が四角に見えるのさ
夢も四角に見えるのさ」

なお、最後の引用の二連は、さまざまに伝承・流布されている「練鑑ブルース」の歌詞のなかでも秀逸とされるものである。四方が壁の檻の中では窓から覗く空は四角い。夢もまた四角い空と同じく制約されるという含意《がんい》だ。秋田明大がこの「檻の中の歌」を日大闘争が終るまで知らなかった一方で、前自民党総裁の谷垣禎一が子供のころから知っていたというのは、おそらく瀬戸内海の島で育った秋田の出自にもよるのだろう。不良が常に隣にいて、彼らがうたう「練鑑ブルース」が普通の少年たちにもどこかかっこよく思えた都会とは、片田舎出の秋田の日常は遠くかけ離れていたと思われる。

しかし、秋田は東京に進学し激越な大学闘争をぐる中で、遅ればせながら「練鑑ブルース」と出会い、ある種の既視感を抱いたことを吐露している。このことからも、出自が僻地か都会かの違いを超えて、「練鑑ブルース」が、秋田にも私にも同世代の共感歌であることは間違いない。

興味深いのは、先の中央大学の活動家の替え歌にせよ、秋田の私小説的エッセイにせよ、そこからうかがえるのは、「練鑑ブルース」とは闘いにやぶれた後の自虐と悔恨の歌であることだ。勇壮な「インターナショナル」や「ワルシャワ労働歌」にはその役は担えない。

思えば、秋田がこのエッセイを書いた翌年、あさま山荘事件がおき、リンチと内ゲバが激化していく。「練鑑ブルース」の「♪身から出ました錆ゆえに……」は、なんとも予兆的であった。

■故唐牛健太郎も酔うと口ずさんだ

最後に、五歳年下の友人の金廣志の「練鑑ブルース」にまつわる証言を紹介する。

金は在日コリアンが多く住む大阪の出で、小学校高学年から中三にかけて、上野・根津界隈で育ち、近所の不良たちから「練鑑ブルース」をうろ覚えながら聞き覚えたという。

進学した高校で勃発した全共闘運動に参加、一九七〇（昭和四五）年秋、逮捕され、一九歳で「練監送り」になった。家裁での審理後、青い車に乗せられ夕方に「練監」に到着。全身裸にされ性病検査の後、独房に入れられた。この時の所員から、「ここは（一九六〇年に浅沼稲次郎社会党委員長を暗殺した）山口二矢が入っていた房だ」と言われた。房の壁には夥しい落書きがあり、落書きのほとんどが、女のことと政治スローガンだった。

雑居房に移ってからは、食事の間はすることがなく、皆はボロボロになった少年漫画雑誌を読みふけっていたが、金は棚にあった「山本周五郎全集」を読破、ついたあだ名が「インテリさん」。

ある日、房内のラジオから、「臨時ニュースを申し上げます」の放送が流れ、「本日防衛庁に……」のところで突然音声が切られた。てっきり仲間が決起したものと思い、「出遅れた」と悔やんだが、出所後に三島由紀夫の自決と知って複雑な思いにかられた。

同房のヤクザが小さな声で「練鑑ブルース」をうたうのを聞かされ、うろ覚えだった歌詞を矯正した。

以後、「練鑑ブルース」は金の脳裏の中で眠り続けていたが、ある日、久しぶりに諳んじることになった。

たまたま六〇年安保の全学連委員長であった故唐牛健太郎の妻と知己を得た。唐牛との思い出話に花が咲いたとき、彼女から、

「健太郎さんは酔うといつも『練監ブルース』を口ずさむのよね」

と歌を所望された。

金が歌い始めたところ、「そうじゃなく、仁義口上が聞きたいの！」

「仁義口上」とは、本来は「やくざ同士の初対面の挨拶」のことだが、ここでは歌い出しのアナウンスである。

求められるままに金は即興で「仁義口上」を切ったが、不思議なことに、よどみなく口をついて出た。

　生まれ猪飼野
育ちは上野
ガキの頃からヤサグレて
マッポの世話には二度三度
八つの頃には安保安保の声を聴き
ガキの遊びは全学連ごっこ
噂に聞くは島・唐牛・全学連
おいらもいつかはあの人のように
なってみたいと憧れて
ゲバ棒片手に西東

命かけるなら赤軍派と
愚かな考えとは知りながら
全世界を獲得するためにと声を挙げ
辿り着いたは鑑別所

そして、「可愛いスーちゃん」の節回しで、ネリカン仕込みをおもむろに歌い出した。

♪人里離れた塀の中／この世に地獄があろうとは……

どうやら「練鑑ブルース」には、とんでもない記憶喚起力があるらしい、一〇年うたっていなくてもすらすらと口をついてでる。切ったこともない「仁義口上」も即興で出てくる。

そもそも「練鑑ブルース」は六〇年安保・三池の前年に一度は〝娑婆〟に出ながら「檻の中」へ封じ込められたが、それから一〇年たって全共闘運動に火がつくや、また〝娑婆〟へ出た。

この歌はただものではない。

六〇年安保のレジェンドの唐牛健太郎にも、六八年の学生反乱のシンボルの秋田明大にも乗り移った。

いまも「檻の中」で次に誰に乗り移ろうかと虎視眈々と狙っているのかもしれない。

もちろん、二度あることは三度あるためには、唐牛健太郎や秋田明大に匹敵するシンボルと、それを生み出す時代状況が訪れなければならないが。

♪第一三話
反戦フォークは自衛官の卵たちの愛唱歌だった⁉
「戦争を知らない子供たち」歌・ジローズ（一九七〇年）
「坊や大きくならないで」歌・マイケルズ（一九六九年）

■七〇年大阪万博の統一テーマ曲に

「戦争を知らない子供たち」を「異議申し立ての章」の最後に挙げることには、正直いって大いなる躊躇《とまど》いがある。かつてベトナム反戦運動を担った元怒れる若者たちから（かくいう私もその一人だが）、この歌を「反戦フォーク」とすることに異議申し立てが起きそうだからである。それでも取り上げるのは、この歌について半世紀以上も抱いてきたステレオタイプなイメージが覆されるエピソードに、数年前に出会ったからだ。これから記すのは、いってみれば「戦争を知らない子供たち」の名誉回復の物語である。

たしかにこの歌は、少なくとも私と私の周辺では、すこぶる評判が悪い。それは氏素性がよろしくないからだろう。

「戦争を知らない子供たち」は、一九七〇（昭和四五）年、万博が開催された大阪府吹田市千里の地からは、「こんにちは」を連呼する〝究極の笛吹歌〟である「万博音頭」（正式には「世界の国からこんにちは」）と共に誕生。万博を盛り上げるべく、開催期間中の動員がもっとも期待される夏休みに企画された「全日本アマチュアフォーク・フェスティバル」で、三〇〇〇人もの聴衆を前に統一テーマ曲として披露された一曲だった。

♪戦争が終わって　僕らは生まれた
♪戦争を知らずに　僕らは育った

ジローズ「戦争を知らない子どもたち」（エキスプレス / 東芝）

♪僕らの名前を　覚えてほしい
♪戦争を知らない　子供たちさ

〝万博の笛吹歌〟の「こんにちは」ほどではないにしても、こちらも「戦争」が連呼されるところでは同工異曲のジングル・ソング、内容も万博のコンセプトである「人類の進歩と調和」にマッチしている。

作詞を依頼されたのは北山修。その五年前に加藤和彦らとフォーク・クルセダーズを結成、「帰ってきたよっぱらい」の大ヒットで、関西フォークの源流を創った一人である。

しかし、この歌が世に出るのにはいささかの軋轢と曲折があった。

当初、生涯の友人でもあった加藤和彦に詞を見せて作曲を依頼、二つ返事で受けてもらえるものと思っていたところが、拒絶されたのである。外見も態度も柔和な紳士然とした加藤だが、後の「自死」が物語るように非妥協的な完璧主義者であり、おそらく大阪万博のもつ〝危うさ〟に協力することに強い違和感を覚えたからではないだろうか。（加藤和彦の完璧主義については、「正編」の第一三話（「イムジン河」参照）

　北山に救いの手を差し伸べ作曲を引き受けてくれたのは、同じ京都の大学生フォーク仲間だった杉田二郎（北山は京都府立大、杉田は立命館大）。加藤と違って北山の詞に素直に共感、出来上がったのは、どこか「こんにちは」を連呼する〝万博の笛吹歌〟にも似た軽快なメロディ。それまでの反体制的なフォークとは一線を画した、ひたすら明るいたたずまいで、それは万博にうかれる国民の気分とも符合していた。

　おそらくそれが受けたからなのだろう、「戦争を知らない子供たち」は、国家の威信をかけたイベントが半年間に六四二一万八七七〇人余を動員して大成功のうちに終了した二か月後、「全日本アマチュア・フォーク・シンガーズ」名義でシングルカットされ、翌年二月、作曲者の杉田二郎が森下次郎とユニットを組んだ「ジローズ」の歌でリリースされるや、累計売上三〇万枚を超えるヒット曲となった。「ジローズ」はその年の第一三回日本レコード大賞新人賞、北山修も作詞賞を受賞。さらに翌七二年公開の映画「地球攻撃命令ゴジラ対ガイガン」（福田純監督、一九七二年）の挿入歌にもなって、さらなる話題づくりと売上増進に一役買った。

もし加藤和彦が作曲を引き受けていたら、岡本太郎が太陽の塔の裏側に仕掛けたような〝ハンパク（反博）・ソング〟になっていたかもしれず、そうだとしたら、おそらく戦後歌謡史に残る「問題作」となかったのではないか。

■反戦活動家には不評の〝半戦歌〟

北山修は、「戦争を知らない子供たち」がお披露目された前述の万博のイベントで、司会をつとめ、歌に託した想いを聴衆にこう語った。

「ぼくらが戦争を知らない子供たちというだけでなく、ぼくらの子供たち、さらにその子供の子供たちが戦争を知らない子供たちであってほしい」

それは北山の偽らざる心情と願いであったろうが、「当時の世界の現実」からすると、〝平和ボケの戯言〟でしかなかった。一九六五（昭和四〇）年の米軍の北爆による軍事介入でベトナム戦争は泥沼化、日本の基地はその後方兵站支援を担い、横田や立川の基地にはベトナムから運ばれた米兵の死体が日本人アルバイトによって〝清浄処理〟されて本国へ移送され、その現実にすくんだ米兵たちの脱走が相次いだ。

いっぽう前々年の日大、前年の東大安田講堂攻防戦で発火した若者の反乱が燎原の炎のごとく燃えさかり、多くの大学でバリケードが築かれた。そんな〝怒れる若者たち〟にとって、「戦争を知らない子供たち」は、目の前の「戦争」から目をそむけた軟弱な〝半体制の半戦フォーク〟でしかなかった。

それよりも彼らの心をつかんだのは、二年前の一九六八（昭和四三）年に、

♪男の中の男はみんな　自衛隊に入って　花と散る

と高田渡《わたる》がうたった「自衛隊に入ろう」（原曲はアメリカの反体制フォークの草分け、ピート・シーガーであり、前年の六九（昭和四四）年にパリで焼身自殺をしてベトナム戦争に抗議した少女に題材をとって、

♪三月三十日の日曜日　パリの朝に燃えたいのちとひとつ
と新谷のりこがうたった「フランシーヌの場合」（作詞・いまいずみあきら、作曲・郷伍郎）であった。

そんな甘っちょろい歌が歌えるかと苦々しく思っていた当時の怒れる若者たちは、ＰＡＮＴＡ（頭脳警察）が、羽田闘争や三里塚の成田空港反対闘争を題材に「戦争を知らない子供たち」をいじってみせた替え歌「戦争しか知らない子供たち」に、快哉を叫んだのだった。こんな歌詞である。（「頭脳警察一」一九七二年収録）

♪戦争の時代に僕らは生まれた
　第一羽田、第二羽田
　一〇・二一　三里塚
　そして今でも戦い続ける
　僕らの名前を聞かせてあげよう
　戦争しか知らない子供達さ
♪平和にあこがれ　僕等は育った
　ゲバ棒　竹やり　ヘルメット
　パイプ爆弾　ダイナマイト
　今日も明日も　闘い続ける
　僕等の名前を　覚えてほしい
　戦争しか知らない子供達さ

そんなわけだから、往時、ベトナム反戦運動に青春を賭けた怒れる若者たちにとって、「戦争を知らない子供たち」は、うっかりカラオケで歌おうものなら「おまえ、〝ブル転〟（ブルジョア体制側に転向）したのか！」と揶揄されること間違いなしの〝半戦歌〟だったのである。

ところが、あれから半世紀がたった今、「戦争を知らない子供たち」は、なぜか戦後歌謡史に残る「反戦フォーク」の白眉と位置付けられている。おそらく往時の当事者たちはそんな「定説」を受け入れることなどできないだろう。

かくいう私も、同年代の〝元怒れる若者〟として、想いは同じだったのだが、ある人と出会ってあっさり〝ブル転〟を余儀なくされたのだった。

■「自衛隊は反戦歌を歌ってもよし」

その人物とは、二〇一五年「安保法制」をめぐって反対運動が盛り上がるなか、自衛官上がりの数少ない闘いのシンボルとなった泥憲和《どろのりかず》である。

泥は中学を卒業すると、中堅幹部養成のための「陸上自衛隊少年工科学校」（現・陸上自衛隊高等工科学校）へ、時に競争率二〇倍を超える狭き門を見事に突破して入学。卒業後は、「三等陸曹」に昇任、青森ホーク地対空ミサイル部隊に配属された。

「陸上自衛隊少年工科学校」（現・陸上自衛隊高等工科学校）

　私は同じく自衛隊レンジャー部隊出身の反戦活動家、井筒高雄をインタビュアーに、小林節慶大教授をはじめ各界の「反安保法制論者」との対談本（『安保法制の落とし穴』ビジネス社、二〇一五年）をプロデュース、そのなかの一人が泥で、そのとき彼から聞かされた「少年工科学校」時代のエピソードに強い衝撃をうけたのだった。

　泥が横須賀の自衛隊武山駐屯地内にある少年工科学校へ入学したのは、「戦争を知らない子供たち」が生まれる前年の一九六九（昭和四四）年。当時はベトナム戦争の只中にあり、米艦船が寄港するたびにデモや集会があって外出禁止になった。それだけでなく、もしかしたらデモ隊が米軍基地だけでなくこっちにまでくるかもしれないというので木銃を持って駐屯地で訓練と称して鉄柵のこちら側で警備をしたこともあった。

　当時相当数の国民の間には、自衛隊は国粋主義者の武闘集団ではないかという嫌悪、忌避感があった。泥少年にはそれがなんとも切なかった。

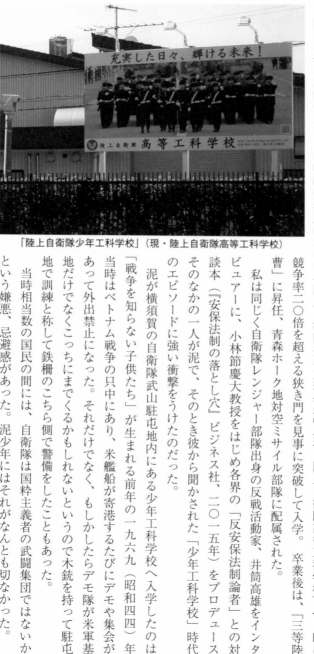

学校長は陸軍士官学校出の旧軍経験者だったが、旧軍的な教育を受けたことはなかった。むしろ逆だった。入校すると、二期上が「指導生徒」に付く。その指導生徒が学校の説明をしてくれた時に、一人の同級生が質問した。

「反戦歌を歌っちゃあいけませんか」

「反戦歌ってなんだ？」と生徒指導が訊き返すと、

「『坊や大きくならないで』とか『戦争を知らない子供たち』とか僕好きなんですけども、自衛隊ではそういうのを歌っちゃあいけないんでしょうか」

すると驚いたことに、指導生徒はこう答えて〝お墨付き〟を与えたという。

「いいんじゃないか、べつに反戦歌。だってよお、自衛隊は戦争はしたくないぞ」

■ベトナム生まれの反戦歌も愛唱歌

意外だったのは、自衛官の卵の愛唱歌が「戦争を知らない子供たち」だけでなく、ベトナム生まれの反戦歌「坊や大きくならないで」とセットになっていたことである。

陽気で軽快な「戦争を知らない子供たち」とは対照的で、メロディも歌詞も、切々として哀感せまるものがある。

♪坊や静かにおやすみ……来る日も　来る日も　いくさが続く　坊や大きくならないで……

♪お前が大きくなると　いくさに行くの……きっと　血にそまるだろう　坊や大きくならないで……

「戦争を知らない子供たち」だけなら、当時巷間ではやっていたので、中学を出たばかりの自衛官の卵が意味を深く理解せずに歌うことはあっても、ベトナム生まれの反戦歌を一緒に口ずさんでいたことに、正直いって驚かされた。

「坊や大きくならないで」は、数奇な運命に翻弄されながら日本へとやってきた。

竹村淳『反戦歌』（アルファベータブックス、二〇一八年）によると、作詞・作曲はベトナム中部の都市バンメトート生まれのチン・コン・ソン（一九三九〜二〇〇一年）。一九五八年、チンがサイゴン（現ホー・チ・ミン市）のジャン・ジャック・ルソー大学で西洋哲学科に在籍中につくられた。当時チンが暮らしていた南ベトナムはアメリカの支援をうけ、ホー・チ・ミンを指導者にいただく北ベトナムと厳しく対峙。そのため、チンのこの歌は、南ベトナム政府からは「厭戦歌」として検閲の対象となるが、それゆえにアメリカの北爆によってベトナム戦争が泥沼化するなかで、当地では心ある人々の「反戦」「厭戦」の歌として密かにうたわれるようになった。

それが日本にもたらされた経緯も数奇というほかない。一九六八（昭和四三）年、本格化するベトナム戦争の現地取材に入っていたＭＢＳ（毎日放送）の記者が、サイゴンの反戦集会で歌われていたこの歌に共感をおぼえて持ち帰り、若者に人気だったＭＢＳの深夜ラジオ番組「ＭＢＳヤングタウン」で紹介したところ評判を呼び、翌一九六九年一月に男性三人組のユニット「マイケルズ」によってリリース、私もその一人だったが、ベトナム反戦運動に共鳴する〝怒れる若者たち〟の愛唱歌となったのだった。その後、加藤登紀子、意外なところでは天童よしみらによってカバーされ、いまもうたいつがれている。

二〇〇一年この歌を産み落としたチン・コン・ソンが死去、葬儀がホー・チ・ミン市で行なわれたが、そこには数十万の人が集い、さながら追悼コンサートの様相を呈したという。「坊や大きくならないで」は、誕生の地でも、ベトナム戦争終了後も愛唱されているようだ。

「坊や大きくならないで」と「戦争を知らない子供たち」は、いってみれば「陰」と「陽」の両極にある。それを二つながら愛唱できたということは、ベトナム戦争を深層まで理解しているということであり、それが私の年下の自衛官の卵たちだったとは、驚くと同時にわが不明と浅薄を恥じ入るしかない。

前述したように、当時の私たちは、「戦争を知らない子どもたち」を「半体制の半戦歌」だと指弾して敬遠。「坊や大きくならないで」だけを愛唱して、それでよしとしていたからだ。

ところで、先に紹介したように、泥が私に語ってくれた話では、「反戦歌をうたっちゃあいけませんか」と先輩の生徒指導に問いかけたのは同級生だということだったが、実は言い出しっぺは泥本人ではなかったか。だから泥は生涯反戦を貫いて戦うことができたのではないかと思えてならない。しかし、それを本人に確認することはかなわなかった。

安保法制反対の先頭にたって闘いつづけ、残念ながら安倍政権がそれを成立させた二年後の二〇一七年、六四歳で旅立ったからだ。亡くなったのは五月三日、くしくも六九年前に日本国平和憲法が施行された日だった。

■〝半戦歌〟から〝反戦歌〟へ

それからしばらくして私は、泥をしのぶために、泥が半世紀も前に入学した横須賀の元「少年工科学校」を訪れた。横須賀市街からバスで三〇分、衣笠城址を越えた先の広大な武山駐屯地の右翼にある同校入口で黙禱を捧げおえると、泥がこうも言っていたことが思いだされた。

「当時ベトナム戦争の最中なんで、革新連合政権ができるかできないかみたいな議論がこっちにも伝わってくる。また、子どもだけれどもそれなりに気になったし、少年工科学校でもし革新政党が政権をとったら俺たちはどうすべきかが話題になった。真っ二つに意見が分かれてね。社会党や共産党の政府を守る気はない、俺は自衛隊を退職するという奴と、違うぞと、自衛隊というのは自民党を守るための部隊じゃない、国を守るための組織なんだから、どの政党が国を指導しようが日本というのはかわりないから、俺はその国を守るために戦うというのとに分かれましたね。後者の方が若干少数派だったけれどもね」

横須賀米軍基地ゲート

あのころ横須賀の自衛隊基地のフェンスの向こう側では自衛官の卵たちが「戦争を知らない子供たち」をうたいながら、そんな政治の根幹にかかわる議論をしていたとはつゆ知らず、〝怒れる若者たち〟は横須賀にデモをかけ、ベトナム戦争反対のシュプレヒコールを上げ、機動隊と激突を繰り返した。そして、あれからずっとあの歌を軟弱な〝半戦歌〟だと退けてきた。

なんたる想像力の欠如。

もし、あの〝半戦歌〟を媒介に自衛隊横須賀竹山駐屯地のフェンスをこえたつながりが生まれていたら、五〇年後の「今」はもっと違った「今」になっていたはずである。そしてあのときの〝半戦歌〟は〝反戦歌〟へと大きく育っていたかもしれない。

■〝戦争を知らない子供たち〟は消えゆく老兵か

帰りがけに横須賀市内に戻り、ドブ板を冷やかして、眺望絶佳の海を独り占めにする広大な米海軍基地のゲート前に立ち寄った。

私がここへ「抗議」に押しかけたのは、一九六六（昭和四一）年、原子力潜水艦スヌークが初めて寄港したときだった。思えば、その後日本で大きく盛り上がりをみせるベトナム反戦運動の原点はここにあった。一九六七（昭和四二）年の羽田闘争、一九六八（昭和四三）年の原子力空母エンタープライズの佐世保寄港反対闘争もここから始まり、そのどちらにも私は〝参戦〟した。

駅頭でカンパを呼びかければ「浄財」が次々とヘルメットへ投げ込まれ、後のように「暴力学生」として自警団か叩きだされることもなかった。雨がはげしく降りしきるなか、このゲートをめざしたデモの隊列からもうもうと立ち上がった湯気。ああ、人間とはこんなにも熱を発するんだと感動したことが思いだされた。

ここ横須賀ではそれから幾度となくデモと抗議集会が繰り返された。一九七三（昭和四八）年一〇月、泥憲和少年が工科学校の最終学年の年、空母ミッドウェーの横須賀母港化が既定事実化され、米国の原子力艦船の寄港はすでに千回を超える。

〝戦争を知らない子供たち〟は今や後期高齢者になる。このまま老兵として消えゆくのみ、なのだろうか。

「戦争を知らない子供たち」はエンディングでこううたいあげる。

♪僕らの名前を　覚えてほしい
♪戦争を知らない　子供たちさ

かつて〝僕ら〟の中に、泥憲和という少年工科学校出身の自衛官がいて、♪平和の歌をうたいながら、平和のために戦って斃れた。その泥憲和の名前が忘れさられるとき、日本は戦前の昭和に戻ってしまうのかもしれない。

Ⅳ　宴の終焉の章

一九二六年一二月二五日にはじまった昭和は一九八九年一月七日に終わった。足掛け六四年の生涯だった。その最後はバブルと呼ばれる狂宴の絶頂にあった。人々はそれがいつまでも続くものと浮かれるなか、街場のはやり歌たちはとっくに「宴の終わり」を予言していた。私たちは歌たちの予言にしかと耳を傾け、二〇二六年の「昭和百年」にむけて、昭和が平成・令和に残した「宴の負債」に向き合わなければならない。

♪第一四話
ドリフのパワーの源泉は民衆の猥雑な情念にあり
「北海盆唄」北海道民謡（作詞・不詳／編曲・今井篁山、一九四〇年）

■『八時だョ！全員集合』の導入歌に

戦後の昭和とは、「坂の上の宴」へ向かって、人々がこぞって登り続けた四十余年であった。しかし、坂の頂で待ち受けているのは、「宴の終わり」のむなしさであることをとっくに予知していた「街場のはやり歌」たちがあった。「北海盆唄」である。

二〇一九年にはじまったコロナ禍で日本全国のほとんどの盆踊りは中止を余儀なくされたが、世紀の厄災が終息をみせた二〇二三年からは再開が相次いでいる。古来、盆踊りとは、厄災を払って豊年を願うための集団的治癒祈念の習俗なのだから、それは当然の成り行きで、むしろ遅きに失したというべきなのかもしれない。

本来はその地域で生まれ育った盆唄で踊るものだったが、それは戦後の昭和の高度経済成長のなかで地域共同体の解体と軌をいつにして次々と失われ、いつしか多くの地域では盆踊りのBGMの定番は、全国的に知られる♪月が出た出た〜の「炭坑節」と♪踊りおどるなら〜の「東京音頭」に取って替わられていった。そして、高度成長にかげりがみえ日本経済が巡航速度に入ったあたりから、これにもうひとつ〝他所からの借り物〟が加わって三番目の定番となったのが「北海盆唄」だった。

その契機は、「その替え歌がザ・ドリフターズの『八時だョ！全員集合』（ＴＢＳ）で、オープニングソングになったから」が定説とされている。

『八時だョ!全員集合』といっても、これを実体験として記憶にビルトインされている日本人はすでに五〇歳を超えているかもしれない。この歴史的エンタテイメント事件もいまや国民的集団記憶とはいいがたいので、未知の読者のために概要を簡単に説明しておくと、『八時だョ!全員集合』は、毎週土曜の夜八時から一時間、ザ・ドリフターズによるコントと歌に豪華ゲスト陣がからむ完全公開のバラエティ生番組であった。一九六九（昭和四四）年にスタートして終了する一九八五（昭和六〇）年までの一六年間で八〇三回を数えた。

一六年間の視聴率は平均二七パーセント、最大時は五〇パーセントを超えたお化け番組の導入歌となれば、北海道ローカルの民謡が全国区の盆唄に大抜擢されて当然だろう——私も当初はそう思っていた。

そして、その理由は、それが国民的エンタメ番組の〝毒消し〟の役を果たしたからではないか程度とみていた。しかし、実は主客は逆で、「北海盆唄」が『八時だョ!全員集合』に乗り移って「昭和の宴の終わり」を予告していたことに気づかされた。というのも、『八時だョ!全員集合』の最終回は、昭和がバブルという狂宴にのぼりつめて破滅する五、六年前にあたっていたからである。

「北海盆唄」の替え歌が『八時だョ！全員集合』の導入歌に（ポニーキャニオン）

■〝俗悪番組〟の毒消し役に

そもそも『八時だョ!全員集合』は、日本PTA全国協議会から「青少年に悪影響を及ぼす俗悪番組」として、チャンネルの切り替えや不買運動の脅しをくらいつづけた。

その〝社会健全化圧力〟をうけながら、毎回、番組は、リーダーのいかりや長介の指揮のもと、はっぴ姿のドリフのメンバー五人による、

♪エンヤー　コーラヤット　ドッコイジャンジャンコーラ
ヤ　ハァー　ドリフ見たさに　チャンネル　コリャ　まわしたら　今日もなァー　今日も逢えたよ　コーリャ　ソ

レサナー　五人の色男～

の、健全きわまりないオープニングソングで開演。そして、ドリフターズによるコントと歌に豪華ゲスト陣がからんで、最後は、これまた健全きわまりない「いい湯だな」の替え歌である「ビーバノンノン」が流れるなか、ドリフのメンバー五人の「風邪ひくなよ」「宿題やってるか」などの視聴者への問い掛けでおわる。

これによって、教育団体から目の敵にされた「ちょっとだけよ。あんたも好きねえ」（加藤茶）、「カラスの勝手でしょ」（志村けん）などの〝俗悪ギャグ〟は浄化されてチャラに。かくしてチャンネル切り替えの脅しのクレームは国民から支持されている「勲章」に転換され、視聴率はびくともしなかった。

なんとも見事な〝毒消し〟の演出。おかげで、八〇三回もの奇跡の長寿をまっとうし、いつしか元歌である「北海盆唄」は、北海道以外のお盆で、「炭坑節」と「東京音頭」につづく第三の定番BGMとなり、その出だしの、

♪北海名物　数々あれどヨ　おらが国さの　アレサヨー盆踊りヨ
は、多くの国民にすり込まれていった。

と、久しくそう思っていたのだが、ところが、よくよく考察してみると、両者の因果はそんな単純かつ単線的な関係ではなさそうなのだ。

「北海盆唄」はドリフターズの国民的エンタテイメントの〝毒消し〟を果たした対価として北海道ローカルから全国区の地位を手に入れた一面は否定できないが、それよりも重要なのは、「北海盆唄」を生み育てた民衆のエネルギーと『八時だョ！全員集合』のそれとが通底していることにある。両者の出自と歴史背景には興味深い共通点があって――どちらにも、日本社会を深奥で成り立たせている民衆の猥雑なる情念が内包されているようなのだ。

「北海盆唄」の替え歌が『八時だョ！全員集合』の導入歌になったのは偶然ではない。エンタメの神様は、元歌の「北海盆唄」を生み育てた猥雑な民衆の情念を『八時だョ！全員集合』に乗り移らせようとしたのではないか。それは戦後の昭和がバブルへと向かうスタートラインにあたっていた。そもそも人々を虜にし時代と共振するエンタテイメントの源泉とはなにか。それは民衆の猥雑な情念にあることを、エンタメの神様は、身をもって示そうとしたのかもしれない。

■元歌の俗称は女性器の卑称に由来

『八時だョ!全員集合』の導入歌に抜擢されたことで、「北海盆唄」は、「炭坑節」と「東京音頭」とならぶ盆踊りの定番BGMにはなったが、それ以前からも、歌詞が微妙に違うバージョンが多くの歌手によって歌われ、民謡ファンを中心にそれなりに知られてはいた。戦後東京の生まれ育ちである私にも聞き覚えがある。『八時だョ!全員集合』の導入歌にされたのは、国民の間にある程度認知されているのを前提にしたものと思われる。そのなかでも、最も売れ、現在も盆踊りで数多く流されているのは、一九五九（昭和三四）年にリリースされた三橋美智也の「北海盆唄」（作詞・高橋掬太郎）で、歌詞は以下のとおりである。

♪北海名物　数々あれどヨ　おらが国さの　盆踊りヨ
♪沖でドンドは　波音瀬音ヨ　陸でドンドは　樽囃子ヨ
♪姉コよい娘だ　踊りも上手ヨ　婿に行こうか　嫁にしょかヨ
♪浜は大漁で　砂利まで光るヨ　姉コ年頃　肌光るヨ

他の歌手のバージョンも同工異曲で、北の大地の自然と人の営みをうたいこんだ、いたって〝健全な〟ものばかりである。

ところが、実は、これらは「社会健全化圧力」によってマイルドにされた「表の歌詞」であって、少なくとも昭和四〇年代までは、「裏の歌詞」が歌いつがれていて、そのほとんどは卑猥きわまりないものだったのである。

私がそれを知ったのは、『八時だョ!全員集合』が終了してエンタメのレジェンドとなって何と三〇年をへた、つい一〇年ほど前のことだった。

友人の紹介で北海道民謡界の重鎮・吉田源鵬《げんぽう》（本名は昭穂）氏の『いいたかふんじゃん‼（言いたか放題）〝北海盆唄考〟』（一九九三年、源鵬庵）を知り、その内容に衝撃を受け、北海道は岩見沢の自宅を訪ね、長時間にわたって取材をうけていただいたのが機縁である。

「北海盆唄」の出自には、正直度肝を抜かれた。詳しい経緯は後に述べるとして、読者にも、その時私が吉田翁の著作と取材から受けた衝撃を追体験していただこう。

まずは、「北海盆唄」の俗称である。「ベッチョ節（踊り）」あるいは「チャンコ節（踊り）」「チョンコ節（踊り）」といい、いずれも多くの人々が炭鉱地域に移住したとされる北陸・東北地方の女性器の卑称である。昭和四〇年代までは「北海盆唄」ではなく、それぞれの地域でそのように呼びならわされていたという。その中でももっとも多いのが「ベッチョ節（踊り）」である。実際、夕張など当地の旧産炭地で、六〇代以上の人に、「子供の頃、盆踊りはなんで踊っていたか」と訊ねると、「北海盆唄」とは答えない、「ああ、ベッチョ（あるいはチャンコ、チョンコ）ね」であった。さしずめ、私の生まれ育った東京でいうと、「東京音頭」を「オ〇〇〇節（踊り）」というようなもので、とてもではないが、自ら書くことはもちろん口にだすことも憚られる。北海道人のおおらかさの一面なのかもしれないが、これはなんとも衝撃的であった。

ついで、「北海盆唄」の一般俗称の衝撃力もさることながら、七・七・七・五調で歌い継がれている具体的な歌詞になると、衝撃力はいやます。

あまりにも卑猥で引用が憚られるので、比較的穏当と思われるものを三つだけ伏字（女性器の俗称）で紹介し、後は吉田翁の前掲書に記載されている「採取歌詞例」をご覧いただこう。

♪親が〇〇〇して、おらこしらえて、おらが〇〇〇〇すりゃ苦言する

♪〇〇〇〇かわら毛　七日の旅よ　旅が終われば　またおいで

♪あげてもちゃげろ　天竺までも　上げで落とせば〇〇〇〇締まる

いやはや、もしこの歴史的事例を『八時だョ！全員集合』を終始〝俗悪番組〟と指弾しつづけた全国ＰＴＡ協議会が知っていたらどうだったのだろうか。加藤茶の「ちょっとだけよ。あんたも好きねえ」の〝俗悪ギャグ〟どころの騒ぎではなかったろう。

ひょっとして、エンタメの神様は、教育団体の元締めの歴史教育レベルをためしたのかもしれない。だとしたら、なかなかやるではないか。

それにしても、よくぞ調べたものだ。吉田翁によると、三〇年以上にわたり北海道の旧産炭地を中心に聞き取ったという。その動機と手法がまた感動的である。

北海道民謡界の重鎮・吉田源鵬氏（右）と筆者

もともと吉田氏は民謡とは無縁の農村研究者の卵であった。北海道学芸大学（現・北海道教育大学）の助手時代、奥深い開拓村に農作業の実態調査に入ったときのある体験が民謡との出会いとなり、それが「北海盆唄」掘り起こしのきっかけとなる。

訪ねた農家の主は、折しも農繁期で農作業のじゃまだとばかり聞き取りに応じてくれない。それでも吉田青年は農家に居座って主の帰りを待っていると、夜九時をまわって戻ってきた農夫は、疲れをいやすため酒をいっぱいやりながら、低い声で歌い出した。聞き覚えのある歌だった。おもわず「越中おわら節ですね、私の一家も富山からの移住組でおやじによく聞かされました」といったとたん、同郷の出と知った農夫はうちとけて聞き取り調査に応じてくれただけでなく、部落の人々にも声をかけてくれ一気に調査は進んだ。これで吉田氏は「民謡の力」に目覚め、「本業」の農村研究のかたわら民謡の採集調査を「副業」とする中で見つけたテーマが北海道の炭鉱生まれの歌だった。口にするのも憚られる卑猥歌だけに、当人たちの口が重くて採集には苦労した。テープレコーダーを置いたままにして、吉田氏不在のうちに吹き込んでもらうなどの創意と工夫をこらしたという。

そうして聞き取った歌詞は実に四〇〇〇を超え、そのうち精査された二一八が前掲書に紹介されている。

■北海盆唄の生誕地は三笠の幾春別炭鉱

この吉田翁の三〇年にわたるフィールドワークは、やがて大きな果実を実らせる。「北海盆唄」の出自の学問的特定に至ったのである。かねてから「北海盆唄」のルーツについては以下の有力諸説があった。

第一は、北海道の開拓が本格的にはじまる明治初期、新潟地方から高島町（現・小樽市）に集団入植した人々によって伝えられた故郷の盆踊り唄が変容をとげて北海盆唄の元歌となったとする「小樽ルーツ説」。

第二は、千島列島開発と北洋漁業基地として栄えた港町・根室へ出稼ぎにやってきた新潟の人々によってもたらされた故郷の盆踊り唄が、当地の遊郭で洗練され、それが全道的に普及したとする「根室花柳界ルーツ説」。

第三は、旭川を中心とする空知地区に東北地方から入った屯田兵、あるいは旭川にとって海の玄関口にあたる増毛方面へ出稼ぎにきたニシン漁のヤン衆たちが出身地の新潟や富山から持ち込んだ歌がまじりあって、北海盆唄の元歌になったとする「旭川ルーツ説」。

これらに対して、吉田氏は、前述したように、全道各地を訪ね歩いて四〇〇以上もの元歌を採取するなかで、以上のどれでもない第四のルーツを探りあてたのである。

吉田氏によると、特定された生誕地は三笠市の幾春別《いくしゅんべつ》炭坑、助産師は戦前・戦後に北海道で大活躍した民謡歌手の今井篁山《こうざん》（一九〇二〜一九八三年）である。

三笠市は北海道を代表する炭都の一つとして日本のエネルギーの重要な供給源を担ってきたが、他の炭鉱地域と同じく、夏ともなるといっとき過酷な労働をいやしてくれる盆踊りが盛んであった。わけても幾春別地区のそれは賑やかさで群をぬいていた。同地が三笠地域の主力坑の中心に位置していて周辺から人が集まりやすいという地の利からであった。

一方の民謡歌手の今井は、かねてから、てんでんバラバラだった道内の盆踊りを統一しようという強い想いがあった。明治以降本州各地から多くの移住者が渡道、それぞれ出身地の習俗が持ち込まれ、盆踊りも例外ではなかったからだ。一九四〇（昭和一五）年、そんな今井篁山が幾春別の盆踊りを、見聞して感動。踊りは粗野ではあるがリズミカル、節回しは軽快かつ躍動的で、盆踊りの定番としては申し分ない、これなら「盆踊りの全道的統一」に使えるとひらめいた。

しかし一つだけ受け入れがたいものがあった。すでに紹介したように、即興的にうたわれる歌詞があまりにも卑猥すぎる。三笠だけでなく道央の炭鉱地区でも同工異曲のものが広くうたわれていた。闊達なメロディーはいいが、この歌詞では、炭鉱地区以外の道内各地で家族を挙げて楽しむのにはいささか問題があった。

そこで今井は札幌に帰ると、ＮＨＫや新北海道新聞社（現在の北海道新聞社）などに働きかけ、一般受けする歌詞を募集、メロディーも多少編曲、地元・幾春別では「ベッチョ節」と俗称されていたものを「炭坑盆踊り唄」と改名して盆踊りの定番ＢＧＭに加えることにした。

今井の企図は戦争を跨いで着実に実を結んでいく。終戦の翌年一九四六（昭和二一）年には札幌の豊平川河畔で戦後初の盆踊りが催されるが、ここでも幾春別発の「炭坑盆踊り」がＢＧＭに使われ、以後、道内各地で復活した盆踊りを大いに盛り上げることになる。

やがてレコード化の話が持ち上がり、何人かの北海道ゆかりの民謡歌手によって「炭坑盆踊り」や「炭坑盆唄」のタイトルでリリースされる。そして、一九五九（昭和三四）年、ほぼ同じ節回しのものがタイトルから「炭坑」がはずれ「北海盆唄」とされて、当時売り出し中の三橋美智也によってレコード化、ご当地だけでなく全国的なヒット曲となる。これにより「北海盆唄」は、北海道一円の盆踊り唄としての地位を不動のものにする。

■「第一回北海盆おどり」に高木ブーが特別ゲストに

以上の半世紀におよぶ「北海盆唄」の生誕と成長のプロセスを、吉田源鵬氏は、日本民俗音楽学会で発表、大きな反響をよび学術的にもお墨付きを得た。一九九二年のことだった。

しかし、その成果は学術の世界にとどまらなかった。

それから一〇年後の二〇〇二年夏、北海盆唄のルーツだと吉田氏によって特定された三笠で、「第一回北海盆おどり」が開催されることになり、北海盆唄を全国に広めた功労者として、ザ・ドリフターズの高木ブーが特別ゲストとして招待されたのである。

思えば、吉田氏が「北海盆唄」のルーツ探しをはじめてから数年後に、『八時だョ！全員集合』がスタート、オープニングソングに抜擢された「北海盆唄」が一六年間にわたって毎週末日本全国へ流されつづけた。それが、どれほど吉田氏の半生をかけた地道なフィールドワークのはげみなったことか。

これは単なる偶然の産物だろうか。

「北海盆唄」であれ、『八時だョ！全員集合』であれ、人々を虜にし時代と共振するエンタテイメントの源泉は猥雑な民衆の情念にあることを、エンタメの神様は身をもって示されたのではないか。私には、そう思えてならないのだが。

以来、毎年夏ともなると、ここ三笠には、三日間で道内を中心にのべ一万人以上が訪れ、高さ一〇・五メートルの三層の大櫓を囲んで、北海盆唄全国大会の優勝者らの歌にあわせて踊りに興じている（なお、二〇二〇年と二〇二一年はコロナで中止を余儀なくされたが、二〇二二年は無事開催にこぎつけた）。

■「歌」にまけず「踊り」も卑猥

そもそも北海盆唄のオリジンは、多くが炭鉱地域に移住したとされる北陸・東北地方の女性器の卑称である「ベッチョ節（踊り）」あるいは「チャンコ節（踊り）」「チョンコ節（踊り）」と呼びならわされてきたバレ歌であり、その歌詞に着目したが、それに合わせる踊りもまた猥雑にして卑猥きわまりなかった。

その踊りぶりがどれほど「卑猥性」「猥雑性」に富んでいたか。北海道民謡界の重鎮・吉田源鵬氏によって「北海盆唄」発祥の地と特定された旧幾春別炭坑を市域にもつ三笠市の『新三笠市史・通史編』（三笠市史編さん委員会編、一九九三年）から、それを引いてみよう。同書には、幾春別炭坑と隣接する幌内炭坑地区の大正一二、一三年頃の盆踊り風景がこう描かれている。

「櫓に何百という赤・青・黄の電球が飾られ、夕闇迫るころともなれば踊りの輪は二重、三重にもなり、見物人は老若男女を問わず浴衣がけで幾重にも人垣を作り、夜が深まるにつれ踊りは最高潮に達していった。踊る服装も様々で、印半てんを着、それを赤帯で結び、豆しぼりの手拭で頬かむりをする者もある」

さらに同書は、下って昭和一〇年頃、炭鉱が活況を呈するなかで、盆踊りの「猥雑性」も高まるさまをこう記す。

「男性が女性の花模様の衣装をまとい、かつらを被ったり菅笠に造花をあしらって被る者など衣装に粋をこらし、中には相撲の化粧回しのようなものに、金糸銀糸に縫い取り、手拍子で豆電球がつくという、ぜいを尽くしたものに、さらには一房に鈴を付け、シャンシャンと鳴らしながら、明け方近くまで踊る若者連中には、炭鉱人としての心意気を感じさせるものがあった。新しい下駄を、一晩ですり減らしたなどというのも自慢の一つであったようだ」

■さながらリオのカーニバルの狂騒

過去の史料の引用では臨場感に欠ける。ならばと、生の証言を求めて、友人をあたったところ、住友と昭和電工の炭鉱城下町だった道央空知支庁管内の赤平で、昭和二〇～三〇年代に幼少期を過ごした七〇代後半の女性から、体験談を聞くことができた。

炭鉱景気に活気づく市街地に隣接する地域で育った彼女にとって（稼業は土建業で、戦前戦中は昭和電工が経営していた赤間炭鉱の建築関係の下請けだった）、町を挙げての一大イベントの盆踊りの記憶は鮮烈だという。

赤平でも、子供の部と大人の部に別れ、どちらも参加者は背番号をもらって数日踊り続け、順位を競う。子供の部は、大人たちの過激な踊りに染まらぬようにとの教育的配慮から設けられたもので、他の産炭地でも同様の方式がとられていた。炭鉱居住地ではそれぞれの盆踊りが行われていたと思われるが、その規模において、景品の豪華さにおいて、熱気において市街地の盆踊りは群を抜いていた。

彼女の記憶の中では、男踊りと女踊りは明らかに違っていた。男踊りは浴衣の袖をまくりあげ、前後左右に大きく身体を躍動させるもの。女踊りは過剰な品をつけるものと、男踊りの手さばき足さばきで踊る女性がいて、子供心にも格好いいと感じた。

力強く踵で地面を蹴り、太鼓のリズムにのって、連日連夜、物の怪《け》に憑かれたように踊り続ける男女の群れは、さながら後のディスコのノリで、エロティズムにあふれ、パワフルで開放感に満ちていた。また、観客と一体になった熱気はリオのカーニバルを連想させるものがあった。毎年景品を争う踊り上手の有名人たちがいて、今年は誰だと巷の下馬評もかしましく、今から思うと、大人の賭け事の対象になっていたかもしれない。

往時を再現した「北海盆踊り大会」の大櫓（三笠市）

その後彼女は、進学のため東京に出るが、そこで初めてみた「内地」の盆踊りは、あまりにものどかでしなやかで、自分が外国人であるかのような違和感を覚えたという。

もちろん猥雑なのは踊りだけではない、先に紹介したように、踊り手たちは口々に「〇〇〇〇せい！」と女性器の卑称をおりまぜてはやしたて、それによって踊りをさらに盛り上げる。

如何だろうか。これが昭和三〇年代までの「北海盆唄」の原型（プロトタイプ）だったのである。

これまた、もしこの歴史的事例を『八時だョ！全員集合』を終始〝俗悪番組〟と指弾しつづけた全国ＰＴＡ協議会が知っていたらどうだったのだろうか。〝俗悪ギャグ〟とされた志村けんの「カラスの勝手でしょ」をもじって「盆踊りの勝手でしょ」ですまされていたかどうか。

ひょっとしたら、これも、「民衆の猥雑なるエネルギーの発散には身体の躍動が不可欠である」という、エンタメの神様による、教育団体への挑発だったのかもしれない。

舞台から猥雑な狂喜乱舞が失われて久しい。思えば『八時だョ！全員集合』が最後だったのかもしれない。

■死と隣り合わせの苦役が生んだファリシズム（性器崇拝）

さて、ここまで検証してきたように、北海盆唄の元歌たちの特異性は、歌詞と踊りの両面における圧倒的な「卑猥性」と「猥雑性」にある。それにしても、北海道の〝炭坑節〟が、なぜこれほどまでに「卑猥性」に富んでいたのか。

吉田氏は、元歌の「卑猥性」を「原始的ファリシズム」と呼び、自著『いいたかふんじゃん（言いたか放題）〝北海盆唄考〟』で、以下のように積極的に評価している。なお、ファリシズム phallicism とは「性器崇拝」のことで、日本でいうと「金精様信仰」など「未開社会」においてはしばしば見られる習俗である。

「最北辺境の厳しい環境下での生活、生命を張っての仕事となると自から原始的ファリシズムが台頭して来て当然であろう。（略）今日あって明日の生命を保証するなにものもない危険を孕む炭坑にあっては、なおさらその感を強くする。海に生きる唄『ソーラン節』の歌詞にも『ベッチョ踊り』の唄と類以するものが沢山あるのを見ても、厳しい環境に生き抜く凛々しい姿を重ねて見るような気がする」

炭鉱唄に野卑な春歌やバレ唄が多いのは、もちろん仕事が楽しくて浮かれているわけではない。炭鉱《ヤマ》仕事がつねに死と隣り合わせの苦役だからこそ、それをバレ唄と過激な踊りで吹き飛ばそうとする地底の労働者の知恵といっていいのではないだろうか。

そうした生まれ育ちからして、北海盆唄の元歌たちが卑猥かつ猥雑きわまりないのは当然である。歌うのはもちろん、傍らで聞くのもはばかられる。しかし、すべての元歌たちが野卑のレベルにとどまっているわけではない。一部には、エンタメの神様に愛でられてもおかしくない「文芸作品」へと洗練と昇華を果しているものもある。そんな一部のバレ唄たちに対して賛辞を捧げつつ、吉田氏の前掲書に採取された二〇〇余の中からその事例をいくつか紹介しよう。

バレ唄に託して、会社や警察などの権力を揶揄したものもある。たとえば――

♪炭坑の女郎衆と　北炭様は　穴を掘らせて　金をとる

なお、「北炭」とは三井系で最大手の北海道炭礦汽船株式会社の略称である。こんなバレ唄もある。

♪〇〇〇〇唄へば　邏卒《らそつ》が叱る　怒る邏卒の子が唄ふ

〇〇〇〇は女性器の卑称、邏卒とは戦前までの警察官の呼称である。このバレ唄からは、戦時下の産炭地の世情が見えてくる。聖戦遂行にむけて石炭増産が叫ばれる状況下にあって、炭鉱で享楽的な盆踊りが「時代の気分」にあうはずもなく、実際、吉田氏が当時を知る古老たちから聞いた話によると、盆踊りには警官が歌詞に睨みをきかせ、度を越したものには「オイコラ！」とサーベルの音をちらつかせて暗に中断を迫ったという。そんな時の踊り手たちの抵抗の歌だったのだろう。

次は、もはや「反戦歌」といってもいいかもしれない。

♪毛の下蔭《したかげ》に　〇〇〇〇止めて　忍ぶ褥《しとね》の　その中に

〇〇〇〇は男性器の卑称で、戦前の唱歌「桜井の訣別」（作曲・奥山朝恭、作詞・落合直文）の以下の歌詞を下敷きにしている。

♪木《こ》の下蔭に駒止めて　世の行く末をつくづくと　忍ぶ鎧の袖の上《え》に　散るは涙かはた露か

湊川の戦いを前にした楠木正成・正行親子の別れの名場面である。戦前は、小国民たちを聖戦遂行へ駆り立てるため、忠君愛国の美談として修身（道徳）や唱歌の題材にされた。これを、あろうことか男性器の卑称をうたいこんだバレ唄に替えるとは、「不敬罪」で邏卒に連行されてもおかしくない。

次の歌詞は戦時下の「言論弾圧」への抵抗唄ともとれる。

♪よかれ悪しかれ　唄だからよかべ　唄に鉋《かんな》はかけられぬ

歌は木材のように鉋でけずって消せやしない、やれるものならやってみろと、戦時下にあっても、お盆になると、「〇

○○○せい！」「○○○○○せい！」とはやし立てながら踊り狂った民衆の気概が示されていて、お見事というほかない。

最後は、男女間の機微をうたった名文句で、北海盆唄の元歌たちには、数多く見受けられる。たとえば、

♪七つ八つから　イロハを習い　ハの字忘れて　色ばかり
♪折りにゃ旦那に　口まで吸わす　酔って言うこと　舌長な
♪口にゃ一筋　心にゃ三筋　辛い調子を合わす三味《しゃみ》
♪独り寝るときゃ　片袖枕　心淋しく　夜は長い

いずれもヒネリやオチがきいていて、「卑猥唄」のレベルから、聞くにたえうる「文芸作品」へと昇華を果している。

おそらく地元の花柳界などで「座敷唄」として洗練されたものと思われるが、いくら腕こきの芸妓でも磨きあげる「原石」は多いにこしたことはない。

何事であれ洗練されるためにはまずは量が必要である。量がなければ質は生まれない。「量から質への転化」の原理である。

吉田氏の三〇年にわるフィールドワークで採取された北海盆唄の元歌たちは四〇〇を超えるが、おそらく実数はその一〇倍をはるかに超えるのではないだろうか。

エンタメの神様の、こんなお褒めのつぶやきが聞こえてきそうだ。

「下手な鉄砲も数うちゃ当たる。いやいや、よくぞそこまで鉄砲をうったもんだ」

■〝脱炭鉱〟と〝脱卑猥〟で健全化へ

北海盆唄の元歌たちは、歌詞と踊りの両面における圧倒的な「卑猥性」と「猥雑性」ゆえに、それを消しさろうとする「健全化」の動きにさらされつづけた。その旗振り役を果たしたのは、前述したように、三笠の幾春別炭坑で踊られていた「ベッチョ節」に着目、それを北海道の盆踊り唄に仕立てようとした民謡界の大立者の今井篁山である。

そもそも今井には、炭鉱発の歌を炭鉱外に広めるには猥雑で放埒な炭鉱色を薄めたいとの思いがあり、それは、戦時下にあっては「聖戦遂行」を国策の第一とする軍部と政府、戦後は「民主日本の建設」を目指す占領軍と日本政府の思惑と

も合致していた。一九五二（昭和二七）年にＨＢＣ（北海道放送）が開局記念として盆踊りの歌詞を一般から募集、同じころＮＨＫ札幌放送局も選定歌を制定、これに今井もかかわっていたはずで、どちらの歌詞にも「炭鉱」が一言隻句もうたわれていない。その後のレコード化においても、〝脱炭鉱〟と〝脱卑猥〟が踏襲された。

こうして、北海盆唄のオリジンであるベッチョ節（踊り）は消されていき、炭鉱発の卑猥な痕跡のかけらも感じさせない「清く正しい健全な歌詞」となっていく。

しかし、産みの親である民衆の間には、それに抗する動きがあった。多くの盆踊りではＢＧＭが「生声」によるライブの時代であり、櫓の上の歌い手が、卑猥なベッチョ節（踊り）をアドリブでうなることもあった。また、宴席で昔を懐かしんで合唱されることもあった。

しかし、吉田氏によれば、それも昭和四〇年代までだった。

先に紹介した、赤平で少女期を送った私の友人も、昭和も四〇年代に入ると、久々にみた故郷の盆踊りはマイルドなものになり、激しい太鼓のリズムに導かれた妖しいエロティシズムは消えつつあった。

それは折しも全国の産炭地を襲いはじめた閉山ラッシュと軌をいつにしていた。戦後日本の復興と成長を支えてきたエネルギーの主役が「石炭」から「石油」へと転換したのである。

北海盆唄の元歌であるベッチョ節（踊り）とそれを生み育てた民衆にとっては、エネルギーを発散させる年に一度のハレの舞台の消失を意味していた。そこへ〝救世主〟があらわれた。『八時だョ！全員集合』である。北海盆唄の替え歌がオープニングソングとして毎週土曜日、日本中に流されることになった。

まさに絶妙のタイミングであった。

■『八時だョ！全員集合』の終了は第二の「閉山」

炭鉱最盛期の盆踊りの熱気を身体で知っている人々は、加藤茶の「ちょっとだけよ。あなたも好きね」や志村けんの「カラスの勝手でしょ」などの〝俗悪ギャグ〟とドタバタコントに、かつて彼らが愛したベッチョ節（踊り）の猥雑な歌詞と踊りが乗り移ったのではないかと思ったかもしれない。そして、それをエンタメの神様の小粋なはからいだと喜んだのではなかろうか。

しかし、その僥倖は一六年間で終わった。

一九八五（昭和六〇）年、『八時だョ！全員集合』は終了、エンタメ界のレジェンドとなる。

昭和四〇年代が「石炭」から「石油」というエネルギーの主役の歴史的転換期であったとすると、『八時だョ！全員集合』が終了した一九八五年とは、炭鉱の閉山が一気に加速、エンタメの世界でも主役の歴史的な交代劇がおこった。

『ドリフターズとその時代』（笹山敬輔、文春新書、二〇二二年）には以下の指摘がある。

「一九八〇年代から芸人は単なる人気者なだけでなく、若者のカリスマになった。彼らは『笑わせる存在』になり、社会的地位を大きく向上させる。そんななかでも、ドリフは『笑われる存在』にとどまり続けた。芸人がコメンテーターを当たり前にする時代になっても、ドリフのメンバーが社会問題に関してコメントしたことはないのではないか。いかりやは自分たちの在り方について、次のように語っていた。〈僕たちの場合には、僕らの生活の裏を感じさせちゃいけない。舞台にポーンと上がったときに、見てる人が、あいつ本当にバカじゃないか、あれならまだオレのほうがましだ、といって指さして、ハハハと笑う。最高のときですね〉（『サンデー毎日』一九七四年九月十五日号）」

たとえるならば、さしずめ「笑われる存在」とは「石炭」であり、「笑わせる存在」とは「石炭」から主役を奪った「石油」だろうか。当時「笑わせる存在」の旗手として登場したのがビートたけしだった。

たけしの『オレたちひょうきん族』は『八時だョ！全員集合』のスタートから一二年後の一九八一年にその裏番組として登場、わずか四年で表番組に引導を渡し、一九八〇年代に起きた「笑いの革命」の勝利者となる。これによって、『八時だョ！全員集合』は撤退へと追い込まれ、『北海盆唄』だけが取り残されることになったのである。

その後、バブルがはじける。それは、戦後の復興と成長を支えてきた民衆の猥雑なエネルギーの消滅であり、日本は「失われた二〇年、三〇年」ともいわれる国民的エネルギーの不在・不発の時代へとむかう。以後、エンタメの世界では『八時だョ！全員集合』のような「大きな笑い」は生まれず、「小粒で多様な笑い」が拡散していく。

これをエンタメの神様は御見通しで、バブルがはじける前に『八時だョ！全員集合』に引導を渡したのだろうか。はからずもその四年後に昭和が終わり、それからしばらくしてバブルという狂宴も終わった。

■コロナを退散させる民衆の情念の発露を

『八時だョ！全員集合』がエンタメのレジェンドに祀り上げられてから一〇年ほどの間に、北海道では、一九八九年に三笠幌内炭鉱、一九九〇年に三菱南大夕張炭鉱、一九九四年に住友赤平炭鉱と有力大手が閉山、一九九五年には釧路の太平洋炭鉱だけとなり、「北海盆唄」は〝生まれ故郷〟を失い、それからさらに三〇年近くがたった。

「北海盆唄」は替え歌が『八時だョ！全員集合』のオープニングソングとなったことで現役として生きながらえ、全国各地で夏の盆踊りの定番ＢＧＭにはなった。しかし、『八時だョ！全員集合』という後ろ盾と炭鉱という〝生まれ故郷〟を失って久しいいま、歌詞にも踊りにも、かつてのパワーはない。むしろ後発の「よさこいソーラン」に勢いがあり、「北海盆唄」はますます穏やかになっているように見える。

古来盆踊りは厄災を追い払う役割を担っているが、これではコロナの次にやってくる大厄災を退散させることなど期待できそうにない。健全な歌詞と健全な踊りではそれはかなわない。かつて炭鉱町で繰り広げられた猥雑かつ卑猥きわまりない民衆の情念の発露が復活しないかぎりそれは望めないが、残念ながら、今のところ日本の民衆にその兆しは見られない。

『八時だョ！全員集合』が退役してから、われらがエンタメの神様の降臨もお告げも久しくない。

もはや日本の民衆には猥雑かつ卑猥きわまりない情念など期待できない、エンタメの神様はそう諦めておられるのだろうか。

♪第一五話
吉田拓郎の「落陽」は、岡本おさみによる時代への挽歌である
「落陽」歌・吉田拓郎（作詞・岡本おさみ、作曲・吉田拓郎、一九七三年）

■吉田拓郎は戦後昭和歌謡史の革命児

前話の「北海盆唄」に引き続いて、炭鉱を題材に「昭和の宴の終焉」を検証する。

私は戦後の第一次フォークソング世代である。〝青春真只中〟にあった往時の私は、岡林信康を主唱者とする関西発の反戦メッセージ派の愛唱者で、関東の吉田拓郎らの非政治系は軟弱すぎる「半体制」だと敬して遠ざけていた。

しかし、多くの識者が指摘するように、「吉田拓郎は戦後の昭和歌謡史に残る革命児の一人である」ことには潔く同意する。拓郎の革命は、一世を風靡したわが「異議申し立て系フォークソング」の「神様」を引きずり下ろすことで成就された。「神様」とは岡林信康、「戦後昭和の宴」に「ノー」をつきつけた男だが、拓郎は全否定ではなく、それとうまく折り合いをつけることを提案して支持を得て、「戦後昭和の宴」に「一時の立ち止まり」をもたらした。

拓郎の革命は一九七二（昭和四七）年から本格的に始まったが、当初は決して順調ではなかった。「結婚しようよ」のメガヒットで芸能界の寵児となるや、岡林を「神様」にいただく先鋭派は拓郎を「商業主義」と指弾。拓郎のコンサートはしばしば「帰れ！」コールで大混乱、実際に歌えずに帰らざるを得ないことも何度かあった。それから二年後の一九七五（昭和五〇）年夏、真夏の二日間にわたって開催された「コンサート・イン・つま恋」で、拓郎の反撃は奏功する。一日の乗降客が一万人たらずの静岡県中部ののどかな田園都市に、五万人とも七万人とも言われる若者が全国から集まった。教育委員会や警察から風紀紊乱などを理由に中止を迫られた。後にそれは「日本のウッドストック」と呼ばれる

ことになる。

五万人に「帰れ！」と言われたらどこへ帰ればいいのか拓郎は不安だったが、それを打ち消そうと出演前から酒をあおり、その勢いで「人間なんて」を絶唱。「つま恋」は五万人の熱狂で一つになった。当時現場にいた音楽評論家の田家秀樹は、著書『読むＪ－ＰＯＰ』（徳間書店、一九九九年）にこう記している。

「夜明けの空を彩った『人間なんて』の大合唱は、膝がふるえるくらい感動的だった。（略）あの瞬間がなかったら、音楽周辺の仕事はつづけていなかったと今も思っている」

この時をもって、拓郎は脇役から、それまで主役だった新宿西口フォークゲリラを色濃くひきずる社会的メッセージ派の雄、岡林信康にとってかわったのだった。拓郎が変わったのではない。変わったのは聞き手のほうだった。

「ささやかな私生活」をあっけらかんと歌い上げる。それこそが当時の若者の気分でもあった。ベトナム戦争反対やら大学民主化やらでさんざんヤンチャをしたが、足元の小さな幸せも悪くはない――。岡林信康をリーダーとする「天下国家」に異議を唱える「大きな歌」から、等身大の青春を寿《ことほ》ぐ「小さな歌」へ。その旗手が吉田拓郎だった。

木下晃著『吉田拓郎とつま恋と僕』（講談社）

そんな戦後日本の青春の転換点と「つま恋」の拓郎は、ぴたりと符合したのである。

おりしもアメリカでは長髪のヒッピーはなりをひそめ、若者たちが髪の毛をきってこざっぱりしてフリスビーやスケボーに興じはじめた。それがやがて日本にも上陸しようとしていた。

■拓郎の絶妙な相棒、岡本おさみ

しかし、私のみるところ、上記の戦後昭和歌謡史を彩る革命は、拓郎一人でなされたのではない。実は年上の力強い相棒がいた。

岡本おさみである。

吉田拓郎が作曲、岡本おさみが作詞した「合作」は、調べた限りではなんと三十余年間に七〇曲を超える。以下に年代順に掲げるが、これぞ二人が息のあった相棒であったことのなによりの証であろう。なお、提供された歌手名を期した曲以外は、拓郎自身が歌っている。（田家秀樹他『アーティストファイル　吉田拓郎　オフィシャル・データブック』ヤマハミュージックメディア、二〇一四年、他）

▼一九七一年

「花嫁になる君に」「ハイライト」

▼一九七二年

「旅の宿」／「祭りのあと」／「かくれましょう」／「地下鉄にのって」（歌・猫）

「リンゴ」／「また会おう」／「祭りのあと」／「プロポーズ」

「おきざりにした悲しみは」／「こっちを向いてくれ」／「まにあうかもしれない」

▼一九七三年

「こんなに抱きしめても」／「子供に」／「からっ風のブルーズ」／「暑中見舞い」

「制服」／「話してはいけない」／「夕立ち」／「君去りし後」／「君が好き」

「ビートルズが教えてくれた」／「晩餐」／「都万の秋」／「蒼い夏」

「落陽」／「ひらひら」／「望みを捨てろ」／「話してはいけない」

「ルーム・ライト」（歌・由紀さおり）／「君のために」（歌・山本コウタロー）

「野の仏」／「おはよう」「大晦日」（歌・桜井久美）

▼一九七四年

「襟裳岬」「世捨人唄」（歌・森進一）／「赤い燈台」「蛍の河」（歌・小柳ルミ子）

「竜飛岬」（歌・かまやつひろし・吉田拓郎）／「おはよう」

▼一九七五年

「歌ってよ夕陽の歌を」（歌・森山良子）／「今夜はごきげんな夜」（歌・ケイ・アンナ）

▼一九七六年

「悲しいのは」
▼一九七七年
「もうすぐ帰るよ」／「Voice」
▼一九八〇年
「いつか夜の雨が／「愛の絆を」／「あの娘を待ってる街角」／「古いメロディー」
「まるで孤児のように」／「又逢おうぜ　あばよ」／「いくつもの朝がまた」
「いつも見ていたヒロシマ」「アジアの片隅で」／「ファミリー」
「風の中」「チャップリンのステッキ」（歌・井上順）
▼一九八一年
「サマーピープル」
▼一九八二年
「泣きたい夜には」（歌・渡辺徹）
▼一九八五年
「LAST KISS NIGHT」／「泣きたいよ」（歌・増田恵子）
▼一九九六年
「いつでも」／「マンボウ」／「夢を語るには」／「漂流記」
▼二〇〇三年
「花の店」／吉田拓郎／「少女よ、眠れ」／「聖なる場所に祝福を」／「月夜のカヌー」
「春よ、来い」／「白いレースの日傘」／「ときめく時は」／「星降る夜の旅人は」
▼二〇〇七年
「歩道橋の上で」／「空に満月、旅心」／「沈丁花の香る道」／「街角のタンゴ」
「黄昏に乾杯」／「秋時雨」／「錨をあげる」

■「陽」の作詞は拓郎、「陰」は岡本

いうまでもなく、吉田拓郎は天賦の才能をもったシンガーソングライターである。わざわざ詞の提供をうけなくても自前でやっていける。にもかかわらず作詞家とコンビを組み、それも七〇曲を超える歌詞の提供をうけるとは、戦後歌謡史にシンガーソングライターが登場してから、ほかに例をみない歴史的事件である。

拓郎のデビューからの数年間を概観すると、「大きな歌」から「小さな歌」への拓郎による音楽革命は、「陽（ポジ）」と「陰（ネガ）」の両極で展開され、前者を拓郎が、後者を岡本おさみが担ったのではないかと思われる。

ちなみに「陽」の代表は「結婚しようよ」だろう。拓郎の作詞作曲で、「小さな幸せ」を陽気にうたいあげたこの歌のメガヒットで、拓郎は「大きな歌」から「小さな歌」への革命の旗手となる。

かたや、「陰」の代表は森進一に提供された「襟裳岬」だろうか。作曲は拓郎だが詞は岡本いさみである。♪襟裳の春は何もない春です～のサビは「小さな幸せ」どころか「何もない幸せ」を詞にし、その意外性がうけて、空前のヒット曲となった。すなわち、拓郎がリリースした楽曲の中で、「陽の小さな歌」の詞の多くは拓郎自身によるもので、「陰の小さな歌」の詞の多くは〝相棒〟の岡本のものといってもいいのではなかろうか。

拓郎が苦手な私が共感を覚えるのは、こうした「陰の小さな歌」たちであり、その中の絶品は、拓郎を旗手に開始された音楽革命のさなかの一九七三（昭和四八）年にリリースされた「落陽」である。

そこで本稿では「落陽」を取り上げるが、それは私の好みもあるが、この歌が「昭和の宴の終焉」を検証するのにうってつけと思われるからだ。

■〝サイコロじいさん〟とは誰か

こんなストリーの歌詞である。

♪しぼったばかりの夕陽の赤が　水平線からもれている

苫小牧発・仙台行きフェリー

あのじいさんときたら　わざわざ見送ってくれたよ
おまけにテープをひろってね　女の子みたいにさ
みやげにもらったサイコロふたつ　手の中でふれば
また振り出しに戻る旅に　陽が沈んでゆく
♪女や酒よりサイコロ好きで　すってんてんのあのじいさん
あんたこそが正直ものさ
この国ときたら　賭けるものなどないさ
だからこうして漂うだけ
みやげにもらったサイコロふたつ　手の中でふれば
また振り出しに戻る旅に　陽が沈んでゆく
♪サイコロころがしあり金なくし　フーテン暮らしのあのじいさん
どこかで会おう　生きていてくれ
ろくでなしの男たち　身を持ちくずしちまった
男の話を聞かせてよ　サイコロころがして
みやげにもらったサイコロふたつ　手の中でふれば
また振り出しに戻る旅に　陽が沈んでゆく

そもそも私が「落陽」に惹かれたのは、この歌の主人公の〝サイコロじいさん〟のえもいわれぬ存在感ゆえである。当時の私は、あやしげな〝サイコロじいさん〟を〝人生の先達〟として触発をうけた〝自分探し〟の途上とおぼしき若者と同年代。折しも前年にあさま山荘事件がおき、多くの若者たちが夢を仮託した「革命的状況」は根底から裏切られた。私もその一人だった。思えば、私の中に胚胎しつつあったそんなやるせない気分が、いっそうこの歌と〝サイコロじいさん〟を身近なものに感じさせたのであろう。

あれから半世紀近くがすぎ、私は〝サイコロじいさん〟の年になり、「落陽」はまた別の味わいをもってわが身に迫っ

仙台発苫小牧行きフェリーの出発風景

てくると共に、改めて謎がわいてきた。いったい〝サイコロじいさん〟とは誰なのか？

その謎解きに挑戦してみようと思う。

■チンチロリンは炭鉱町の「日常的娯楽」

先に記したように、「落陽」は、拓郎と岡本の「合作」の中で作詞の多くを岡本が手がけた「陰の小さな歌」の絶品である。したがって、ここからは吉田拓郎の相棒である岡本おさみにスポットをあて検証を進める。

わが岡本おさみは拓郎より四歳年上の一九四二（昭和一七）年生まれで、二〇一五年に七三歳で没している。

岡本は大学卒業後、高校教師の職を得るが馴染めずにラジオ番組の構成作家となり、作詞家へと転身する。その重要なきっかけを『ビートルズが教えてくれたこと――岡本おさみ作品集と彼の仲間たちとの対談』（自由国民社、一九七三年）の中に見つけた。

岡本の親しい友人が一九六九（昭和四四）年一一月、時の首相・佐藤栄作の訪米を阻止する闘争に参加したあと自死。これをうけた心象がこう記されている。

「忙しさを理由に彼の相手にものれなかった。その後すぐ二つの番組を残し、あとはやめた。何もしてあげられなくても躰を暇にして話し相手くらいにはなりたい」

この二年後の一九七一年、岡本は吉田拓郎に「花嫁になる君に」「ハイライト」を提供して作詞家としてデビュー、拓郎との間に〝相棒〟の盟約がなり、七三年「落陽」の大ヒットで〝相棒効果〟が証明され、岡本は作詞家の地位を確実にする。この文脈からすると、岡本の友人の自死から「落陽」が生み出されたとみるのは、あながち間違いではないだろう。

なるほど、そうだったのか。これで、拓郎が苦手な私がなぜ拓郎の代表歌に共感したのか、という五十年来の謎が解けたような気がする。

実は、当時私も岡本の友人と同じ闘い現場にいた。ただし、運動から半身を引いて新左翼メディアの取材記者として、自警団に追いかけられ羽田から蒲田の路地裏を必死で逃げ回ってかろうじて逮捕はまぬがれた。だが、史上空前の二五〇〇人を超える逮捕者を出すなかで半分〝安全地帯〟にいる自分に忸怩たる思いを抱いたものだった。この佐藤訪米阻止闘争では学生側に一人の死者を出し、その後運動は一気にしぼんでいく。そして内ゲバが始まり私のかつての仲間たちも命を失う。思えば、「落陽」は、わが〝青春の落陽〟を象徴した歌であった。

先に、拓郎による「大きな歌」から「小さな歌」への革命で生まれた一方の「塊り」には「陰の小さな歌」たちがあって、それは岡本の作詞によるものだと指摘したが、まさに「落陽」は岡本の「陰々」たる個人的体験が乗り移った絶品だった。

さらに、「落陽」をめぐる五十年来の謎解きを先に進めよう。

おそらく唯一の自著と思われる『旅に唄あり』（八曜社、一九七七年）には、「落陽」と題する一文が収録されており、そこには同歌の誕生エピソードが次のように記されている。

岡本おさみ著『旅に唄あり 復刻版』（山陰中央新報社、八曜社）

北海道漂泊の途次に立ち寄った苫小牧の某書店で立ち読みをするフーテン風老人と出会い、賭場へ連れていかれる。そこで「堅気」には一生縁がないであろう「鉄火場風景」を見せてもらい、そのまま一晩を共にしたあと、老人から「昔はあんたと同じように筆一本で飯を食おうとしていた時があった」とぼそっと打ち明けられる。老人は仙台へ向かうフェリー乗り場まで見送ってくれ、別れ際に、サイコロを二つ土産にくれる。岡本が「チンチロリン賭博には三つ必要だが……」とそのココロを問うと、「じいさん」いわく。「あんたは博打で勝てる柄じゃない、だから（博打がやれないように）二個にしたんだ」

この実体験から想を得て生まれたのが「落陽」の詞なのだという。

なかなか含蓄のある秘話ではあるが、岡本はこのいわくありげな「じいさん」の出自については何も語っていない。しかし、ここからは筆者の「妄想」だが、私には「炭鉱の匂い」がしてならない。

北海道における「文芸」は炭鉱労働運動におけるサークル活動とは切っても切れない関係にある。「落陽」リリースの五年後の一九七八（昭和五三）年に芥川賞を「伸予《のぶよ》」で受賞する高橋揆一郎（一九二八〜二〇〇七年）も、歌志内の炭鉱の文芸サークルで活躍していた。おそらく〝サイコロじいさん〟も、高橋と似たような過去をもちながら挫折をした手合いなのではなかろうか。

いや、仮に〝サイコロじいさん〟が炭鉱のサークル運動関係者でなかったとしても、賭場に集まっていた人々は間違いなく元炭鉱関係者である、と私は睨んでいる。サイコロ博打に興じる連中の一人を岡本は「化粧品のセールスマン」風と記しているが、私の見立てでは、彼をふくめ入れ替わり立ち替わりにやってくる「身をもちくずしちまった男ども」の何人かは炭鉱離職者に間違いないだろう。

というのも、ここ苫小牧は閉山にともない北海道でもっとも炭鉱離職者を吸収した「新興工業都市」だからである。そして、炭鉱の男どもには、チンチロリン博打は炭鉱には付き物の忘れられない「日常的娯楽」でもあったからだ。私は長年旧産炭地を訪れ、元炭鉱マンとその家族から話を聞いてきたが、チンチロリン博打は酒盛りと共に炭鉱町の日常風景である。

■炭鉱離職者の受皿となった新産都市・苫小牧

ちなみに『苫小牧市史』（苫小牧市、一九七五年）には、以下の記述がある。

「昭和二六年には苫小牧港の起工が行われ次第に人口も増加、三〇年には五万人を突破、同三八年苫小牧港の一部が使用開始となり、臨海工業地帯の整備も進み大手企業の進出もあって、苫小牧の人口の伸び率は道内において札幌市、江別市とともに常に上位を占め、同四四年には待望の一〇万都市への仲間入りをなし、さらに増加の一途をたどっており、臨海工業地帯完備、東部工業基地の造成により将来三〇万都市をめざしている」

「人口増加の内容についてみてみると、いわゆる社会増において昭和二八年から二〇〇〇人以上の転入者があり、同三一年から四〇〇〇人台、同三五年から五〇〇〇人台に、同四四年には一万人以上の転入者があったが、（略）転入では昭和三五年ころから炭鉱地帯の不振にともない、夕張、声別、美唄、赤平、三笠などから、また、同三八年の苫小牧港開港後は室蘭、小樽、函館市などの港湾都市から転入者が多いのが注目される」（同書一三〇三〜一三〇四ページ）

なお、苫小牧市史の「地域別転出入状況」によると、転出入第一位と第二位の札幌と室蘭は「転入」と「転出」がほぼ「行ってこい」であるのに対して、夕張、声別、美唄、赤平、三笠の産炭地のそれは圧倒的に「転入過多」で、昭和三〇年代後半から本格化する炭鉱閉山にともなって苫小牧が人口を増やしたことは明らかである。

その経緯を新設の苫小牧市立澄川小学校のプロフィールも、問わず語りに語っている。

「本校は、昭和三三年頃より急速に炭鉱離職者が字糸地・錦岡に住居を建て始め、それにともない錦岡・日新の両校に児童が急増したために昭和五四年に創設された学校である」

また「とまみん（地元紙「苫小牧民報」の愛称、筆者）が見た五〇年故郷」にも、当時の状況がこう記されている。

「この人口を排出したのは産炭地や周辺農村などである。苫小牧民報には『炭坑離職者どっと』などの見出しが大きく載る。賃金の高い、アブレることのない苫小牧を目指して人口が流入する」 http://www.tomamin.co.jp/kikaku_/50kinen/k001116.html
いっぽうで、苫小牧をえげつない人材ハンター、〝現代の山椒大夫〟のように見立てる批判的な記述もある。

「美唄の町には、工業港の開設で活気づいた苫小牧市の土地業者が、炭鉱離職者の退職金と商店の移転資金を狙って、『来たれ苫小牧へ』というポスターを貼り巡らし、市民を追い立てているように見える……（産炭地を見る（中）より）」（「赤紙――みいけの年表」一九六二年二月二〇日） http://www.miike-coalmine.org/akagami/akagami7.html

■〝サイコロじいさん〟は閉山の擬人化？

たしかに、前掲の岡本おさみの自著『旅に唄あり』に収められた「落陽」と題するこの一文には、炭鉱の「た」の字も

奔別炭鉱旧立坑（1971年、閉山）

ないが、岡本の胸中にはこの名曲が生まれる背景として「炭鉱（の閉山）」がわだかまっていたのではないだろうか。またぞろ筆者の妄想がそんな暴走をはじめたのは、その直前の章に、「坑夫の住む町」と題した一文があり、炭鉱と閉山の悲哀を記しているからだ。

岡本は、フォークシンガー・北炭生の案内で、辛うじて残っている夕張の炭鉱《やま》で現役の坑夫として働く彼の父親をたずねたその足で、かつて北炭生が生まれ育った美唄を訪れて、閉山後のさびれた町のたたずまいに呆然としてこんな感慨をもらす。

「立ちどまっていればよかった。が、いつまでもそこに立ったままでいることはできない。旅に出ると、いつもそんな思いに駆られる。佐藤商店のコンクリート壁はひび割れていて、そこに山を捨てた人たちの深い淋しさと怒りが覗いていた。とおりすぎてしまうことは、それがどんな悲しみであっても持続できない。旅人はだからとおりすぎるだけ、いつでもらくをしている」（前掲『旅に唄あり』一九四ページ）

私も旧炭鉱町を訪ねるたび、岡本と同じ風景を目のあたりにして、幾度その場に立ちすくみ言葉を失ったことか。

岡本はゴーストタウンとなった北海道の産炭地を巡ったあと、北炭生のために「別れ酒」という歌を捧げている。こんな内容である。

「炭坑《やま》の男が飲む酒の味は、都市《まち》のものにはわかるまい。仲間はズリ山捨てて都市に去ってゆく。それでもおいらはまだまだ炭坑ぐらし。いまさら陸には戻れない……」

炭坑《やま》を下りた男たちが向かった都市《まち》とは、おそらく「落陽」の舞台となった苫小牧であり、そんな男たちの中に、若き日の〝サイコロじいさん〟もいたのではないか。いや、私には、閉山となってズリ山と竪坑遺構だけを残してさびれきった北海道のすべての炭鉱そのものが〝サイコロじいさん〟に見えてならない。

戦後日本の奇跡の復興と国民生活の再建を支えてきた石炭産業だが、石炭から石油への国のエネルギー転換政策により、「落陽」がリリースされた一九七三（昭和四八）年には、最盛期には筑豊だけでも五〇〇超はあった炭鉱は激減。三年後の一九七六（昭和五一）年に大手である常磐炭礦が閉山をもって、昭和五〇年代には北の夕張と西の三池の一部を除いて、全国の産炭地からほぼ炭坑《やま》は消える。そして、その多くは岡本が美唄や夕張で目撃したように往時の人口を半減させ、ゴーストタウンとなっていく（夕張にいたっては最盛時の一〇万人超が一万人を割った）。

かつて戦後日本を支えた石炭産業がまさに「落陽」となって海底へと沈んでしまったことへの切々たるオマージュ。それが岡本おさみの傑作「落陽」ではなかったか。

すでに岡本は鬼籍に入っているので、もはや本人に確かめるすべはないが、そんな私の「妄想」を岡本は許してくれると思うのだが。

■〝サイコロじいさん〟は卑猥なベッチョ踊りが得意だった？

さて、「落陽」を世に送り出した後、岡本おさみの「炭鉱への想い」はどうなったのか？

その答えは、それから一〇年ほどして、岡本が「歴史読本」一九八一（昭和五六）年一一月号に寄せている「春歌・北海盆唄」と題するエッセイにある。

岡本が北海道の旅で「落陽」の着想を得たのは、たんにさすらい気分から炭鉱に感傷を覚えたことによるものではなかった。それどころか、むしろ「落陽」を契機に、岡本の炭鉱への関心はいやましていったように思われる。

岡本は、そのエッセイで、三橋美智也のレコードで国民歌謡になった「北海盆唄」を歌詞が凡庸でつまらないと思っていたが、テレビ番組の取材がきっかけで、元歌の「ベッチョ節（踊り）」を知るほどに、興味を覚えるようになったと記している（なお「ベッチョ節（踊り）」については前の第一四話「北海盆唄」を参照されたい）。

ちなみに、「北海盆唄」は北海道の産炭地の盆踊り唄から生まれたとされるが、俗称の「ベッチョ踊り」のベッチョとは当地の方言で女性器をさすことからもわかるように、往時のそれは、卑猥な歌詞の無限連鎖と共に、裸体を豆電球で飾って踊る狂乱ぶりでも知られていた。それは死と隣りあわせの炭鉱仕事ゆえのエロスの無限解放でもあった。

炭鉱町で育たないかぎりは、ほとんどの人は、三橋美智也の健全化された「表の歌」である「北海盆唄」しか知らない。

岡本は北海盆唄のルーツの一つとされる小樽高島町の「越後踊り」を目撃、臨場感たっぷりにこう描写をしている。

「はあイカベッチョ、チュウチュウ／タコベッチョ、すいつくぞ、はあベッチョベッチョ
この裸そのままの合いの手は、歌上手の者が歌うと一段と高まり、夜星にワァーンと響き渡ったという。男は女装、女は男装するのが踊りの衣装だったが、それはそれらの露骨な合いの手を口にだして歌うのが恥ずかしく、女も女とわからぬよう、頬かむりに男装でいたのだと言う」（「歴史読本」一九八一年一一月号、四三ページ）

と、ここで私に再び妄想がわいてきた。〝サイコロじいさん〟はチンチロリンも大好きだったが、若い時分は、夏の盆ともなると卑猥な歌詞に囃したてられて「ベッチョ踊り」を踊り狂ったのではないか、と。

最後まで妄想をたくましくすることをお許し願うと、ひょっとして「落陽」は、閉山によって歴史から完全に消されてしまった「ベッチョ節（踊り）」への挽歌でありオマージュでもあったのかもしれない。

これも叶うことなら、鬼籍に入る前の岡本おさみに、ぜひとも訊いておきたかった。


（本話は『炭鉱の唄たち』（ポット出版プラス）第三部「炭鉱の唄たちの戦後その再生その再生と死と」第二章第六節「北の大地の閉山に捧げられた唄たち」を大幅加筆した）

♪第一六話
若者たちを〝自分探し〟の旅にいざなった極北の歌
「知床旅情」歌・加藤登紀子（作詞作曲・森繁久彌、一九七〇年）

■カバー曲がオリコン上位を占めた一九七〇年代

私たち団塊世代の青春時代でもあった一九七〇年代は、歌謡曲の世界ではカバーが相次ぎ、いずれも「元歌」をはるかにしのぐヒット曲となった。今から振り返ると、これも戦後昭和の「宴の終焉」の早すぎる予告だったのかもしれない。

オリコンチャートで年間ベストテン以上にランクされたものを列記すると、以下のとおりである。

「圭子の夢は夜ひらく」（藤圭子、一九七〇年度オリコン三位、「元歌」は園まり）
「京都の恋」（渚ゆうこ、一九七〇年度オリコン一〇位、「元歌」はザ・ベンチャーズ）
「知床旅情」（加藤登紀子、一九七一年度オリコン二位、「元歌」は森繁久弥）
「また逢う日まで」（尾崎紀世彦、一九七一年度オリコン三位、「元歌」はズー・ニー・ヴー）
「別れの朝」（ペトロ&カプリシャス、一九七二年度オリコン八位、「元歌」はウド・ユルゲンス）
「なごり雪」（イルカ、一九七五年度オリコン四位、「元歌」は伊勢正三（かぐや姫））
「フィーリング」（ハイ・ファイ・セット、一九七七年度オリコン一〇位、「元歌」はモーリス・アルバート）
「Mr.サマータイム」（サーカス、一九七八年度オリコン八位、「元歌」はミッシェル・フュガン）
「YOUNG MAN（「Y.M.C.A.」）」（西城秀樹、一九七九年度オリコン七位、「元歌」はヴィレッジ・ピープル）

これは戦後歌謡史をいろどる社会的事件の一つといってもいいかもしれないが、その事件性をいっそう高めた楽曲は、

「知床旅情」（ホリドールレコード、EP）

加藤登紀子がカバーした「知床旅情」ではないだろうか。オリコンチャート集計による同歌の売り上げはなんと一四〇万枚超、尾崎紀世彦の「また逢う日まで」の一〇〇万弱、イルカの「なごり雪」の八〇万枚、藤圭子の「夢は夜ひらく」の七七万枚をはるかに超える。

さらに、上記の九曲中六曲が〝洋物〟のカバー、歌詞もメロディもほとんどが〝シティテイスト〟なのに、加藤の「知床旅情」は藤圭子の「夢は夜ひらく」と並んでドメスティックで、〝ローカルテイスト〟。それなのに他をよせつけず一頭地を抜いてミリオンセラーとなったのは、なぜなのだろうか？

そこには、この歌のカバーをめぐる数奇な生い立ちが関係していると思われる。

本稿では、それについてひもといてみたい。

■森繁久彌版もカバーだった

加藤登紀子がカバーした「知床旅情」の元歌は、一九六〇（昭和三五）年、同地で撮影された映画「地の涯に生きるもの」（久松静児監督）で、猫と共に厳冬の番小屋で漁網を護る主役の老人を演じた森繁久彌が、ロケ終了後、撮影に協力してくれた知床の人々への返礼としてうたった「さらば羅臼よ」だとされている。もともとは、当地でうたい継がれてきた曲を助監督か監督助手が掘り起こしてきたものらしい。これにいたく感動した森繁が、歌詞を補い、タイトルを「しれとこ旅情」としてレコード化した。つまり、森繁版もオリジナルではなく〝詠み人知らず〟のカバーだったのである。そして一九六二（昭和三七）年のＮＨＫ紅白歌合戦に森繁が出場して披露されたが、それによって世間にひろまることはなかった。

そのとき私は中学生で、いずれも同世代の初出場組だった弘田三枝子の「ヴァケーション」、中尾ミエの「可愛いベイビー」を鮮明に記憶しているから、間違いなく家族団らんでその紅白を楽しんでいた。しかし、森繁久彌の「しれとこ旅情」を観た記憶はまるでない。

私と「知床旅情」の出会いは、それから一〇年ほど後、加藤登紀子のカバーが空前のヒットとなり、加藤が紅白に初出場（それは私の記憶にある）してからである。それが契機となって「元歌」の森繁版もテレビやラジオで流れるようになる。しかし、「♪しれとこーのおみいさあきいにい……」と母音を思い入れたっぷりに引き伸ばしてうたう森繁節には、とてもついていけなかった。映画「社長漫遊記」シリーズで社長を演じる森繁が宴会部長の三木のり平から「社長、ぱーっとやりましょう！」とあおられ、「じゃあ、一曲やるか」と応じるシーンが脳裏に立ち上がってくるからだ。当時二〇代の私たちにとって、森繁版「知床旅情」は父親世代の「宴会ソング」であって、「自分たちの歌」とは思えなかったし、周囲で愛唱する友人たちもいなかった。

いっぽう感情移入過多の森繁版とは真逆の、抑制がきいたクールな歌いぶりの加藤登紀子版には、「これぞ自分たちの歌だ」と共感をおぼえたものだった。

■獄中の恋人からの手紙が歌手人生の転機に

そもそも両者が「別物」であるなによりの証拠は、当の加藤登紀子自身が、「知床旅情」を「元歌の主」である森繁久彌から〝直接伝授〟されなかったことにある。実は森繁と加藤との間には重要な「橋渡し役」がいた。それは、当時、加藤が学生集会への参加の依頼を受けたことが機縁で付き合いはじめ、のちに獄中結婚することになる全学連委員長の藤本敏夫である。

加藤は一九六五年、東大在学中に日本アマチュアシャンソンコンクールで優勝し、話題を呼んだ。当時私は東大の一年坊主だったが、加藤登紀子のシャンソンコンクール優勝は、六大学リーグ万年最下位の野球部が井出峻の好投でいきなり慶応から勝ち点を挙げた快挙と共に、東大らしからぬ事件として、駒場のキャンバスを騒がせたことを今でも鮮明におぼえている。

今から思えば、どちらも　がのどかな時代ゆえのエピソードだった。私は入学直後から活動家となったが、ベトナム戦争反対のデモへの参加を呼びかけるアジビラを正門前で撒いても受け取る〝一般学生〟は稀れで、デモへの参加者はまずいなかった。まさか三年後にこののどかなキャンパスから反逆の火の手が上がり、全国各地の大学へと燃え広がろうとは想像だにしていなかった。そして、その学生たちの反乱のヒーローの一人と結婚することになるとは、当の加藤登紀子も思っていなかっただろう。

そんなのどかな時代の異色のエピソードに着目したレコード会社は、加藤を〝変わり種アイドル〟として売り出そうと、三か月に一回のペースでシングル盤をリリースするが、加藤にとってはいずれもまったく気乗りがしないポップスのカバーやムード歌謡ばかり。いったい自分は何を誰のためにうたえばいいのか苦悩の只中にあった。そんなさなか、恋に落ちた学生運動のリーダーからはじめて聞かされたのが「知床旅情」だった。

それがいかに「衝撃の出会い」であったか。自著『運命の歌のジグソーパズル』（朝日新聞出版、二〇一八年）には、こう記されている。

「初デイトだったその日、相当酔っ払ってもいたが、私の住んでいるマンションの屋上で夜空を見ながら、彼が朗々とこの歌を歌ったのだった。私は、ちょっと打ちのめされた！　歌手なのに、私はこんな風に気持ちよく人に歌を聞かせたことがない」

「知床旅情」との「衝撃的出会い」は、加藤登紀子の歌手人生に最大の転機をもたらす。それから数か月後、恋人は獄中へ。「恋なんかしなければよかった」と想い焦がれる加藤のもとへ獄中から手紙が届く。そこに書かれてあった「トイレの蓋を開けたとき、顔を出すネズミ君が僕のたったひとりの友達」に、着想を得て生まれたのが、

♪ひとりで寝る時にはよオー　ひざっ小僧が寒かろう
♪おなごを抱くように　あたためておやりよ

の「ひとり寝の子守唄」だった。

翌一九六九年九月にリリースされたが、「自作自唱への初挑戦」だけに加藤には不安があった。それから二か月後、森繁も呼びかけ人の一人となった「あゆみの箱」のチャリティーショーが九州で開催され新進歌手の加藤も招待された。新作の「ひとり寝の子守唄」を披露すると、明るかった会場の雰囲気がにわかに沈んだので不安を覚えながらステージを降りたところ、舞台の袖で待ち受けていた森繁が加藤を両腕で抱きとめて「君は、僕と同じ心で歌っているね。ツンドラの

風の冷たさを知っている歌声だよ」とほめてくれた。森繁とはこのときが初対面だったが、加藤が同じツンドラに凍える体験をもつ「満州育ち」であることを森繁は知らなかったはずだ。ちなみに、森繁と加藤家は戦後同時期に満州から佐世保に引き上げ一時同地に滞在している。そのことも加藤はずっと後に知ることになる。そして、森繁がほめたとおり、「ひとり寝の子守唄」はその年のレコード大賞歌唱賞に輝くのである。

しかし、森繁久彌と加藤登紀子の〝因縁〟はこれでは終わらない。

翌一九七〇年、日本全国に伝承されている隠れた名曲を発掘しようと「日本哀歌集」と銘打ったアルバムリリースの企画がもちあがった。加藤にとって因縁浅からぬ「知床旅情」がその中に組み入れられたのはいうまでもないが、さらにそれをシングルカットしたところ、「ひとり寝の子守唄」を超える大ヒット、二度目のレコード大賞歌唱賞を受賞し、NHKの紅白に初出場するのである。

こうして加藤登紀子は、〝異色のアイドル〟を卒業し、シンガー・ソングライターに、そして国民的歌手の一人へと飛躍していく。演じてよし語ってよし歌ってよしの希代のエンターテイナーがうたう〝ご当地ソング〟に学生運動のリーダーが共感、その恋人の新進歌手がそれを聞いて衝撃をうけ自身の転機となる代表作を生みだし、それに先のエンターテイナーが共感、今度は新進歌手が彼の〝ご当地ソング〟をカバーして彼よりも多くの国民を共感させる。まさに数奇というほかない「因縁の良循環」が生み出されたのである。

藤本敏夫（右）と共に（2000年正月）

■加藤登紀子版「知床旅情」は藤本敏夫版である⁉

ここで注目すべきは、「知床旅情」が森繁久彌→藤本敏夫→加藤登紀子へとうたい継がれながら、「オリジナル」のまま引き継がれたわけではないことである。いや、見方によっては、「元歌」は「別物」に変容させられている。ここにこそ加藤版「知床旅情」の爆発的ヒットの秘密が隠されているのではないか。

藤本は京都の同志社大学時代に、行きつけの喫茶店で、森繁の大ファンのマスターが店でかけるレコードを聞いているうちに、「知床旅情」を愛唱するようになったという。しかし、藤本は森繁の「元歌」をそのまま復誦したのではなく、あきらかに意図的に歌い替えている。そしてそれを聞かされた加藤はそのまま引き継いだ。つまり、加藤登紀子版「知床旅情」は、正確を期すと、加藤登紀子・藤本敏夫合作版「知床旅情」だったのである。

では、二つの「知床旅情」のどこがどう違うのか。具体的にいうと、以下のくだりである。

二番　森繁久彌版「酔うほどにさまよい」→加藤登紀子版「飲むほどにさまよい」
　　　森繁久彌版「君を今宵こそ」→加藤登紀子版「今宵こそ君を」
三番　森繁久彌版「知床の村にも」→加藤登紀子版「ラウスの村にも」
　　　森繁久彌版「白いカモメを」→加藤登紀子版「白いカモメよ」

■「を」と「よ」の違いにヒットの秘密があった

上記の四か所のうち、私の興味と関心をもっとも惹くのは最後の箇所である。他は「元歌の変容」にあたるほどの歌い替えではない。いっぽう最後の箇所は、たった平仮名一字の「を」と「よ」の違いだが、当時若者だった私たちがなぜ森繁版ではなく加藤版に圧倒的に共感したのかの理由と背景がそこにはあると思われるからである。

「元歌の主」もそう思っていたらしく、加藤によると、後に森繁自身から、「カモメは知床に残される人々のことを指しているので、『よ』でなく『を』で歌ってほしい」と言われたという。

以下はあくまでも筆者の独断であることを断わったうえで論評すると、森繁版も加藤版も、一番と二番は、知床を訪れた男たちが、同地の人々との別れを惜しむ内容だが、三番では「を」と「よ」の違いによって、両者のたたずまいとメッセージは反転する。

すなわち「白いカモメを」の森繁版では主客が逆転し、知床の人々（おそらくは情けをかわした女性たち）が同地を去っていく旅の男たちに対して「都会からやってきた〝きまぐれ烏さん〟のあなた、北の涯の〝白いカモメ〟である私たちをどうか忘れないでね」とうたう。つまり「訪《ま》れ人」からの「別離のあいさつ」である一番と二番に対する「返歌」であり、万葉集以来の伝統的な相聞歌の手法の踏襲といえなくもない。

片や加藤版では主客関係はそのままで、「この地を去っていく私のことを忘れないでくれ、白いカモメよ。私だって別れるのがつらいのだ」とひたすら〝よそ者〟の想いを最後まで一方的に語りつのる。

森繁版は、いってみれば、万葉集以来日本各地で繰り返されてきた旅人と土地の娘たちとの出会いと別れをめぐる「抒情歌」であるが、加藤版は男女の別れをうたいながら、その内奥に「過ぎ去ろうとする自らの青春への惜別」――とりわけ加藤版は藤本版との合作であるとするならば、藤本が青春をかけた「政治の季節への惜別」が仮託されていたのではないか。実際、藤本が収監を覚悟して恋人の加藤にうたって聞かせて衝撃を与えたとき、藤本自身は青春をかけた「政治の季節」はもう終わったと運動に見切りをつけ、労働者と資本家の階級対立という枠組みを超えた「農的世界」への転身をはかって、周囲を驚かせると共に失望もさせた。

森繁久彌と（1979 年、日比谷野外音楽堂）

当時私たち多くの若者は街頭ではベトナム反戦デモに、キャンパスではバリケードストライキに参加、政治に青春を燃やしたが、一九七〇年を境に内ゲバと運動の過激化で、大多数が「政治の季節」に別れを告げた。そんな若者たちの気分に加藤版は見事にシンクロしたが、森繁版は「戦前の昭和」を引きずっていて、あまりにも抒情的で前時代的すぎた。

■「ディスカバー・ジャパン」が後押し

さらに一九七〇年から始まった旧国鉄のディスカバー・ジャパン・キャンペーンが後押しをした。「日本を発見して自分自身を再発見する」のコンセプトにのせられて「政治の季節」に別れを告げた若者たちが「自分探し」の旅に出た。秘境ブームが起き、知床がそのシンボルとなり、それに時期をあわせたかのように加藤登紀子が「知床旅情」をカバーした。ここでも加藤版は「自分探し」の若者たちと見事にシンクロしたが、抒情的で前時代的な森繁版は時機を失した。

当時全国の学園で燃え盛った全共闘運動を、後にある社会学者は「壮大な自分探し」と評した。「ディスカバー・ジャパン」の成功と加藤版「知床旅情」のヒットにかんしては、その勲一等は「自分探し」にあった──すなわち政治に失望した若者たちを自分探しの旅へといざなう「ハメルンの笛」に巧みに使われたと認めてもいいのかもしれない。いずれにせよ、当時の若者たちにとって、森繁版と加藤版は明らかに「別物」だったのである。

加藤自身が明らかにしているが、実は森繁に事前了解をとらずにレコード化していた。後に新幹線の通路で森繁に出くわし、ちゃんと挨拶をしていないことに気づいた加藤は、あわててシングル盤を渡したところ、森繁は怒りもせずに受け取ると、後に「君は歌はうまくはないが、心で歌っている」と森繁一流の褒め言葉をもらったという。

現代なら知財権の争いに発展しかねないところだが、このように美しく収まったのは、二つの「知床旅情」が「元歌」と「カバー」の関係ではなく、まったくの「別物」であることを森繁久彌自身も認めていたからにほかならない。

もし加藤登紀子が藤本敏夫からではなく、森繁久彌から〝直接伝授〟されていたら、「知床旅情」の歴史的ヒットは、おそらくなかったであろう。

歌とは本来〝詠み人知らず〟による有為転変を繰り返すなかで、時にメロディも、歌詞も、そしてそこにこめられたメッセージも世につれてうつろいゆく。それこそが「はやり歌」の原動力の源泉なのではないだろうか。

■学卒の技術者たちの「替え歌」挽歌も

いっぽうで、冒頭で示したように、加藤版「知床旅情」は、一九七〇年代に同時多産した「カバー曲」群の代表である。優れたオリジナルが生まれないことは、見方をかえれば、「昭和の宴」を支えてきたエネルギーの枯渇──つまり「時代のパワー」の減衰の予兆であった。その意味では、加藤版「知床旅情」は「昭和の宴の終焉」を早々と予言した歌でもあった。

一九七一（昭和四六）年、三池・筑豊、石狩・空知とならぶ日本三大産炭地の一山として八八年にわたって日本の近代化を支えてきた常磐炭田が閉山する。加藤版「知床旅情」が大ヒットした一年後のことである。そのとき、炭鉱マンたちがこの歌に託した興味深い証言が残されている（「常磐炭砿の学卒者たち」二〇〇三年一二月一〇日）。

証言者である東北大学鉱山学科卒で閉山時に砿務課長だった中田信夫によると、彼らは戦後の石炭増産を技術で支えるいっぽうで豊かな暮らしを手に入れた。「差額・差額が給料に上積みされ、当時平（現いわき市平《たいら》地区）石炭支局に役人となって在職していた大学同期の友人の給料の倍にもなっていて彼を嘆かせたこともあり（やがて逆転したが）本社に出張すれば慰労の接待を受けて銀座のキャバレーに連れて行かれた途端にバンドが炭坑節を流す等、若い者を有頂天にさせる様な時期でもあった」という。

やがて彼らにも閉山という悲劇がしのびよる。それを察知して転職者も出始めたが、多くは踏みとどまった。危機を乗り越えるため事業多角化の一環として、常磐ハワイアンセンターをはじめ二十数社の系列会社がつくられたが、それを下支えしたのも学卒の技術屋だった。しかし、明るい兆しが見えたのもホンの一時だった。皮肉なことに、技術陣が総力を結集して温泉や地熱を克服した新しい採炭技法を実現、それをスペインはマドリッドでの世界採鉱会議で日本を代表して発表した翌年、彼らの鉱山《ヤマ》は閉じられることになる。中田は、閉山まで残った学卒者たちについて、高度経済成長に向う時期に炭鉱の給料や退職金は他業種大手と較べると著しく低くなったことに気づかなかった「世間知らず」か、苛酷な仕事にも住めば都と安住した「楽天家」か「諦めのいい連中」だったといささか自嘲気味に記した上で、そんな仲間たちが閉山の別れにあたって口吟《くちずさ》んだ歌を紹介している。当時、加藤登紀子が森繁久彌の原曲をカバーして累計で一四〇万枚を売り上げた「知床旅情」の替え歌で、作詞者も学卒の技術者であった。

〈炭砿《ヤマ》と別れる〉　作詩：寺本格

♪いわきの山路にしゃくなげの咲く頃
　思い出しておくれ俺たちのことを
　飲んで歌って窓にもたれりゃ
　はるか湯の岳に入日が沈む
♪地の底深く黒ダイヤ求めし
　父の汗知るやハワイアンの乙女よ

やしの葉かげにしぶき舞飛び
タヒチのリズムに夜は更けゆく
♪別れの日は来た湯本の町にも
君は出てゆくズリ山をあとに
忘れちゃいやだよ炭砿《ヤマ》の仲間よ
私を泣かすな白い湯の香よ

なお「ハワイアン」とは石炭掘削時の悩みの種であった高温の温泉を活用した保養施設の「常磐ハワイアンセンター」、ズリ山とは掘り出した石炭の屑《ズリ》を積み上げた山のことで、九州では「ボタ山」という。

この「替え歌」には、興味深い後日譚がある。常磐炭礦の閉山から三一年後の二〇〇二年一月三〇日、日本に最後まで残っていた北海道は釧路の太平洋炭鉱が閉山するが、その三日後の二月二日付けの朝日新聞紙上に、「惜別の譜」ともいうべきこんな投書が掲載された。

「ヤマと別れて闘う男たちへ

無職・塩野谷信彦（千葉県松戸市八三歳）

日本最後の大規模炭鉱、太平洋炭砿が姿を消しました。私はかつて炭鉱に資材を納める会社に勤め、旧満州の果てまで、増産する炭鉱に物資を届けに行きました。時代の流れとはいえ感慨無量です。中でも福島県いわき市の常磐炭鉱が閉山する時、ヤマの男が作った『ヤマと別れる』には、共に歌って涙した思い出があります。それは知床旅情の替え歌です。大量の温泉水が採炭の障害だった同炭鉱は、逆に温泉を利用した常磐ハワイアンセンター（現スパリゾートハワイアンズ）に生まれ変わりました。センターの舞台でフラダンスを技露したのは、ヤマの男の娘たちです」

と記されたあとに、先の「替え歌」が引用され、こう結ばれている。

「太平洋炭砿の皆さんをはじめ、全国に散ったヤマの男たちは、思い出を胸に秘めて、黙々と不況と闘っていることでしょう」

加藤版「知床旅情」は、三十余年後の日本最後の炭鉱の未来をも予知していたことになる。

さらに妄想の翼を広げると、この替え歌の愛唱者の中には、学生時代に加藤版「知床旅情」に触発されて「自分探しの旅」に出た後、常磐炭鉱に職をえた元全共闘活動家がいたかもしれない。

このエピソードを加藤登紀子に示したところ、「そんなことがあったとは知らなかった」としたうえで、こんなコメントがかえってきた。

「この歌は、出逢いから逢い引き、別れまでが三点セットで歌われるので、出逢いの場でも別れの宴でも歌える便利な歌。だけど恋人になったばかりの私に藤本敏夫が歌ってくれた時、愛の告白なのか、別れの歌なのか、さっぱりわからなくて、何だか泣けてたまらなかったのよ。六〇年代の学生運動はたぶん、はじめから終りを知っていた。だからそのはかない気持が、『知床旅情』にぴったりだったのかもしれないわね」

思えば、炭鉱は戦後の昭和の奇跡の復興を支えることでどの産業よりも早く宴を享受したが、復興の目鼻がたった途端に、どの産業よりも早く「閉山」という「宴の終焉の悲哀」をあじわうことになった。加藤版「知床旅情」はその過酷な行く末に最後まで付き添ったのだった。


（写真提供は、トキコ・プランニング）

♪第一七話

挽歌に封印された古代文字の謎

「石狩挽歌」歌・北原ミレイ（作詞・なかにし礼、作曲・浜圭介、一九七五年）

■謎だらけの「石狩挽歌」の謎

「歌は世につれ、世は歌につれ」といわれるが、ここまで検証してきたように、両者が「つれる」タイミングにはタイムラグがある。ときにはそれは半世紀近くもずれ、後になって「ああそうだったのか」とそのはやり歌に託されていたメッセージに気づかされることがある。

本書の掉尾「宴の終焉の章」の最後には、そんな究極の「街場のはやり歌」を取り上げる。

私が〝できちゃった結婚〟をして娘が生まれた一九七五（昭和五〇）年にリリースされた「石狩挽歌」である。この歌はいまも歌い継がれている戦後昭和歌謡のヒットナンバーの一曲となっているが、「ヒット曲の公理」からはまったく外れていた。

そもそも歌謡曲とは大衆の大衆による大衆のための歌である。したがって普通の暮らしぶりの人々の関心事がテーマに選ばれる。大衆のほとんどが知らない、聞いたこともない事象が歌詞にされることはまずない。仮に歌詞にされても支持されヒット曲となることはない。しかし、ごくたまに、いやごくごく稀れに、この「公理」を覆して大衆の琴線をふるわせる歌が生まれる。これぞ流行歌のもつ美しきパラドックス効果だと思うのだが、私の知る限りその代表格は、「石狩挽歌」（作詞・なかにし礼、作曲・浜圭介、一九七五年）であろう。

最初にこの曲を聴いたとき歌詞を半分でも理解した人はどれほどいただろうか。以下に歌詞の一部を掲げるので、初めてこの歌を聴いたときに立ち返って、いま一度、読み直し、いや歌い直していただこう。

♪海猫《ごめ》が鳴くからニシンが来ると
赤い筒袖《つっぽ》のやん衆がさわぐ……
破れた網は問い刺し網か……
沖を通るは　笠戸丸《かさどまる》（以上一番）
♪オタモイ岬のニシン御殿も
今じゃさびれてオンボロロ……
かわらぬものは古代文字……（以上二番）

私もそうだったが、おそらく読者も、歌詞を確認して、ニシン漁師たちの間で海猫が「ごめ」と呼ばれていたこと、「つっぽ」とは漁師たちが羽織る筒袖の刺子半纏のようなものらしい、と知ったのではなかろうか。それにしても、これほどジャーゴン（業界用語）がちりばめられた歌はない。

ジャーゴンといえば、高倉健の「網走番外地」（作詞・水城一狼／佐伯清、作曲・水城一狼、一九六五年）の、

♪きすひけ、きすひけ～（渡世人用語で「酒を飲むこと」）、

三橋美智也の「おんな船頭唄」（作詞・藤間哲郎、作曲・山口俊郎、一九五五年）の、

♪思いだすさえ、ざんざらまこも～（利根川下流・潮来地方の言葉で「風でざわつく真菰」）

が思い浮かぶが、その二曲ですら、「きす」と「ざんざらまこも」以外は〝普通人が耳で聞いて理解できる歌詞〟である。ところが「石狩挽歌」ときたら、「ごめ」「つっぽ」に加えて「やんしゅ」「といさしあみ」「かさどまる」「おたもいみさき」「こだいもじ」、そして謎の呪文「オンボロロ」。耳で聞くかぎりはまるで「判じ物」である。こんなわけのわからない歌

北原ミレイ「石狩挽歌」（ホリドールレコード）

がなぜはやったのだろうか？　大いなる謎である。

■忘れられたニシンの物語がなぜヒットしたのか

「石狩挽歌」がヒット曲の公理からはまったく外れていた理由のもうひとつは、世につれるタイミングが大きくズレていることである。この歌のテーマの背景にあるのはかつて宴を謳歌したニシン漁である。

戦前の最盛期には年間一〇〇万トンもの水揚げがあり、戦後も数年は、一網でニシン御殿が立つという活況を呈したが、徐々に不漁がつづき、一九五三（昭和二八）年を境に水揚げは激減、一九五五（昭和三〇）年にはわずか五万トンにまで落ち込む。その後しばらくは日本の沿岸へのニシンの到来はまったく見られなくなる。稚魚放流などの対策がとられるが、それでも「石狩挽歌」がヒットした一九七五（昭和五〇）年の漁獲量はわずか四〇〇〇トンていどで、現在にいたっている。もはや日本人にとってニシンは「幻魚」というより「忘れ去られ魚」でしかない。

先の第一六話でとりあげた「知床旅情」と「炭鉱の閉山」は同時代であり、両者がシンクロしていたのはヒット曲の公理にあてはまるが、ニシン漁をモチーフに「昭和の宴」をうたっても、それは三〇年も前の「遠い記憶」であり、街場のはやり歌のターゲットである一般大衆がこれに触発されるとは考えにくい。

さらに往時を振り返ると、日本は一九七三（昭和四八）年のオイルショックを乗り切り、一九七五（昭和五〇）年四月にはベトナム戦争についに終止符が打たれ、歴史的な緊張の緩和がもたらされた。当時青春の只中にあった、私たちベビーブーマーにとっても「激動の季節」がおわり、平穏な日常が戻りつつあった。

いみじくも、「石狩挽歌」と同じ年にリリースされた『いちご白書』をもう一度」の歌詞さながらに、「元怒れる若者たち」は、♪就職が決まって髪を切り、「企業戦士」になって経済成長の歯車になっていった。

■なかにし礼の類まれな創造力の産物

われら「一般大衆」にとって、「石狩挽歌」の「ニシン御殿伝説」ははるか忘却の彼方にあった。これほど時空を超えた異界の物語にもかかわらず、大ヒットしたのはなぜか。それは作詞家なかにし礼の物語を紡ぎ出す創造力と想像力の合作の賜物だろう。意味不明のジャーゴンが次々と繰り出されるなかで、不遇だが気丈な女性の生き様が浮かびあがってくる。背景に流れる言葉が意味不明であればあるほど、ヒロインの立ち姿がいっそう鮮明になる。

さらに、たんなる想像力の産物ではなかったことが、この歌をいっそう魅力的にしている。なかにし礼は、自伝的小説『兄弟』（文藝春秋、一九九八年）で描いた兄との私小説的相克を下敷きにしているが、そのままでは伝わらないので作劇的工夫をこらした、と由紀さおりとの対談でも語っている（「ミュージック・ポートレイト」NHKオンライン、二〇一三年四月一九日）。リアルな物語に裏書きされていたのである。

また、歌い手もよかった。この楽曲は八代亜紀、森昌子、石川さゆりなど複数の歌手に提供されたが、北原ミレイの捨てばちな歌いぶりが歌詞にはぴったりだった。これがこの歌をさらに魅力的にしたことは間違いなかろう。

文芸にたとえれば、本来直木賞の大衆小説ジャンルへ芥川賞の私小説が持ち込まれたような衝撃的事件で、音楽業界がその年の「日本歌詞大賞」を授与したのは当然であった。

■正体不明の古代文字と古代史ブーム

しかし、今あらためて当時を振り返ると、もうひとつ大きな気づきがあった。

それは、この歌の「結語」にされている「♪かわらぬものは古代文字」である。「古代文字」は「ごめ」にはじまる強烈で個性的なジャーゴンに比べると耳への響きは至って地味で聞き流してしまいそうだが、追究していくほどに、そこに込められているメタファーとメッセージは奥深い。

ここで「古代文字」の解説を簡単にしておくと、明治維新の二年前の一八六六（慶応二）年、ニシン番屋の建設にきていた神奈川の石工が、たまたま石を探しに小樽の手宮地区にある洞窟にきたところ、文字のようなものが刻まれているのを発見。その後、明治中期、イギリスの高名な地質学者が学術調査に訪れて権威ある学会誌に取り上げたことから、世界中に反響を呼んだものである。

思い返すと、それに加えて、私を惹きつけた個人的な事情がある。それは往時の古代史ブームだった。火付け役は、一九六七（昭和四二）年に出版された宮崎康平『まぼろしの邪馬台国』と安本美典『邪馬台国への道』による邪馬台国論争である。その後、高木彬光『邪馬台国の秘密』（一九七三〈昭和四八〉年）、松本清張『邪馬台国の常識』（一九七四〈昭和四九〉年）、豊田有恒『邪馬台国を見つけよう』（一九七五〈昭和五〇〉年）と有力作家の出版が相次いで百家争鳴の感を呈するようになる。

この邪馬台国論争をうけて、梅原猛の『隠された十字架　法隆寺論』（一九七二〈昭和四七〉年）『水底の歌　柿本人麿論』（一九七三〈昭和四八〉年）をはじめ、古代史全般へと裾野が広がっていく。そうした古代史ブームの中で、「古代文字」「神代文字」は魅力的なキーワードの一つであった。まさにその時期に「石狩挽歌」は登場したのである。

今も古代史ブームと言われているが、往時のそれとは背景がちがっていた。ややこしい議論をすると、全共闘運動の挫折をうけ、一部左翼論壇では、初期マルクスあるいは実存的マルクス主義のアプローチでは世界は解釈できないし全世界を獲得することもできないという「思想的転機」にあった。そこで、「古代史」はポストモダンの思想的根拠の選択肢の一つともなり、私の友人の元全共闘の中には、これにのめり込んだものもいたし、仕掛け人の編集者になるものもいた。かくいう私も思想的挫折感の影響をうけ、古代史に逃避したことは否定できない。梅原猛や松本清張などの著作を読み漁り、今ではトンデモ本とされる佐治芳彦、古田武彦にも手を出した。

多数派とは思えないが、私のような動機で「石狩挽歌」を「古代文字」から着目したコアなファンは確実にいたはずである。あれから約半世紀、改めて現場を訪ねて、昭和の代表的歌謡の歌枕となった「古代文字」を追究してみることにした。

■「荒覇吐《アラハバキ》」を神に戴く古代王国の言葉か

まず向かったのは車で小樽駅から一五分ほど、小樽運河の西外れにある手宮洞窟保存館である。なんともちっぽけな構えで、ちょっと拍子ぬけする。学芸員の説明に耳を傾けると、江戸末期、石工によって発見された「古代文字」は、ここを調査に訪れたイギリスの高名な地質学者によれば、推定年代は一六〇〇から二〇〇〇年前の続縄文文化時代。歴史の授業では、そのころの日本列島の中心ではまだ文字は使われていなかったにも拘わらず、辺境に文字をもった人々がいたとは、まさにエジプト文字の一つといわれるヒエログリフに匹敵する歴史の大発見であり、一九二三（大正一二）年、当時皇太子だった昭和天皇が視察に訪れたというのもうなずける。ここ小樽の地はさぞや沸き立ったことだろう。

しかし、である。展示の最後の説明ボードはこう記す。「フゴッペ洞窟の研究が進むにつれ、現在では絵画であるという見方が考古学者の意見となっている……」

残念ながら「古代文字」ではなく、「古代絵画・文様」だったのである。

私は説明ボードの言外に滲む無念を感じ取って、古代史ブームの中で起き私も惹きこまれた『東日流外三郡誌《つがるそとさんぐんし》』をめぐる顛末を想った。『東日流外三郡誌』とは、青森県津軽地方の和田喜八郎が自宅改築中に発見したとされる古文書で、古代史ブームの中で一般に広まった。かつて津軽の十三湊《とさみなと》を首都とする反大和朝廷国家があり、中国・朝鮮はもとより遠くヨーロッパ・中近東との交易で大いに栄え、その版図は樺太《サハリン》、北海道に及んだが、一三四〇年か四一年の大津波によって崩壊したという気宇壮大な創世クロニクルである。北海道も巻き込んだ古代国家があったというのなら、「石狩挽歌」にある「古代文字」ともつながっているかもしれないと、私は心を揺さぶられた。

フゴッペ洞窟の古代文様（余市町）

メジャーマスコミもこれに飛びついた。土偶の姿をした古代王国の神「荒覇吐《アラハバキ》」に惹かれた岡本太郎がテレビ出演して「宣伝役」を買ってで、また安倍晋三首相の父・晋太郎が祖先の墓が『東日流外三郡誌』の発見者和田が再建した聖地にあるとして、そこを詣でるなど、話題を呼んだ。

しかし、その後、調査が進むなかで、『東日流外三郡誌』は「偽書」と断定されるようになった。地元青森県の教育庁編『十三湊遺跡発掘調査報告書』も、一時公的な報告書や論文などでも引用されることがあった『東日流外三郡誌』について、「捏造された偽書であるという評価が既に定着している」と記している。

たしかにこの「東日流外三郡誌偽書事件」と手宮古代文字誤認事件はよく似ている。しかし、手宮のそれは「偽物」でも「偽装」でもない。間違いなく古代人の「痕跡」である。学者が勝手に「文様」を「文字」だと勘違いしただけのことではないか。文字をもつことが必ずしも文明度のバロメーターとは限らない。「めげるな」と手宮洞窟に同情を覚えながら、その足で、かつて日本どころか世界の耳目を集めた手宮洞窟を「ただの古代人の落書き洞窟」にしてしまったフゴッペ洞窟に向かった。

■巨石遺跡《ストーンサークル》は先住民族の痕跡？

そこは車で三〇分ほど、隣町の余市町にあって洞窟をそのまま博物館に仕立て、手宮洞窟とはうって変わって堂々たる構えである。当時の続縄文人の暮らしぶりをジオラマで再現するなど見ごたえも充分である。

ここは戦後の一九五〇（昭和二五）年、考古学好きの少年がたまたま手宮洞窟と同様の岩肌に刻まれた文様を発見。その後、日本海をはさんでロシア沿海州のアムール川周辺に同様の岩壁画が数多く発見されるに及んで、それらが「古代文字」ではなく「古代彫刻・文様」であるという学説に落ち着くようになったらしい。

しかし、これを「評価の格下げ」とみるのは誤りだろう。ここフゴッペ洞窟に描かれている「角をもつ人」はシベリアなど北東アジア全域に広く見られたシャーマンではないかと推定される。四～五世紀ころ北海道に住んでいた続縄文化系先住民たちが、日本海をはさんで北東アジアの人々と交流していたことを示す重要な証拠物件である。後の吉野ヶ里や三内丸山の発見に見劣りするものではない。

さらに、明暗をわけたフゴッペと手宮の中間地点にあたる忍路《おしょろ》の西側に約一キロにわたって、ストーンサークル遺跡があるというので、興味を覚えてそこへ向かった。ストーンサークルとは、縄文時代の墓で、生活の場と区別するために石を環状に並べたものだ。忍路のそれは長径三三メートル、短径二〇メートルもある広大なものだ。片や地鎮山のそれは忍路の四分の一と小ぶりだが標高五〇メートルの小高い山の頂上にある。

案内役を買ってでてくれた友人のランドクルーザーが威力を発揮、楽々と山道を登っていけたが、この山奥を巨石をかついでいくのは当時としては一大土木作業である。これだけの労務をこなせたのは、相当な文明レベルの人々が多く居住していた証にほかならない。

こうしたストーンサークルが小樽・余市界隈には大小あわせて八〇基も発見されているという。中学高校の歴史の授業では北海道は明治になってからしか登場しないが、実はここ小樽・余市周辺には古代人たちの豊かな暮らしと文化があったことは間違いない。だから「古代文字」が「古代彫刻・文様」に評価が変わったぐらいで、へこむ必要はまったくない。

■スコットランドの巨石遺跡と薄倖の美少女

ストーンサークル遺跡を見ているうちに、ある映画を思い出した。ロマン・ポランスキー監督の『テス』（一九七九年、英仏合作）である。往時、私は配給元の日本ヘラルドからノベライゼーションを依頼されて、試写室で繰り返し観た。暗闇の中で二人きりの対面を重ねるうちにテスを演じるナスターシャ・キンスキーに魅入られてしまった。スコットランドの巨石遺跡・ストーンヘンジで処刑される薄幸の美少女テスが、なにやら石の文化をもつ先住民たちの異界から送り込まれた妖精に思えてならなかった。そんな遠い記憶の中のテスが、ふっと、「石狩挽歌」の不運だが気丈なヒロインと重なった。また一つ古代文字をめぐる物語の奥深さを味わされた気がした。

竹鶴政孝と妻のスコットランド女性リタ

　さらに、巨石文化と古代文字がつながったところで、はからずももうひとつの物語に出会うことができた。その場所とヒロインとは、遺跡からほど近くにあるスコットランドの古城を思わせるニッカ余市工場とそこで日本のスコッチをつくるためにやってきたスコットランド女性、ジョシー・ロバータ・カウン、愛称リタである。

　ＮＨＫの朝ドラ「まっさん」で知られるようになったが、リタを見初めて遠い日本にまで連れてきた男とは竹鶴政孝。一八九四（明治二七）年、広島は竹原の造り酒屋に生まれた竹鶴は、大阪高等工業醸造科（現在大阪大学工学部）に学ぶが、日本酒ではなく舶来洋酒に惹かれ当時最大の洋酒（といっても模造洋酒）メーカー・摂津酒造へ押しかけ入社。首尾よく「本物」をつくるとの社命を引き出し、一九一八（大正七）年、単身ウイスキーの故郷スコットランドへと渡る。グラスコー大学醸造科などで二年間にわたった研究にうちこむなかで、生涯の伴侶となるリタと出会う。名門医師であるリタの実家を苦労の末に説得し彼女を伴って勇躍帰国するが、摂津酒造は諸般の事情で本格ウイスキーづくりを断念。夢を諦め切れぬ竹鶴は同業の寿屋（現在のサントリー）へ入社。そこでも夢は果たせず独立を決意、かねてから狙いを定めていた北海道余市へ。寒冷乾燥の気候だけでなく、余市川の清流といいウイスキーの香りづけには必須のピート（泥炭の一種）の産地といい、そこはリタが生まれ育ったスコットランドの風土にすこぶる似ていて、ウイスキーをつくるにはうってつけてだったからだ。竹鶴とリタは工場内に邸を建てそれこそ寝食を忘れ夫唱婦随でモルトを仕込み、ついに国産初の本格ウイスキーを完成させる。一九四〇（昭和一五）年一〇月、日本が真珠湾奇襲を敢行、リタの母国であるイギリスとアメリカ相手に戦端を開く二月前のことであった。

リタと竹鶴には「石狩挽歌」のテーマであるニシン漁にまつわるこんな逸話も残っている。

ニッカの名の由来は、「大日本果汁株式会社」をつづめた「日果《にっか》」による。なぜウイスキーづくりなのに果汁会社なのか。リタと竹鶴は余市名産のリンゴを絞って販売、仕込んだモルトが国産初のウイスキーに熟成するのを待ったのである。傷などで売り物にならないリンゴを言い値で買ってくれるので、リンゴ農家は大いに喜んだそうだが、リタと竹鶴は胸中で、日本で初めてリンゴをアメリカから移植する農家の苦心に、自らの国産初ウイスキーづくりの苦心を重ねていたのかもしれない。折しもモルトを仕込んだのはニシン不漁が始まった年であり、それまでの稼ぎ頭を失った余市には、ウイスキー蒸留所の進出は朗報であった。

「ウイスキー」の語源はスコットランドの先住民族であるケルトの「ウィシュケ・ベァハ（命の水）」とされる。病弱のリタは不慣れな異国の暮らしのなかでついに子供をなすことはなかったが、日本初の「命の水」を産み落とし、生涯故国に帰ることなくそれを育てて、ここ余市に生涯の日本人伴侶と共に眠っている。

■石狩挽歌のヒロインは異界からやってきた？

ケルトといえば、今もって何のためか謎のままのストーンサークル遺跡と、アイヌの文様にも類似した独特の彫刻文様で知られる。今まで見てきたように、「石狩挽歌」の舞台となった小樽と余市には、このストーンサークルと彫刻文様が二つながらある。

「古代文字」がここまで案内してくれた奇縁に感慨を覚えながら、工場内に今も保存されている二人の和洋折衷の自宅を訪ねた後、試飲コーナーでスコットランド生まれの「命の水」を一杯いただいた。口に含んだとたん芳醇な香りが立ち、つかのま命が洗われた。

余市から列車で戻ると、「石狩挽歌」の舞台、

♪燃えろ篝火《かがりび》朝里《あさり》の浜に

降り立った。小樽の中心市街から東寄り、石狩湾に面した夏は海水浴で賑わう温泉保養地だが、かつてはニシン漁で栄え、なかにしの家もそうだったが、〝一網千両〟で成り上がった御殿が立ち並んでいた。

海岸際まで迫る裏手の山を振り返った途端、脳裏に白い花の群生がよみがえった。あれは一〇年ほど前だったか、年来の友人でパステルナーク研究の第一人者である北大の元教授が札幌の家を不審火で焼き出され、一時あのあたりの一軒家に夫婦で仮住まいしていたところを訪ねたのだった。玄関先に白い花が咲き競っているのを認めて手をふれようとしたら、夫人から「さわっちゃだめ、それはトリカブトよ」と制された。アイヌの人々が毒矢につかったといわれるトリカブトは根に毒があるとばかり思っていたが、中には花や葉にも毒をもつ種があるらしい。そしてそういうトリカブトほど花が綺麗だという。あのとき夫妻とは、「あれは先住民が侵略者である和人たちに張った〝結界〟ではないか」と話したことを思い出しながら、ふっとある想念が去来した。

あの白い花はテスかもしれない、リタかもしれない、そして石狩挽歌のヒロインかもしれない。三人とも結界を超えて異界からやってきたのではないか、と。

そして、当時の昭和を生きる日本にむけてこんなメッセージを「石狩挽歌」に託したのではないか。

そろそろ経済優先の宴を追い求めるのはやめたほうがいい。

しかし、私たちはオイルショックによる円高不況を克服し、欧米との貿易摩擦の改善に取り組んで、まだまだ昭和はいけると、坂の頂にある「さらなる宴」をめざしてバブルへと邁進したのだった。

私は脳裏をよぎった想念をふりはらうと、口ずさんでいた。

♪かわらぬものは古代文字　わたしゃ涙で娘ざかりの夢を見る……

あとがき

本書は、前作『昭和街場のはやり歌』（二〇二三年八月刊）をうけ、同じく朝日新聞社のウェブ版言論誌「ＲＯＮＺＡ（論座）」の連載「嗚呼！昭和歌謡遺産紀行」（二〇一九年一〇月～二〇二三年三月）を改稿・再構成したものである。

前作では、紙幅の制約から、その半分ほどしか紹介できなかったが、「割愛した歌たちにもいつかお披露目の舞台が訪れることを期待している」と前作「あとがき」で記した約束を、かくも早々と果たすことができた。これはひとえに前作への望外の評価によるものだが、わが「街場のはやり歌」たちに、なんとか面目をほどこせたことに、ひとまず安堵している。

前作に対しては、多くの読者から「昭和を読み解くはやり歌はまだまだある」と具体的な曲名を上げてリクエストをいただいた。これに応えるべく、本書では、「飛んでイスタンブール」や「帰らんちゃよか」など、新たに「街場のはやり歌」を書き加えた。だが、まだまだ十分には応えられてはいないと自覚している。

多くのはやり歌たちが、戦後日本の行きつく先をひそかに告げようとしているはずである。前作が機縁となって「季刊季節」（農山漁村文化協会）で連載（「唄は農につれ農は唄につれ」）の機会をいただいたので、それらを聴き逃すことのないよう、わが耳を研ぎ澄ましたい。

今回も、学生新聞時代からの友人である茂山和也さんの〝義理と人情〟のおかげで続編の刊行がかなった。また、加藤登紀子さんと庄野真代さんには追加取材に加えて、往時の貴重な写真のご提供により本書に彩りを添えていただいた。本書のもとになる連載の機会をいただいた朝日新聞の樋口大二氏と吉田貴文氏ともども、心より感謝を申し上げたい。

二〇二四年四月

前田　和男

▶著者紹介◀

前田 和男（まえだ かずお）

1947年東京生まれ。東京大学農学部卒、日本読書新聞編集部勤務を経て、ノンフィクション作家、翻訳家、編集者、路上観察学会事務局。

『のんびる』（パルシステム生協連合会）編集長

著作

『昭和 街場のはやり歌』（彩流社）『男はなぜ化粧をしたがるのか』（集英社新書）『足元の革命』（新潮新書）『選挙参謀』（太田出版）『紫雲の人、渡辺海旭』（ポット出版）『民主党政権への伏流』（ポット出版）『ＭＧ５物語』（求龍堂）『炭鉱の唄たち」（ポット出版プラス）ほか

訳 書

O・ハラーリ『コリン・パウエル リーダーシップの法則』（ＫＫベストセラー）、イーグルトン『悪とはなにか』（ビジネス社）ほか

JASRAC 出 24042052-01

続《ぞく》 昭和街場《しょうわまちば》のはやり歌《うた》 —— 戦後日本《せんごにほん》の希《のぞ》みと躓《つまず》きと祈《いの》りと災《わざわ》いと

2024年5月15日　初版第1刷発行　　定価はカバーに表示してあります

著　者　**前田和男**

発行者　**河野和憲**

発行所　株式会社　**彩　流　社**

〒101-0051　東京都千代田区神田神保町3-10　大行ビル６F

電話　03（3234）5931　FAX　03（3234）5932

ヴェブサイト http://www.sairyusha.co.jp

E-mail sairyusha@sairyusha.co.jp

印刷・製本 ㈱丸井工文社

装丁 渡辺将史

ISBN978-4-7791-2976-6 C0073